KB069925

평생학습,
니체는 이렇게 말했다

| 최수연 저 |

4차 산업혁명 시대의
평생교육학

Lifelong
Learning,
Thus Spoke
Nietzsche

학지사

머리말

"존재하는 것에서 빼 버릴 것은 하나도 없으며, 없어도 되는 것은 없다."[1]

누군가 저자에게 니체가 평생학습에 대해 무엇이라 말했는지 묻는다면 망설임 없이 이 말로 대신할 것이다. 니체 철학은 삶의 철학, 생生철학이다. 삶은 학습이고 학습은 곧 삶이다. 그래서인지 니체의 문헌에 평생학습이란 말은 없지만, 그는 삶이 무엇이고 어떻게 살아야 할지 그리고 삶을 위한 학습이 어디를 바라봐야 할 것인지를 어느 누구보다도 설득력 있게 말해 주고 있다.

그렇다면 삶에 대한 이러한 적극적인 긍정을 어떻게 할 것인가? 니체는 150여 년 전에 마치 21세기를 내다보기라도 한 듯, 그 방법을 예리하게 제시해 준다. 그의 철학은 왜 '아모르 파티Amor Fati'이며, 운명을 사랑하는 방법이 무엇인지를 전해 준다. 특히 이 책의 관심인 인적자원개발Human Resources Development: HRD을 포함한 평생교육의 지침이 되는 철학을 예리하게 제시한다.

무엇보다 힘에의 의지로서의 평생학습의지, 평생학습을 통한 자기극복의 위버멘쉬, 자기 자신이 되어야 하는 각자성의 실현, 반정초주의에 기반한 지식의 객관주의적 신념 해체와 지식창조의 중요성, 차이 긍정과 가치평가의 바탕인 관점주의는 4차 산업혁명 시대의 삶의 긍정과 긍정을 위한 역량을 제고시키는 철학적 준거를 제시하고 있다.

끊임없이 배우고learn, 배운 것을 고의로 잊고unlearn 그리고 다시 배워야 하는 것relearn이 기업을 포함한 사회 각 분야의 필수 조건이 되어 버린 4차 산업혁명

시대에, 니체의 철학은 그 이유를 말해 준다. 개인과 개인 간의 사회생활에서부터 국가와 국가 간 문제에 이르기까지 첨예한 갈등이 증폭되고 있는 현실에서 니체는 그 해결을 위한 철학을 제시하고 있다.

니체의 철학을 평생학습의 관점에서 조망한 연구는 국내외적으로 전무하다. 하나의 탐색적 시도로 책을 내고자 한 이유가 여기에 있다. 또 다른 이유가 있다면, 이 책의 일부가 2017년 미국 플로리다 올랜도에서 개최된 국제융합학술대회(IMSCI)에서 발표되었으며, 관련 학술지에 게재된 이후 외국 학계에서 지속적으로 발표 요청을 하는 것으로 보아 이 분야에 대한 학문적 관심이 많음을 확인했기 때문이기도 하다.

이 책은 저자의 박사논문을 수정 · 보완하고 형식을 바꾸어 낸 것이다. 책을 내면서 누구보다 두 분의 지도교수님께 감사를 드린다. 아주대학교 최운실 교수님께서는 저자에게 평생교육의 의미와 중요성을 일깨워 주셨고, 평생교육을 학문적으로 도전해 보도록 길을 열어 주셨다. 현재 연세대학교 학부대학에 계시는 이관춘 교수님께는 논문을 구상하고 작성하는 것에 이르기까지 학문하는 방법을 새롭게 배울 수 있었다. 그 뿐만 아니라 평생교육에서의 니체 철학의 중요성과 접근 방법을 알려 주시기도 하였다. 교수님의 학문적 탁월함과 논리 정연함을 따라가기에 벅찰 때가 많았지만, 학문의 길에서 그분을 만난 건 저자에게 큰 행운이다.

글을 마치면서 감사를 드려야 할 분들이 떠오른다. 대학의 학생들에게 평생교육을 실천하도록 길을 열어 주신 건국대학교 미래지식교육원 이재선, 주정호 교수님, 서울불교대학원대학교 김준범 처장님과 황준성 선생님, 한신대학교 강순원 교수님, 명지전문대학 오승근 교수님, 한국방송통신대학교 이해주 교수님, 나사렛대학교 양은아 교수님, 경기대학교 평생교육원 박민아, 안영신 교수님께 깊은 감사의 말씀을 드린다.

다양한 평생교육기관에서 혼을 불태우고 있는 유정림 소장, 성원숙 대표, 이진아 강사, 이순하 박사, 오성숙 박사, 박재준 박사, 임미화 박사, 이선우 박사, 이영자 선생, 오명숙, 송혜영, 한상란 그리고 아주대학교 아평회 동학들, 한국성인교육학회 임원들, 명지대학교 통합치료대학원 동문들과 EIP 동아리 회원들은 저자를 지지하고 도와주었다.

무엇보다 가족의 고마움을 기억하고 싶다. 언제나 "우리 큰애는 잘 할 거야."라고 믿어 주셨던 돌아가신 아버님, 깊이를 헤아릴 수 없는 사랑으로 곁에 계시는 어머님께 사랑과 존경을 드린다. 사회 각 분야에서 훌륭한 전문가로 활동하고 있는 동생 최도연과 최세연 가족, 늘 세심하게 챙겨 주시는 이은순 형님과 이화식 동생 가족 모두에게 감사의 마음을 전한다.

회사 경영에 정신이 없을 법한데도 언제나 한결같이 믿어 주고 지원과 응원을 아끼지 않는 든든한 남편, 멀리 미국 조지아텍 박사과정에 있는 사려 깊은 딸, 한솔 그리고 유승원과 부모님께 고마움과 사랑을 전한다.

아울러 이 책의 출간을 흔쾌히 허락해 주신 학지사 김진환 사장님과 꼼꼼하고 정성스럽게 편집을 맡아 주신 이영민 님께 감사를 드린다. 미흡함이 많은 저술이지만 우리의 삶과 평생학습을 이해하는 하나의 새로운 시도로서 관심 있는 분들과 함께하기를 기대한다.

2021년 3월
최수연

미주

1) 니체가 생의 말년에 쓴 작품 「이 사람을 보라(Ecce homo)」에서 한 말이다. 그가 이 책을 저술한 해는 1888년이다. 이 해는 니체가 1889년 1월 카를로 알베르토 광장에서 쓰러져 사실상 학문적인 삶을 마감하기 불과 몇 개월 전인 것을 감안하면, 니체의 이 말은 자신의 '생의 철학'을 총정리하기 위한 마지막 정열과 혼을 불태웠던 시기에 나온 말이기에 그 울림이 크다. 1888년에 니체는 이 책을 포함해 무려 여섯 작품을 마치 마지막 불꽃을 활활 태우듯이 한꺼번에 세상에 선보였다. 흡사 자신의 운명을 예감해서 마지막 혼신의 힘을 1888년 한 해에 기울였던 것은 아니었을까 하는 생각마저 든다(참고: Nietzsche, F. W., 1886~1889, p. 566).

차례

제2부 | 평생학습, 유전적인 힘에의 의지

제3부 │ 니체와 평생학습의 네 기둥

니체, 그 오래된 미래의 평생교육자

19세기 독일 철학자 프리드리히 빌헬름 니체

Friedrich Wilhelm Nietzsche, 1844~1900

철학자 중에 드물게 '천재'란 수식어가 따라 다니는 철학자, 니체 철학은 몰라도 니체란 이름을 모르는 사람은 없을 정도로 어느덧 우리에게 익숙해진 철학자다. 150여년 전 독일에서도 니체라는 이름은 큰 유명세를 탔다. 그러나 지금 우리가 느끼는 유명세와는 결이 달랐다. 2천 5백여 년 동안 서양인들을 지배해 왔던 사유방식을 '다이너마이트'로 일거에 무너뜨리고 새로운 인간, 새로운 삶의 철학을 내세운 그에게 세간의 평이 어떠했을지는 상상조차 할 수 없을 것이다.

게다가 은유법에 기초한 니체의 사상은 문장 하나하나만 따져 보면 대체로 명료하지만, 그 문장들이 모여 이룬 사유의 숲은 어두워서 한번 들어서면 길을 잃기 십상이다.[1] 때로는 서로 모순되는 내용이 뒤엉켜 있기도 하다. 그러니 철학이라 하면 하나의 주제를 수미일관首尾一貫하게 체계적으로 제시하는 것에 익숙해 있던 당시 사람들에게 니체는 그저 아마추어 철학자, 심지어는 광인狂人 정도로 인식되었다. 이를 모를 리 없는 니체는 차라투스트라의 입을 빌어 자신에 대한 당시 사람들의 반응을 다음과 같이 말한다.

"차라투스트라여, 이 도시를 떠나시오. 너무나도 많은 사람이 그대를 미워하고 있으니, 선하다는 자와 의롭다는 자들도 그대를 미워하여 그대를 자신들의 적이자 자기들을 경멸하는 자로 부르고 있소. 참 신앙을 갖고 있다는 신앙인들도 그대를 미워하여 민중의 위험이라고 부르고 있고, 사람들이 그대를 두고 그 정도로 비웃고 만 것을 천만다행으로 아시라."[2]

시대를 앞서 갔던 소크라테스Socrates, BC 470?~399?와 마찬가지로 니체도 시대를 앞서간 이단아였다. 그는 자신의 사상이 동시대인들보다 100년을 앞질러 왔다는 것을 누차 역설하였다. 그래서인지 그가 사망한 1900년은 묘한 상징성마저 띠고 있다. 19세기가 끝나고 새로운 20세기가 열리는 전환의 연도이자 니체의 사상이 세인들에게 다시 해석되고 받아들여지는 세기의 시작이었기 때문이다.

그의 예언대로 이제 니체의 사상을 새로운 철학, 새로운 사유방식의 교과서처럼 인식되는 시대가 되었다. 서양철학에서 니체가 차지하는 비중은 절대적이며, 심리학에 끼친 영향 또한 지대하다.[3] 평생교육철학의 측면에서도 니체 철학은 21세기 평생교육 시대를 관통하는 포스트모더니즘과 구조주의, 실존주의 및 비판이론의 사상적 토대를 제공하고 있다. 더 나아가, '존재를 위한 학습'을 평생교육의 본질로 제시한 에드가 포르Edgar Faure, 1908~1988가 니체의 사유방식과 맥락을 같이하는 에리히 프롬Erich Fromm, 1900~1980을 비롯한 프랑크푸르트Frankfurt 학파에 영향을 받았다는 점을 생각해 보면 평생학습 차원에서의 니체의 중요성은 배가倍加된다.

니체는 평생교육, 평생학습이란 말을 사용한 적이 없다. 이는 예수나 석가, 공자, 칸트도 마찬가지다. 그러나 이들의 가르침에는 삶 자체가 곧 배움이라는 사상이 근저에 자리하고 있다. 마찬가지로 니체의 저서들을 곰곰이 읽어 가다 보면 우리가 지금 말하는 4차 산업혁명 시대의 평생학습의 당위성을 그가 이미 철학적으로 제시했음을 알게 된다. 저자가 니체를 '그 오래된 미래의 평생교육자'라고 칭하는 이유가 여기에 있다.

니체 사상의 특징은 반反정초주의定礎主義에 기반한 생生철학이다. 기존의 전통 서양철학과는 대조적으로, 인간의 삶을 그것을 초월한 모든 가정을 물리치고 그 자체로부터 이해하려는 철학이다. 이러한 생철학은 포스트모던 시대 평생교육의 의미와 목적 및 방향을 해체적이며 창조적인 관점에서 새롭게 제시해 줄 수 있다. 더욱이 니체의 생성존재론은 인간을 평생에 걸쳐 자신을 끊임없이 창조하는 '과정적 존재'로 보기에 시공간적 제약하의 학교교육보다는, 오히려 평생학습의 당위성을 제공하고 있음을 포착할 수 있다.

1. 평생학습의 본질과 유네스코

평생학습의 철학적 바탕에 대한 논의에 니체 철학이 중요한 이유를 논의하기에 앞서, 평생학습의 본질이 무엇인지를 유네스코 문헌 속에서 찾아보기로 한다.

"아우슈비츠 이후에도 시詩를 끄적거린다면, 그건 야만인barbaric이다!"

제2차 세계대전이 끝난 후 프랑크푸르트 학파를 이끌었던 철학자 테오도르 아도르노Theodor Adorno가 학자學者들의 반성을 촉구하며 일갈一喝한 말이다. 아우슈비츠로 드러난 인간 이성의 야만성과 광포함을 경험하고도 과연 무엇을 위해 문학이나 철학이 필요한가라는 질문이자, 도대체 철학이나 문학은 그동안 무엇을 했느냐는 반성이다.

21세기 한국사회는 전쟁의 참혹함과는 양상을 달리하지만, 신자유주의적 정치경제에 기반한 세계화의 물결 속에 극단적인 물질만능주의와, 그로 인한 불신과 증오, 이기주의의 만연 및 인간 존엄성의 파괴라는 인간 실존을 위협하는 또다른 전쟁에 직면해 있다. 과거의 세월호 참사를 포함한 수많은 사건 사고가 이를 대변한다. 반면, 인간다운 삶의 구현을 지향하는 평생교육, 모든 사회 구성원들에게 지속적인 교육기회의 제공을 통한 자아실현과 그로 인한 인간다운 사회발전을 도모하는 평생학습의 실현은 요원해 보이기만 한다.

그렇다면 아도르노의 질문은 곧 평생학습에 대한 질문과 다름없다. '무엇을 위해 아직도 평생학습이 필요한가?', '평생학습은 앞으로 무엇을 해야 하는가?'라는 질문으로 환치하여 자문自問할 것을 요구하고 있지는 않은가 하는 점이다. 우리나라 평생교육법 제1장 4조에서 평생교육의 이념은 "모든 국민은 평생교육의 기회를 균등하게 보장받고 학습자의 자유로운 참여와 자발적인 학습을 기초로 이루어져야 한다."라고 명시되어 있다. 그렇다면 여기서 제기되는 질문은 '무엇을 위해 평생교육의 기회를 균등하게 보장 받아야 하는가'다. 이는 필연적으로 평생학습의 목적 혹은 본질 문제로 귀결된다.

피터 자비스Peter Jarvis는 "인간에게 있어서 학습은 세계에 존재하는 것과 동시에 세계가 인간 내부에 내재하는 과정에 관한 것"[4]이라고 단언한다. 자비스의 말을 평생학습의 목적으로 대입하면, 전자는 사회화의 기능으로서의 직업 능력 개발을, 후자는 인간의 전인적 성장과 자아실현 혹은 삶의 질 향상이란 역(逆)사회화 기능을 강조한다고 볼 수 있다. 이런 두 가지 담론이 시너지 효과를 발휘하면서 평생교육의 이념과 철학이 구현되는 것이다.

그러나 21세기 들어 경쟁과 효율을 신조로 하는 신자유주의적 세계화는 평생교육의 주된 역할을 세계적 경쟁 상황하에서 노동시장의 요구를 충족시키는 데 치중하게 만들고 있다. 교육이 사회개선을 위한 건전한 시민을 육성하는 기능보다는 초국적 자본과 기업이 필요로 하는 노동인력을 공급하는 인력개발의 도구로 전락하고 있다.[5] 평생교육이 교육기회 평등화에 기여하기보다는 교육 불평등을 심화시키고 있으며 모든 이에게 전 생애에 걸친 학습기회를 제공하는 학습사회를 지향하는 초기 평생교육의 모습은 점차 상실되어 가고 있다.[6]

평생교육의 이런 현상은 '교육이 추구하는 교육 목적과 가치는 사회 구성원들의 인생의 목적과 가치를 결정한다'[7]는 점에서 필연적으로 심각한 사회문제의 원인제공이 될 수밖에 없다. 신자유주의 체제하에서의 무한경쟁, 적자생존, 약육강식과 같은 특정 방향으로 편향된 교육의 목적과 가치는 사회 구성원에게 그렇게 편향된 가치를 지향하도록 조장하기 때문이다. 그 결과, 우리는 '나는 누구인가?'라고 묻는 대신에 '어떻게 나를 시장이 요구하는 인간으로 개발할 것인가?'를 묻게 된다. 따라서 평생교육적 측면에서 본다면, 세월호 사건과 같은 비인간화 현상은 교육의 도구적 측면에만, 혹은 학습을 도구적 소유물[8]로만 치부해 온 우리 사회의 교육 혹은 평생교육철학의 상실이 불러온 부메랑이다.

그렇다면 "평생교육은 앞으로 무엇을 해야 하는가?"라는 아도르노식 질문은 '평생교육이념의 회복을 위해 어떻게 할 것인가?'의 문제제기로 나아가게 된다. 다시 말해, 도구적 기능에 편향된 평생학습에서 탈피해 온전한 인간[全人] 지향이란 평생교육이념을 구현해야 한다는 문제의식을 갖게 되는 것이다. 이런 문제제기에 방향을 제시해 주는 것이 바로 평생학습의 선구자인 폴 랑그랑Paul

Lengrand(1975)의 『평생교육입문An Introduction to Lifelong Education』과 유네스코의 두 문헌, 즉 에드가 포르Edgar Faure(1972)의 『존재를 위한 학습Learning to be』와 자크 들로Jacques Delors(1996)의 『학습, 그 안의 보물Learning: The Treasure Within』이다.

랑그랑은 평생교육이라는 개념조차 생소하던 1970년대에 이미 급변하는 사회구조와 그에 따른 혁신의 요구가 급증할 것임을 예견하고 이에 부응하기 위한 도구적이며 기능적인 평생학습의 필요성을 강조하였다. 세계는 물리적 · 지적 · 도덕적으로 광범위하게 전환하고 있어 "어제의 해석interpretation은 더 이상 오늘의 요구need에 부응하지 못하게 된다"[9]는 것이다. 나아가, 평생학습을 하지 않는다면 성인들은 자신이 속한 사회에서 이방인으로 전락할 것이며 "결국에는 자신의 존재를 인식하지 못하게 되는" 실존적 위기에 처하게 된다는 점을 지적함으로써 도구적 학습이 평생학습의 선행조건임을 강조하였다. 같은 맥락에서 랑그랑은 말년에 평생교육은 "지식전달transmission로서의 교육에서 자기창조creation로서의 교육"[10]으로 패러다임 전환을 해야 한다고 강조함으로써 평생교육의 목적이 단지 수단적 기능을 넘어선 자신과 삶의 새로운 창조로 나아가야 한다고 주장하였다.

보고서 형식으로 발간된 유네스코 문헌들은 랑그랑의 평생교육의 목적을 보다 구체화하고 있다. 특히 포르Faure 보고서는 평생교육의 본질과 목표는 '존재를 위한 평생학습'이 되어야 함을 강조한다. 평생학습의 본질은 학습을 학점 인정이나 취업, 자격증 취득을 위한 하나의 소유물이 아니라 타자와의 의미 있는 관계 맺음을 통한 온전한 인간이 되는 데 있다는 것이다.

포르 보고서와 같은 맥락에서 출발한 들로Delors 보고서는 신자유주의적 세계화를 포함한 21세기의 새로운 도전에 대응하기 위한 평생교육이념의 구현 방안으로 네 가지의 학습 원리를 명확하게 제시한다.[11] 첫째는 이해의 도구를 획득하기 위한 '앎을 위한 학습'이며, 둘째는 변화하는 환경에 창조적으로 대응할 수 있기 위한 '행함을 위한 학습', 셋째는 타인과 함께 참여하는 '더불어 삶을 위한 학습', 넷째는 앞의 세 가지를 바탕으로 하는 '존재를 위한 학습'이다. 들로 보고서는 인간성을 상실해 가는 사회 위기를 극복하기 위해서는 학습을 평생교육적 시각에서 넓게 확대된 관점으로 접근해야 하며, 그런 학습을 통해 자신의 창조적 잠재력을 발견하고 개발 및 확장할 수 있다는 점을 강조한다. 이를 통해 평생학습은 "각자에게 숨겨진 보물을 드러낼 수 있게 해 주는 것"[12]이 된다.

2. 왜 평생학습에 니체인가?

그렇다면 평생학습 논의에 '왜 하필 니체인가?'라는 의문이 들 수 있다. 교육철학의 관점에서도 가장 생경한 텍스트인 니체 사상이 '포르 보고서나 들로 보고서의 학습 원리와 어떤 관련이 있는가?'라는 물음이 제기될 수 있다. 다시 말해 다음 두 가지 질문에 대한 대답이 필요할 것이다. 첫째, 니체 철학의 평생교육철학적 접근이 생경한 이유는 무엇인가? 둘째, 니체 사상이 유네스코 보고서의 '존재를 위한 평생학습'과 어떤 관련이 있는가?

먼저, '왜 니체의 평생교육학적 관점은 연구의 관심에서 벗어나 있는가?'라는 의문이다. 평생교육은 차치하고서라도 니체의 학교교육적 관점조차 학계에서는 큰 주목을 받지 못하고 있다.[13] 그러나 아이러니하게도 위대한 철학자들의 교육적 관점이 주목받지 못하는 사례는 니체뿐만이 아니다. 로크Locke와 칸트Kant 역시 대표적인 희생자다.[14] 하지만 그렇더라도 쿠퍼Cooper가 지적하였듯이, 독일의 가장 위대한 교육자인 니체에 대해 지금까지 독일 교육학계에서 관심이 적었다는 것은 경이로운 사실이 아닐 수 없다.[15]

한 걸음 더 나아가, 평생교육 분야에서 니체 철학에 대한 연구는 국내외적으로 찾아보기 어렵다. 평생교육은 어떤 형식으로든 다양한 유형의 철학적 접근 방법에 기초하고 있다.[16] 거의 모든 유형의 철학적 입장의 장점과 단점을 주도면밀하게 분석하면서 성인교육 분야에의 적용을 시도하고 있음을 볼 수 있다. 단, 니체만은 예외다. 그러나 니체가 누구인가? "현대철학은 대부분 니체 덕으로 살아왔고 여전히 니체 덕으로 살아가고 있다. 그러나 그것은 아마도 니체가 원했던 식으로는 아니었을 것이다."[17]라는 들뢰즈Gilles Deleuze, 1925~1995의 말처럼 니체 없는 현대철학은 논할 수조차 없는 것이 아닌가? 그럼에도 불구하고 평생교육이론으로서의 니체 철학 연구가 전무한 것이 단지 학자들의 학문적 게으름의 소산인지, 아니면 특정한 학문적 신념 혹은 정치적 이데올로기에 의해 관심이 배제되는 것인지에 대한 논의가 필요하다.

혹자는 "니체 사상이 평생교육이론과 무슨 관련이 있는가?"라는 의문을 제기할지도 모른다. 이는 마치 칸트 철학은 인식론이나 형이상학에 해당할 뿐 교육이론은 아니지 않느냐는 반문과 같은 맥락이다. 칸트나 니체나 적어도 표면상으로 보면 교육에 관한 이론적 해명이라 할 만한 부분이 많지 않은 것도 사실이다. 그러나 칸트와는 달리 니체는 19세기 당대를 총체적으로 진단하고 계몽시키는 교육자의 역할[18]을 수행하였다. 특히 『우리 교육기관의 미래에 관하여』란 유고 遺稿에서는 평생교육의 목적과 방향에 대한 통찰력 있는 성찰거리를 구체적으로 제공하고 있다.

나아가 니체의 철학은 생철학이다. 인간의 생을 그것을 초월한 모든 가정을 물리치고 그 자체로부터 이해하는 철학이다.[19] 따라서 니체 철학은 힘에의 의지, 위버멘쉬Übermensch, 영원회귀, 노예도덕, 관점주의 등의 담론에서 보듯, 인간의 생을 모든 철학적 인식과 인간 활동이 뿌리를 박고 있는 마지막 거점으로 보고 철저히 '나'와 '현재적 삶'에 대한 치열한 성찰과 강렬한 긍정의 처방을 제시한다. 그렇다면 니체의 인간 존재와 삶에 대한 통찰력 있는 철학은 그 자체로서 삶과 학습이 분리될 수 없는 평생학습의 철학을 제시하고 있는 것은 아닌가? 저자는 교육이론은 삶의 이론과 별개의 것이 아니라는 입장을 견지한다. 그렇다면 비록 교육에 관한 체계적인 언설을 명시적으로 담고 있느냐의 여부를 떠나 니체의 삶의 철학은 그 자체로 평생교육이론과 관련을 맺을 수 있지 않느냐는 것이 저자의 주장이다.

그럼에도 불구하고 니체 철학이 평생교육이론은 물론 교육철학으로서 조명을 받지 못한 이유는 무엇일까? 그 이유는 무엇보다 "시대를 너무 앞서갔기 때문"이다.[20] 니체 자신도 "나 자신의 때가 아직은 오지 않았다. 몇몇 사람은 사후에야 태어나는 법"[21]이라고 말한다. 니체의 동시대인들, 즉 19세기 독일의 부르주아이며 그리스도교 신자였던 그들이, '신은 죽었다'고 단언하며 플라톤적이고 그리스도교적인 이원론을 삶에 적대적인 세력으로 규정하는 니체 사상을 받아들이기 힘들었으리란 것은 쉽게 유추할 수 있다. 따라서 교육의 주된 기능이 "사회화나 '문화화'와 같이 자연적 존재에서 제도화된 존재로 전환하기 위한 작업"²²⁾이란 관점에서 본다면, 그 시대의 가치와 규범에 대한 비판적 질문을 통해 자기입법Selbstgesetzgebung의 능력을 키울 것을 주장한 철학자의 사상을 교육철학으로 수용하기는 어려웠을 것이다. 오히려 니체의 '망치를 든 철학'은 150여 년이 지난 21세기 포스트모던 평생학습 상황에 더욱 적합하다고 판단하는 것이다.

3. 니체 철학과 유네스코의 평생학습

다음으로 생각해 볼 점은 니체 사상이 랑그랑Paul Lengrand을 포함한 유네스코 문헌들의 평생학습 이론과 어떤 관련이 있는가다. 들로 문헌은 랑그랑이나 포르 문헌과는 시대적 배경을 달리하지만 평생교육의 목적으로 '온전한 인간whole human being'을 강조했다는 점에서는 차이가 없다. 랑그랑이나 포르와 마찬가지로 들로 문헌에서도 평생교육의 도구적 기능은 성인학습자 개인의 삶의 창조이면서 존재를 위한 학습의 필수 조건으로 강조된다. 이를 위해서 평생교육은 앎을 위한 학습, 행함을 위한 학습, 더불어 삶을 위한 학습을 해야 하는 것이다. 그러나 이런 도구적 기능은 그 자체가 목적이 아니라 평생학습의 목적인 '존재를 위한 학습'의 필요 조건임을 강조하고 있다.

그러나 우리가 들로 문헌의 행간에 자리한 평생교육적 신념을 분석해 보면, '존재를 위한 평생학습'의 철학적 바탕을 21세기 평생교육적 관점에서 제시하고 있는 대표적인 철학자 중 한 사람이 바로 니체라는 것을 알게 된다. 이런 생각은 다음의 두 가지 전제에 기초한다.

첫 번째 전제는 평생교육의 도구적 가치에의 편중을 경계한다는 점이다. 들로 문헌은 "전통적으로 공식교육 제도하에서는 알기 위한 학습과 행동하기 위한 약

3. 니체 철학과 유네스코의 평생학습 **21**

간의 학습만을 대체적으로 강조"[23]해 왔음을 명확히 지적한다. 물론 랑그랑의 주장대로 평생교육은 노동의 성격 변화에 적용해야 한다. 그러나 들로 보고서는 평생교육이 수단적인 가치에 치중할 경우, 편향된 가치는 평생교육의 이념을 좌절시킴은 물론 비인간화된 사회현실의 원인제공이 될 수 있다는 점을 지적한다. 따라서 21세기 교육에서는 네 가지 학습 모두가 어떠한 학습조직에서든 똑같은 비중을 가져야 한다는 점을 역설하고 있다.

교육이 도구적 가치에만 몰두할 때 정작 본질을 놓친다는 예리한 비판을 일찍이 제기한 철학자가 바로 니체다. 한 예로, 니체는 『반시대적 고찰』에서 당시 독일의 김나지움을 예로 들면서 특유의 날카로운 어법을 동원해 교육에 대해 비판한다.

"하나의 전체로서의 삶의 그림과 마주쳐야 한다. 그렇지만 학계는 그림을 이해하려는 것이 아니라 저 캔버스와 물감을 알려고 혈안이 돼 있다. 삶과 현존재의 보편적인 그림을 확실하게 눈에 새겨 둔 사람만이 스스로 다치지 않고 개별적인 학문을 사용할 것이라는 점만은 우리가 분명히 말할 수 있다. 조정하는 역할의 전체상이 없다면 개별 학문은 가도 가도 끝이 없는, 우리 인생을 더 혼란스럽게 만드는, 미로같이 만드는 실에 불과할 것이기 때문이다."[24]

니체의 논리에 따르면 평생교육의 장場에서 캔버스와 물감을 향한 도구적 목적에만 관심을 집중하거나, 실용적 감각이나 직업 활동에만 가치를 두게 될 때, 평생교육은 "미래 없이 살고 싶었고 현재의 문턱 위에 편안히 발을 뻗고 있는 건달"[25]을 양성할 수밖에 없다는 것이다. "하나의 전체로서의 삶의 그림과 마주쳐야 한다"는 니체의 은유隱喩는 네 가지 학습 원리의 비중을 똑같이 둘 것을 강조하는 들로 보고서의 신념과 논리적 사유를 공유한다.

두 번째 전제는 평생교육의 본질은 곧 '존재를 위한 학습learning to be'이란 점이다. 이러한 전제는 칸트가 저서 『순수이성비판』1781/1787에서 인간 존재에 관한 물음으로 제기한 세 가지 질문과 동일한 맥락이다. 칸트는 '나는 무엇을 아는

가?', '나는 무엇을 해야 하는가?' 그리고 '나는 무엇을 바라도 되는가?'를 질문해야 한다고 말한다. 그런데 이 세 가지 질문은 하나의 질문, 즉 '인간이란 무엇인가?'라는 질문으로 귀착된다고 기술한다.

같은 맥락에서 들로 보고서의 첫 세 가지 원리는 결국 하나의 원리, 즉 존재를 위한 학습으로 귀착된다고 본다. 들로 보고서도 이 점을 명확히 한다. "교육은 도구적 관점을 넘어서서 자신을 완전한 사람으로 개발하는 과정, 곧 존재를 위한 학습으로 간주되어야 한다"[26]는 것이다. 앞의 세 가지 학습 원리의 본질이자 궁극적 목적은 '존재를 위한 학습'이라는 점을 강조하는 것이다. 그렇다면 앞서 언급한 니체의 '조정하는 역할의 전체상'은 바로 평생교육의 본질이며 곧 존재를 위한 학습인 것이다.

그러나 주목해야 할 점이 있다. 니체 사상에 함축된 평생교육의 본질이란 어떤 형식적·선험적으로 정박된 목표점이 아니라 '나 자신'과 '현재의 삶'이다. 즉, 현재적 삶을 있는 그대로 긍정하는 파토스로서의 '나'를 이끌어 주는 것이 니체가 말하는 교육의 본질인 것이다. 바로 이 점이 니체 철학이 들로 보고서를 위시한 평생교육 문헌과 차별화되는 특징이자 21세기 '존재를 위한 평생학습'의 새로운 철학적 패러다임을 제공한다고 본다.

4. 평생학습철학으로서의 니체

마지막으로, 니체가 강조하는 '나 자신'과 '현재적 삶'으로서의 교육의 본질은 학교교육보다는 오히려 평생교육의 본질과 직결된다. 학교교육이든 성인 중심의 평생교육이든 교육의 본질은 차이가 없다. 그러나 현실적인 특성상 학교교육이 학습자를 제도화된 존재로 전환시키는 데 초점을 맞춘다면, 성인에게 실존적으로 더 필요한 것은 '사회적 자아Me'에서 벗어나 '진정한 나I'를 찾는 일이다. '개별화' 개념, '각자성'의 발현이 평생학습의 중심으로 부상하는 것이며 '존재를 위한 평생학습'의 철학적 바탕이 되는 것이다.

그렇다면 니체가 강조하는 '너 자신이 되는 것'이 바로 존재를 위한 평생학습의 목적인 것이다. 그러나 니체가 살던 19세기, 즉 교육은 곧 결핍된 아동에 대한 페다고지pedagogy라는 도식이 당연시되던 당시의 학교교육에 니체의 사상이 수용되기는 어려웠을 것이다. 니체 철학이 그러했듯, 니체의 교육사상은 21세기 평생교육 혹은 평생학습의 본질을 관통하는 철학적 바탕을 제공한다고 본다.

평생학습의 궁극적 목적으로서의 각자성의 발현, 개별적 자아의 구현은 특정한 교육기관 중심적 사유의 틀을 벗어나 삶의 모든 현장으로 확대될 때 가능해진다. 삶이 학습이고 학습이 생활이 되어야 하는 것이다. 철학과 삶이 구분될 수 없듯이, 평생학습은 개인의 정체성 형성에 수반되는 능동적 삶의 과정으로서 삶과 분리될 수 없다. 철학 이론과 실제 삶과의 괴리를 비판하고 철학이 곧 삶이어야 함을 역설한 철학자가 바로 니체다.

"니체의 철학은 곧 니체의 삶이었다."[27]

철학과 삶이 다르지 않았던 니체에게서 우리는 '삶이 학습이고 학습이 곧 삶'이어야 하는 평생학습의 전형을 발견할 수 있다.[28] 평생학습의 관점에서 니체를 새롭게 조명해야 할 또 다른 이유이기도 한 것이다.

니체는 평생학습의 목적과 방법이 될 수 있는 철학적 통찰을 자신의 저술 전반에 걸쳐 보여 준다.[29] 어느 부분에서는 직접적이고 명시적으로, 또 어느 곳에서는 간헐적이고 암묵적으로 평생교육의 본질을 꿰뚫는 논의를 치열하게 전개하고 있다. '너는 너 자신이 되어야 한다!'고 모두의 '각자성各自性'을 주창하면서도 논의의 지향점은 "변화되는 개인의 총체가 전체의 변화도 이끈다"[30]는 신념도 보여 준다. 신의 죽음을 말하면서 신자유주의라는 또 다른 신의 지배하에 놓여 있는 21세기 평생교육의 과제를 해결할 혜안을 제시한다. 힘에의 의지, 영원회귀, 위버멘쉬 같은 개념들을 동원해 삶의 목적과 방향을 잃어버린 시대를 날카롭게 진단하면서, 다른 한편으로는 허무주의를 극복하고 삶을 적극적으로 사랑하기 위한 학습이 평생교육의 본질임을 통찰력 있게 제시하고 있다.

중요한 점은 니체의 이런 논의는 플라톤적인 형이상학과 그리스도교에 기초한 존재론과 인식론 및 윤리학에 대한 해체적인 비판과 이해를 바탕으로 한다는 점이다. 니체의 관점에서 볼 때 초감성적인 모든 종류의 이념 및 가치들은 독립적인 실체라기보다는 인간이 삶의 무상함을 견디기 위해 지어낸 환상이다. 현대사회는 이런 환상을 통해 인간을 표준화된 순응적 존재로 길들이는 허무주의에 빠져 있다는 것이다. 이러한 시대적 상황 속에서 니체 사상에 함축된 존재로서의 평생학습에 관한 이 책은 평생학습의 본질에 관한 '새로운 이해'를 통해 평생학습의 이념을 구현할 수 있는 철학적 기초를 제공할 수 있을 것이다. '새로운 이해'라는 이 책의 성격은 니체를 평생학습과 연계시키는 연구가 지니는 다음의 두 가지 특징에 기초한다.

하나는 평생교육의 본질에 대한 새로운 이해다. 그동안 서양의 교육 혹은 평생교육사상은 전통적인 플라톤주의적 형이상학과 그리스도교 사상에 명시적, 또는 암묵적으로 바탕을 두어 왔다. 니체는 교육의 철학적 기초인 서양의 전통 형이상학에 도전하여 해체시킴으로서, 결과적으로 개인과 현실적 삶에 가치를 두는 새로운 평생교육의 영역을 개척했다고 보는 것이 저자의 관점이다. 이는 마치 마르셀 뒤샹Marcel Duchamp 1887~1968이 남성용 변기 하나에 '샘물fountain'이란 이름을 붙여 전시회에 출품함으로써 미학적 세계에 대한 플라톤적인 관점을 해체시킨 것과 비교할 수 있을 것이다. 예술은 '미'의 관점이 아니라 '의미'라는 관점에서 접근[31]할 수 있다는 새로운 이해 영역을 개척한 것이다. 뒤샹이 '미'를 죽인 것과 마찬가지로, 서양의 전통철학과 그리스도교 사상을 죽인 니체에게서 평생교육의 본질에 관한 새로운 이해 방식을 열 수 있다고 본다.

다른 하나는 니체 사상에 암묵적으로 숨겨진 지식 혹은 지혜를 찾는 것이다. 들뢰즈는 철학자들은 개념을 말할 뿐, 그 개념에 부합하는 문제를 완전히 말하지는 않는다는 점을 지적한다. 저자는 그 철학자가 완전히 이야기하지 않았지만 필연적으로 암시한 것, 말하지는 않았지만 그의 말 속에 들어 있는 것을 말해야 하는 것[32]이란 주장이다. 니체 연구자인 들뢰즈의 이 말은 니체 사상을 평생교육적 관점에서 연구하여 '새로운 이해' 영역을 개척해야 하는 학문적 타당성을 제공한다. 니체가 평생교육이란 개념으로는 '완전히 이야기하지 않았지만' 그의 말 속에 필연적으로 평생교육의 본질에 대해 암시한 것을 포착해야 하는 또 다른 학문적 의의가 있다는 것이다.

이 책이 지니는 두 가지 특징을 통해 니체 철학의 평생교육적 함의를 포착하고 4차 산업혁명 시대에 평생학습의 본질에 관한 새로운 이해를 제공하는 작은 학문적 전기轉機를 마련해 줄 수 있기를 기대한다.[33]

미주 • -

1) 고명섭(2012). 니체극장: 영원회귀와 권력의지의 드라마. 경기도: 김영사. p. 11.

2) Nietzsche, F. W. (1883~1885). *Nietzsche Werke, Kritische Gesamtausgabe, vol. VI-1: Also sprach Zara.* 정동호 역(2015). 니체전집 13권. 차라투스트라는 이렇게 말했다. 서울: 책세상. p. 30.

3) 백승영에 따르면 니체가 심리학에 끼친 영향은 그의 도덕 비판과 인간학 그리고 심지어는 형이상학 비판마저도 심리적으로 사유되었음에서 이미 예견할 수 있으며, 니체가 20세기 심리학의 연구결과들을 미리 선취하고 있다는 연구결과도 있다. 프로이트 자신의 부정에도 불구하고 그가 니체의 유산인지에 대한 의문은 심심치 않게 제기되고, 유산의 여부와는 상관없이 양자 사이의 관계 설정 가능성을 쾌락, 원리와 힘에의 의지, 오이디푸스 콤플렉스와 도덕, 죄 및 양심의 가책이란 개념 혹은 충돌의 부정 및 승화란 개념 등을 통해 확보하려는 시도와 이 시도의 피상성에 대한 지적도 있다. 프로이트와는 달리 융은 니체를 자신의 작업에 가장 본질적인 영향을 끼친 사람으로 인정하고 있다. 아들러 역시 자신이 니체에 많이 근접하고 있음을 고백하고 있는데, 특히 인간이 불완전한 존재이자 열등감으로 인해 괴로워하는 자라는 인식, 그리고 삶이 의식에 선행한다는 점 등은 니체 사상과 밀접한 관련이 있음을 알 수 있다. 심리학 외에도 니체는 독일어권 문학에서는 니체의 영향을 받지 않은 사람이 소수일 정도로 현대 문학의 선구자 역할을 하였다. 또한 음악에 끼친 니체의 영향도 지대하다. 연구에 따르면, 219명의 작곡가와 370개의 작곡, 그리고 89개의 텍스트가 니체 텍스트의 예술적인 면, 니체의 예술가적 의식, 그리고 차라투스트라의 시가들의 영향권에 있다(참고: 김상환 외, 2000, pp. 60-63).

4) Jarvis, P. (2006). *Towards a comprehensive theory of human learning.* London: New York: Routledge. p. 6.

5) 같은 책.

6) 양홍권(2012). 신자유주의적 세계화와 평생교육의 과제. **평생교육학연구, 18**(2), 103-130.

7) Ranson, S. (1998). *Inside the learning society*. London & New York: Cassell.

8) Fromm, E. (1976). *TO HAVE OR TO BE?*. continuum. London New York.

9) Lengrand, P. (1975). *An Introduction to Lifelong Education*. United Nations Educational Scientific and Cultural Organization, Paris (France): UNESCO. p. 28.

10) Lengrand, P. (1975; 1994). L'omme de la réponse et l'omme de la question, *International Review of Education*, *40*(Special issue on lifelong education), 339-342.

11) Delors, J. et al. (1996). *Learning: the treasure within*. Report to UNESCO of the international commission on education for the twenty-first century (Paris, UNESCO).

12) 같은 책. p. 108.

13) 니체의 교육적 관점에 대한 연구는 국내외에서 상대적으로 소수의 학자에 의해 수행되어 왔다. 국내에서는 교육철학 분야에서(예를 들면, 강선보, 2012; 구분옥, 2007; 김상섭, 2006; 조수경, 2014 등), 국외에서는 영미권 학자들을 중심으로(예를 들면, Allen & Axiotis, 2001; Aviram, 1991; Cooper, 1983; Golomb, 1985; Hillesheim, 1986; Johnston, 1998; Ramaeckers, 2001a; Rosenow, 1973 등) 학문적 논의가 진행되어 왔다.

14) Cooper, D. E. (1983). On Reading Nietzsche on Education. *Journal of Philosophy of Education*, *17*(1), 119-126.

15) 같은 논문.

16) Merriam, S. B., Caffarella, R. S., & Baumgartner, L. M. (2007). *Learning in Adulthood: A Comprehensive Guide*. 기영화, 홍성화, 조윤경, 김선주 역(2009). 성인학습론(제3판). 서울: 아카데미프레스.

17) Deleuze, G. (1962b). *Nietzsche et la Philosophie. Press Universitaires de France*. 이경신 역(2013). 니체와 철학. 서울: 민음사. p. 15.

18) 백승영(2011). 니체. 서울: 한길사. p. 29.

19) Nietzsche, F. W. (1883~1885). p. 546.

20) 이관춘(2015b). 니체, 세월호 성인교육을 논하다. 서울: 학지사.

21) Nietzsche, F. W. (1886~1889). *Nietzsche contra wagner*. 백승영 역(2015). 니체전집 15권. 바그너의 경우 · 우상의 황혼 · 안티크리스트 · 이 사람을 보라 · 디오니소스 송가 · 니체 대 바그너. 서울: 책세상. p. 375.

22) 정민승(2010). 성인학습의 이해. 서울: 에피스테메. p. 27.

23) Delors, J. et al. (1996). p. 108.

24) Nietzsche, F. W. (1870~1873). *Nietzsche Werke, Kritische Gesamtausgabe, vol. Ⅲ−2: Nachgelassene Sc*. 이진우 역(2013). 니체전집 3권. 유고(1870년~1873년). 서울: 책세상. pp.

413-414.

25) 같은 책 p. 191.

26) Delors, J. et al. (1996). p. 109.

27) Sharp, A. M. (1976). The teacher as liberator: A Nietzschean view. Paedagogica Historica: *International Journal of the History of Education*, 16(2), 387-422.

28) 이관춘(2015b).

29) 이 책에서 니체 저작은 발터 아놀드 카우프만(Walter Arnold Kaufmann, 1921~1980)과 레지날드 존 홀린데일(Reginald John Hollindale, 1930~2001)이 번역한 영어판 니체 저작들을 기준으로 하였으며, 우리말 번역인 책세상 판 「니체전집」(전 21권)을 참고하였다.

30) 조수경(2014). 니체, 깨어있음의 교육. **철학논총**, 75(1), 291-311. p. 307.

31) Onfray, M. (2005). *Traité d'athéologie*. Éditions Grasset. p. 87.

32) Deleuze. G. (1993). p. 144; 손경민(2015). 니체 철학에서 실재의 문제. 서울대학교 대학원 박사학위논문. p. 2에서 재인용.

33) 이 책에서는 니체 사상 그 자체에 대한 해석적 연구를 지양한다. 한 철학자의 사상 연구는 결국 해석의 문제라면, 니체 철학에 대한 해석은 독일의 하이데거(Heidegger)의 해석과 반하이데거 입장인 푸코(Foucault), 들뢰즈(Deleuze), 데리다(Derrida) 등 프랑스 현대철학자들의 해석을 중심으로 다양하다. 이들의 다양한 해석에 관한 논의는 이 책의 관심사가 아니다. 이 책의 주된 관심은 니체 사상에 명시적으로 혹은 암묵적으로 제시되고 있는 평생학습의 본질, 즉 '존재로서의 평생학습'의 의미를 포착하는 데 있다.

이 책의 '존재로서의 평생교육'은 크게 세 가지 주제로 대별된다. 첫째는 존재 및 존재자로서의 평생학습자이며, 둘째는 평생학습, 셋째는 이 두 개념을 종합한 '존재를 위한 평생학습'이다. 존재를 위한 평생학습은 다시 네 가지의 학습원리, 즉 앎을 위한 평생학습, 행함을 위한 평생학습, 더불어 삶을 위한 평생학습, 존재를 위한 평생학습으로 구분해 논의한다. 이들 주제에 대해 니체 사상이 함축하고 있는 의미를 고찰하는 것이 이 책의 관심이다.

이를 위해 문헌연구의 방법으로서 주제(theme) 중심 접근방식을 택한다. 즉, 니체 사상 연구의 틀 혹은 준거로서 평생교육 관점의 주제를 먼저 제시하고 그 주제에 대해 니체 사상이 함축하고 있는 의미를 고찰하는 '전향적(轉向的) 관점' 방식이다. 주제 중심 문헌연구에서 유의해야 할 점은 해석에 대한 신뢰성이다. 니체 역시 『인간적인 너무나 인간적인 II』 137절에서 이 점을 날카롭게 지적한다. "가장 나쁜 독자들은 약탈하는 군인들과 같이 행동하는 사람들이다. 그들은 그들이 사용할 수 있는 몇 가지는 꺼내고, 나머지는 더럽히고 엉클어뜨리며 전체를 비방한다."(Nietzsche. F. W., 1978b. p. 91) 이 책을 집필하는 동안 언제나 기억하려고 한 것이 니체의 이 경고다.

제 1 부

평생학습, 니체는 이렇게 말했다

예나 지금이나 사람들은 행복한 삶을 꿈꾸며 살아간다. 가르치고 배우는 모든 행위도 궁극적으로는 학습자의 좋은 삶, 행복한 삶을 위한 것이다. 그렇다면 행복한 삶을 위한 출발이자 핵심적인 요인은 무엇일까? 그것은 세상을 바라보는 나의 시각이다. 삶과 학습의 목표인 행복은 인간과 세상에 대한 개인의 관점에 크게 영향을 받는다. 나란 존재는 무엇인지, 또 삶을 본질적으로 낙관적으로 보는지 혹은 비관적으로 보는지에 따라 삶과 학습에 대한 태도가 달라지고 행복의 정도와 양상이 달라진다. 그럼 나를 포함한 존재란 무엇일까?

일반적으로 "철학에서의 존재론은 존재 안에서 두 가지 형이상학적 원리, 즉 본질과 현존(실존)을 구분한다".[1] 예를 들어, "나는 가수다."라고 할 때 '가수'는 본질essentia을, 그리고 '나는 ~이다'는 현존 또는 실존existentia을 나타낸다. 인간이란 존재자는 본질과 실존의 복합으로 정의되는 것이다. 문제설정 방식을 이런 맥락 하에 놓는다면 철학은 크게 두 가지 경향, 즉 본질철학과 실존철학으로 양분된다.[2] 본질철학은 인간을 포함한 모든 존재는 어떤 변하지 않는 속성, 그 사물을 다른 사물과 구분시켜 주는 특징인 본질이 있음을 강조한다. 그 본질이 무엇인가에 관심을 갖는 철학이다.[3] 반면, 실존철학은 본래적이며 불변하는 본질을 부정하고 그 본질은 구성되거나 만들어지는 것이라고 주장한다.

서양의 전통 형이상학이 본질철학이라면 니체의 관점은 실존철학이다. 니체와 서양 전통철학이 부딪히는 지점이 바로 여기에서 출발한다. 니체가 보기에 인간과 인생의 진정한 아름다움을 왜곡시켜 허무주의에 빠지게 만든 장본인이 바로 오랜 전통을 지닌 서양 철학과 그에 직접적인 영향을 받은 그리스도교 사상이다. 따라서 니체는 현재의 만연한 허무주의를 극복하기 위해서는 서양 전통철학과 그리스도교 신학의 사유방식에서 벗어나야 하며, 이를 통해 인간과 삶에 대한 아름다움을 회복할 수 있음을 역설한다.

제1부에서는 먼저 니체의 관점에서 서양 전통철학이 어떻게 삶의 허무주의를 초래했는지를 살펴본다. 이어 인간과 사물을 포함한 존재란 무엇인지를 서양 전통철학과 니체 철학의 관점에서 비교한 후, 니체 철학의 관점에서 '지금 여기'서 살아가는 인간이란 과연 어떤 존재인지 그 적나라한 본 모습을 들여다본다. 이를 통해 평생학습이 왜 필요하고 어떻게 해야 할 것인지에 대해 생각해 보기로 한다.

미주 •

1) Foulguie(1992). p. 5: 강영계(1994). 「짜라투스트라는 이렇게 말하였다」의 실존적 의미. 통일인문학. 인문과학논총, 26, pp. 141-178에서 재인용.

2) 같은 논문.

3) 본질(essence)이란 인간이나 사물 또는 현상의 배후에 존재하는 어떤 고유한 불변의 속성으로서 다른 것과 구별시켜 주는 속성을 말한다. 예를 들어, 함박눈 내리는 모습이 아름답다고 하자. 또한 석양에 지는 노을이 아름다우며, 길거리에 지나가는 어떤 사람이 아름답다고 하자. 이렇게 양상은 다른데 우리는 똑같이 아름답다고 한다. 그렇다면 여기에는 어떤 공통된 아름다움, 즉 아름다움의 본질이 있다는 생각을 하게 된다. 집에서 키우는 반려동물의 경우도 마찬가지다. 고양이의 종류는 수없이 많지만 우리는 모두 고양이라 한다. 그렇다면 서로 다른 모양의 고양이들을 고양이로 부르게 하는 공통되고 보편적인 어떤 고양이의 본질이 있다는 생각을 하게 된다. 이것이 본질철학의 관점이다.

제1장

삶의 아름다움을 회복하는 평생학습

니체의 예리한 눈으로 볼 때 현대인은 니힐리즘Nihilism, 즉 허무주의[1]에 빠져 헤쳐 나오질 못하고 있다. 모두가 나름대로 열심히 일하고 인생을 즐기며 사는 것처럼 보이지만 사람들의 내면에는 깊은 허무주의가 도사리고 있는 것이다. 그 허무주의로 인해 사람들은 지금 여기의 삶에 대한 진정한 의미와 아름다움, 참 된 기쁨을 인식하지 못하고 산다.

니체는 허무주의의 근원으로서 플라톤Plato, BC 427~347에서 시작된 인간 본질에 관한 서양의 전통 형이상학을 비판한다. 전통 형이상학의 절대론적 특징과 어떤 궁극적 설계를 따라 나아가는 목적론적 특성을 단호하게 부정하는 것이다. 니체 의 이런 비판은 전통 형이상학이 허무주의 현상과의 대결에서 실패했을 뿐만 아 니라 오히려 허무주의를 조장하고 있다는 인식을 바탕으로 한다. 니힐리즘은 단 순히 가치론적인 맥락에서뿐만 아니라 철학, 즉 존재론과 관련된 사건으로 이해 되어야 한다. 이렇게 본다면 니체의 니힐리즘에 대한 관점을 이해하려면 서양 전통 형이상학과 이를 비판하는 니체의 존재론을 이해해야 한다.

제1장에서는 먼저 니체의 존재론 고찰을 위한 바탕이자 "니체 철학의 이해를 위한 첫 관문"[2]이며 "니체 철학을 관통하는 핵심"[3]인 니힐리즘을 고찰하고 그 니 힐리즘을 극복하는 니체의 관점을 고찰한다. 이를 바탕으로 평생학습의 궁극적 의미와 방향에 대해 생각해 보기로 한다.

1. 삶을 허무하게 만든 서양 전통 형이상학

바쁜 일상을 살아가면서도 사람들은 가끔씩 나는 누구이고 또 인생이 무엇인지를 생각한다. 눈에 보이지 않는 어떤 영적인 것의 존재를 생각하고 그에 의존하기도 한다. 니체를 포함한 실존주의 철학에 의하면, 평생 배우며 살아가는 존재인 인간은 본능적 욕구 충족만을 넘어서는 유일한 존재다. 식욕이나 성욕과 같은 본능적 욕구가 충족된 상태에서도 삶의 의미와 가치에 대해 의문을 품을 수 있는 존재다. 이런 물음은 반드시 의식해서가 아니라 인간이면 누구나 자연발생적으로 물을 수밖에 없다. 사멸하는 유한자有限者인 인간은 자기 존재의 불안정함에 끊임없이 불안과 공포를 느끼면서 영원불변의 본질이나 무한자無限者와 같은 초감성적인 가치를 추구하려는 욕망을 지닌다. 그 결과 어떤 불변하는 영원한 것, 현상계에 대립하는 이데아의 세계, 차안을 넘어선 피안, 즉 현세를 넘어선 내세를 추구하는 욕망을 갖게 된다.

1) 왜 허무주의에 빠졌는가

그러나 니체에 따르면 영원성을 추구하는 이런 시도들은 하나의 관점일 뿐이지만 인간들은 이를 인간으로부터 독립해 존재하는 실재로서 간주한다. 그 결과 이런 관점들이 독립적으로 존재하는 어떤 실체로서 인간을 지배하게 되었다. 그 결과 허위적인 의미를 신봉함으로써 삶의 의미와 힘을 얻었을지는 모르나 "인간 스스로 발을 딛고 사는 대지와 생성하는 세계로부터 고유한 가치와 의미가 박탈"[4]되었다. 니체는 현재의 삶을 무시하고 영원성이나 초감성적 세계를 설정하고 추구하는 이런 시도 자체가 바로 니힐리즘의 원인이라 주장한다.

니힐리즘Nihilism에서 라틴어인 니힐nihil은 무無를 의미한다. 따라서 니힐리즘은 세상에 무밖에 존재하지 않는다는 사상으로 흔히 허무주의虛無主義라고 번역되기도 한다. 이는 세상 어디에도 절대적 진리나 도덕, 가치 혹은 완전한 존재가 없기에 허무밖에 없다는 주의主義다.[5] 이런 관점에서 회의주의나 상대주의, 무정부주의도 일종의 니힐리즘이라 할 수 있다. 니체가 스스로를 "유럽 최초의 완전한 허무주의자Der Volkomme Nihilist"[6]라고 명명했듯이 니체의 저술 곳곳에는 명시적으로든 암묵적으로든 니힐리즘이 팽배해 있다.[7] 이는 니체가 당시 19세기 독일을 중심으로 한 서구사회의 특징을 니힐리즘으로 포착하고 니힐리즘과의 정면 대결을 통해 니힐리즘을 극복하는 것을 사상적 과제로 보았다는 것을 의미한다.

그러나 니힐리즘은 단지 19세기 유럽 사회의 특정 현상이 아니다. 서양문화의 출발은 기본적으로 니힐리즘이라 할 수 있기 때문이다. 서양문화 혹은 사상의 기저를 이루는 그리스도교는 니체가 비판하는 것과 다른 의미에서 원초적으로 니힐리즘이 바탕을 이룬다. 한 예로, 구약성서의 「욥기」 3:11~26[8]에는 인간 실존의 유한성을 극명하게 표현한다. "어찌하여 내가 태중에서 죽지 않았던가? 내가 모태에서 나올 때 숨기지 않았던가? 젖은 왜 있어서 내가 빨았던가? 나 지금 누워 쉬고 있을 터인데, 잠들어 안식을 누리고 있을 터인데, 임금들과 나라의 고관들, 폐허를 제 집으로 지은 자들과 함께……" 욥의 탄식에는 고관대작들의 부귀영화가 한낱 폐허로 지은 집에 불과하며 인간은 애초부터 먼지 같은 존재로서 하루 해를 넘기지 못하고 부스러져 영원히 사라져 간다는 니힐리즘의 감정과 사고가 묻어 있다.[9]

그러나 니체가 유럽 사회에 허무주의의 도래를 예견한 것은 유럽의 사상적 토대인 도덕적·형이상학적·목적론적 해석의 몰락 때문이었다. 니체는 "허무주의의 도래, 이 역사는 지금 이미 말할 수 있다……. 우리의 유럽문화 전체는 이미 오래전부터 한 세기 한 세기 자라났던 긴장의 고문을 받으며 마치 대혼란으로 내닫듯 움직이고 있다. 동요하고 난폭하게 허둥대고 있다."[10]라고 진단한다. 그 결과, 사람들은 살고는 있지만 진정으로 살고 있다는 삶의 의미와 존재 이유를 갖지 못하며 자신의 삶은 결국 허무한 것이란 생각에 내적으로 '허둥대고' 있다는 것이다. 그렇다면 유럽 사회의 형이상학적·목적론적 해석이 몰락했다는 것은 무엇을 의미하며, 그 몰락이 허무주의와 어떤 관계가 있는 것인가?

2) 기존의 지식, 믿음의 신은 죽었다

니체는 이 '몰락'을 한마디로 "신은 죽었다."라는 말로 간명하게 정의한다. '신의 죽음'이란 니체의 명제는 문학적 역설逆說이다. 신은 생성·변화하는 존재가 아니며 시작과 끝이 없는 무한자無限者이기 때문이다. 그러나 신의 죽음이란 역설은 바로 니체가 보는 유럽 사회의 역설적인 사상적 혼란을 대변한다는 데 주목할 필요가 있다. '신은 죽었다'는 니체의 말은 신이 있느냐 없느냐 하는 문제와는 상관이 없다.[11] 또한 신의 죽음은 결코 "어느 특정한 종교적 신앙의 종말을 의미하지도 않는다".[12] 니체의 시대에도 여전히 신을 믿는다고 주장하는 사람들은 많았고 종교적 신앙 활동 또한 지속되었기 때문이다. 그럼에도 불구하고 니체가 선언한 신의 죽음은 신을 믿는다는 사람들의 실존적 삶에서 이젠 신의 지배력이 상실됐음을 의미하는 하나의 역설적 시대 진단이다. 사람들은 자신들이 신을 살해하고 신을 거부했으면서도 여전히 자신들이 신을 믿고 있다고 생각한다. 이렇게 본다면 '신의 죽음'이 아니라 인간의 결단에 의한 '신의 죽임'이라 볼 수 있다. 니체는 말한다.

"신은 어디로 갔느냐고? 너희에게 그것을 말해 주겠노라! **우리가 그를 죽였다. 너희와 내가!** 모두가 신을 죽인 살인자다! ……**신은 죽었다!** 신은 죽어 버렸다! 우리가 신을 죽인 것이다. 살인자 중의 살인자인 우리는 이제 어디에서 위로를 얻을 것인가? 세계가 이제까지 가졌던 가장 신성하고 가장 강력한 것이 우리의 칼로 피를 흘리며 죽었다. 누가 우리에게서 이 피를 씻어내는가? 어떤 물로 우리는 스스로를 정화시킬 수 있는가? ……이 행위의 위대함은 우리에게 너무 위대한 것이 아닌가?"[13]

그러나 신의 죽음이란 충격적인 선언에도 일반인들은 냉소적일 정도로 냉정하다. 오히려 광인의 말에 폭소를 터뜨린다. "그곳에는 신을 믿지 않는 많은 사람이 모여 있었기 때문에 그는 큰 웃음거리가 되었다."[14] 니체는 신의 죽음에 대한 이런 불감증이 바로 허무주의의 상징임을 강조한다.

신의 죽음은 신에 의해 사람들에게 부과되었던 초감성적인 모든 종류의 이념과 가치의 죽음을 동반한다. 니체가 신의 살해라는 사건이 지닌 엄청난 의미를 "지구를 태양의 사슬로부터 떼어 놓은 것"에 비유하는 것은 이를 뒷받침한다. 즉, 플라톤Plato, BC 427~347의 대화편『국가』의 6권 마지막에서 강조하듯, 태양은 플라톤의 최고의 이데아인 선의 이데아를 비유하는 것이며 이데아는 진리와 존재의 원천임에 착안한다면 신의 죽음과 함께 서양의 전통 형이상학적 진리 역시 죽음을 맞게 되었다는 것이다.

그렇다면 그것들은 왜 과거에 가졌던 사람들에 대한 지배력을 상실하게 되었는가? 이유는 그것들이 실제로 존재하는 것이 아니라 사람들이 만든 단순한 상상물이라는 것이 드러났기 때문이다. 플라톤의 이데아의 세계와 그리스도교의 신과 같은 것은 우리 인간이 삶의 무상함 혹은 허무함을 견디기 위해 만들어 낸 환상적인 이념[15]에 지나지 않기 때문이다. 이러한 가치들은 인간이 자신의 삶에 방향과 힘을 부여하기 위해서 기투企投한 존재이자 전체에 대한 하나의 관점perspective들일 뿐이다.

3) 플라톤의 동굴 속 지식

그런데 인간은 이러한 관점들을 자신의 상상에서 비롯된 것으로 자각하지 못하고, 인간으로부터 독립해서 존재하는 실재로서 간주했다. 이를 통해서 그러한 관점들은 독립적인 실체가 되면서 오히려 인간을 지배해 왔다. 근대를 지배하는 니힐리즘의 궁극적 원인은 초감성적인 가치들이 사실은 인간 자신에게서 비롯된 것임에도 인간이 그것을 자신에서 독립하여 객관적으로 존재하며 그것에 맹목적으로 복종해야 한다고 믿었다는 데에 있다.[16]

그렇다면 서양 전통 형이상학의 초감성적 가치들은 무엇이며 그것들이 왜 허무주의를 초래했다는 것인가? 결론부터 언급하면, 니체는 서양 형이상학의 이성 중심주의의 본질은 삶을 부정하고 생성으로서의 실재를 부정하는 것, 즉 염세주의와 허무주의이며 이런 허무주의가 서양 형이상학의 근원에서부터 존재한다는 것에 주목한다.[17] 서구 형이상학의 전통은 거슬러 올라가면 결정적으로 플라톤주의의 영향을 받고 있음을 알 수 있다. 플라톤의『국가』7권 '이상 국가'에 묘사된 '동굴의 비유'[18]는 플라톤의 형이상학을 단적으로 드러내고 있다. 동굴의 안과 밖의 비유를 통해 선이나 진리와 관련된 인간의 삶의 두 양태를 구분하는 것이다.

"동굴 속의 거주는 인간의 체류 영역에 대한 비유다. 동굴 속의 불은 태양에 대한 비유다. 동굴의 천장은 하늘의 둥근 형태의 비유다. 동굴의 천장 아래 땅 위에서 묶인 채로 사람들은 살아간다. 사람들을 둘러싸고 있고 사람들이 관계하는 것들은 사람들에게 '현실적인 것', 즉 존재자들이다. 이러한 동굴 속에 거주하는 사람들은 자신들이 '이 세상'에 있다고 '고향'에 있다고 느끼면서 동굴 속에서 신뢰할 만한 것을 발견하며 살아간다. 하지만 동굴 밖에도 사물이 있고 태양이 있다. 동굴 밖에서 보이는 사물들은 이데아들을 비유하고, 동굴 밖의 태양은 선의 이데아를 비유한다."[19]

플라톤은 인간이 얼마나 무지의 상태에 있는지를 그리고 있다. 사람들은 동굴 깊숙이 갇혀 실재하는 것은 못 보고 실재의 그림자 표상만 볼 수 있다. 그런데 그 자체가 제한된 투시임을 모르기[20] 때문에 그들은 동굴 천장 아래의 일상 영역을 경험과 판단의 공간으로 간주한다. 그리고 이 경험과 판단은 사물들과의 관계를 위한 척도로 내주고 이것들의 정돈과 정리를 위한 규칙을 내주게 된다.[21] 동굴의 환영에 익숙해진 동굴인은 자신의 '견해'에 집착하게 된다. 자신이 경험하는 현실적인 것이 실제로는 그림자 같은 것일 수 있다는 가능성이나 그런 가르침 혹은 계몽에 저항한다.

동굴 밖에서 성장하는 사물들은 이데아들이며 태양은 모든 이데아를 가시적이게끔 해 주는 것, 곧 모든 이데아의 이데아다. 플라톤은 태양을 선의 이데아[22]라고 한다. 결국 보이지 않는 진리가 사물의 보이는 표면 아래 존재한다는 것으로서, 결국 존재라는 것은 본질로서의 이데아와 이데아의 모사模寫인 가상假象으로 이뤄진다는 이분법의 속성을 지니는 것이다. 나아가 "이데아 영역이 불완전하게 반영된 물질적 세상은 인류가 신의 은총으로부터 떨어져 나왔다는 그리스도교적인 믿음"[23]과도 맞아 떨어진다.

플라톤의 존재론은 아리스토텔레스Aristotle, BC 384~322에 와서 형이상학에 대한 연구로 보다 구체화된다.[24] 형이상학metaphysics이란 용어를 처음 사용한 아리스토텔레스는 문자 그대로 '이 세상 너머에 있는 그 무엇', 즉 이 세상에 존재하는 형태와 현상을 지배하는 영원히 변치 않는 법칙과 원리를 알아내고자 했다.[25] 그는 플라톤의 이상 세계의 개념에 '에센스essence본질적 속성'란 개념을 더 했다. 이 세상의 모든 물질은 '에센시얼essential'(그리스어로 'to be')과 '액시덴탈accidental'(라틴어로 'to happen')이란 두 개의 속성을 갖는다는 것이다. essential본질적 속성은 저 세상의 완벽함을 반영한 속성이고 accidental우발적 속성은 같은 형상의 구성원들이 여러 가지 모양으로 변화하는 속성들이다.[26] 예를 들어, 애완견은 모두 강아지의 본질적essential 속성을 보여 주지만, 외모와 털의 길이라는 우발적accidental 속성에 따라 달라진다. 아리스토텔레스는 스승인 플라톤과 마찬가지로 모든 존재는 눈에 보이는 현상과는 별도로 본질을 가지고 있다고 주장하였다.

그러나 중요한 차이가 있다. 플라톤이 각각의 본질은 현상을 넘어 이데아 세계에 독립해서 존재한다고 생각한 반면, 아리스토텔레스는 각각의 본질은 각각의 개체에 존재한다고 보았다. 예를 들어, 플라톤에 따르면 우리는 사랑하는 사람에게 '사랑한다'고 말할 수는 있지만, '사랑'이란 개념 자체 혹은 본질은 알려 줄 수 없다. 또한 애완견의 종류는 다양하지만 모든 애완견을 '개'라고 하는 것은 '개'의 이데아(본질)가 독립해서 존재하기 때문이다. 그러나 아리스토텔레스는 개의 본질은 각각의 개에 내재한다고 주장한다. 우리 집 애완견은 푸들이다. 푸들을 포함한 모든 개가 사라지면 '개'란 이데아도 존재할 수 없을 것 아닌가? 따라서 아리스토텔레스에 의하면 푸들이라 하는 현실 세계가 없이는 '개'라는 이데아 세계(본질)를 볼 수가 없기 때문에 이데아 세계가 아닌 현상에서 본질을 찾을 수 있다는 것이다.

플라톤과 아리스토텔레스 이후 서양 형이상학이 강조하는 것은, 우리 삶에서 부딪히고 직접 관계되는 사물들은 참된 존재가 아닌 허구이기 때문에 이런 미몽迷夢으로부터 탈피해 실제로 존재하는 본질을 추구하고 이데아의 세계로 나아가야 한다는 것이다. 더 나아가 인간의 역사와 삶의 시간의 변화는 불변자인 이데아에 대한 모방, 즉 복제물에 불과하다. 결과적으로 감각적인 것의 부정, 삶의 부정이라는 가치를 창출할 수밖에 없다. 그런데 이데아라는 초월적 완전성, 비가시적인 보편성과 불변성에 대한 인식과 욕망은 현세적이며 불완전성에 기초한 인간에게는 동경의 대상이지만 결국 영원한 결핍과 공허감을 낳게 될 뿐이다. 이 세상의 물질적인 것들은 이상 세계에 존재하는 완전하고 영원한 형상의 불완전한 복사물이기에 이런 변화하는 존재가 이상 세계에 직접 접근할 수는 없기 때문이다.[27]

그러나 니체에 따르면, 이러한 이데아의 세계 및 이데아의 영역과 다르지 않은 그리스도교를 포함한 종교적인 신, 즉 완벽한 신에 의해 통치되는 천국과 같은 개념은 전술한 대로 인간이 삶의 불안과 무상함을 극복하기 위해 만들어 낸 하나의 관점perspective들일 뿐이다. 그리고 이러한 허구에 대한 욕망과 결핍의 매커니즘이 바로 허무주의의 시작이자 염세주의로 귀결된다. 이렇게 볼 때 서양 형이상학은 태생부터가 이미 허무주의, 염세주의를 잉태하고 있다. 다시 말해 니체는 "서양 형이상학이 전제하고 있는 '진리에의 의지'를 허무주의의 근원"[28]으로 파악하는 것이다.

2. 21세기 허무주의와 니체의 자기극복

허무주의는 서양 문화와 역사의 논리이자 필연적 귀결이다. 니체가 선언한 신의 죽음은 결코 19세기의 새로운 사실이 아니라 이미 허무주의가 만연해 있었던 당시 유럽 사회에 대한 시대적 진단[29]이었던 것이다. 그렇다면 신이 죽고 도덕적 질서에 대한 믿음이 사라졌다면, 대신 그 자리에는 이제 자연의 비도덕성과 무의미성에 대한 믿음이 필연적으로 들어서야[30] 할 것이다. 형이상학적 신의 표상을 박탈당했다는 것은 동시에 기존의 가치들과는 전혀 다른 새로운 가치를 창조할 수 있다는 해방을 의미하기 때문이다.[31] 니체는 신의 죽음이란 공백 상태를 진정으로 극복하기 위해서는 피안이나 미래를 위해서 '현재와 여기'를 희생하는 그리스도교적이고 형이상학적인 사유방식과는 근본적으로 다른 사유방식이 필요하다[32]고 보았다. 즉, 신의 죽음을 새로운 가치를 창조하는 필수 조건으로 갈망했던 것이다. 그러나 21세기 현실은 과연 그러한가?

1) 21세기 허무주의 극복방안

신이라는 절대적 가치가 붕괴된 상황에서 나타난 근대적 이념들, 즉 민주주의, 공리주의, 쾌락주의, 행복지상주의, 자유주의, 사회주의, 무정부주의 그리고 증오의 정치를 초래하게 될 민족주의와 반유대주의 등의 19세기 유럽의 온갖 이념들[33]이 신이 죽은 공백을 다시 메우고 있다. 나아가 21세기는 이데올로기라는 정신적 이념뿐만 아니라 적나라한 물질주의와 향락주의 그리고 신자유주의 체제하에서 능률과 효율로 위장한 비인간적·반자연적 이상주의가 대신 기승을 부리고 있다. 개인의 고유한 각자성을 억압하고 문화나 교양이라는 미명하에 '저열한 평균인'의 삶을 강요하는 시대가 되었다.

교육과 학습에도 자본주의 논리가 깊숙이 침투하고 있다. 교육체제는 자본주의적 경제에 순응하는 체제로 탈바꿈되고 학습자들에게 "빠른 시간에 돈을 버는 존재가 될 수 있도록 속성 교양"[34]이 요구된다. 그 결과, 현대인 역시 방향과 목적을 상실하고 허무주의, 영혼의 고귀한 힘을 상실한 "생리적 데카당스"[35]의 위험에 놓이게 되었다. 니체가 말하는 생리적 데카당스란 "현대인들이 무비판적으로 수용하는 가치와 진리들이 인간의 생명과 권력의지를 오히려 해치는 상태"[36]를 의미한다.

그렇다면 신이라는 절대적 가치의 상실로 야기된 근대인의 허무주의를 어떻게 극복할 수 있을 것인가? 니체는 각자가 신이 되어야 한다고 말한다. 사람들 각자가 자신의 삶에서 신이 되고 스스로가 자기 삶의 주인이 되어 새로운 가치를 창조하는 것이다. 여기서 주목할 점은 니체에게 허무주의와 연결되는 병, 퇴락, 분열, 타락으로 표현되는 데카당스decadence는 반드시 부정적 현상만을 가리키지 않는, 이중적 의미를 가진 현상[37]이라는 점이다. 그것은 한편으로 해체와 죽음의 결과를 가져올 수 있지만, 다른 한편으로는 증대와 개선을 야기할 수도 있다. 따라서 니체는 삶이 고양되고 진보하려면 데카당스가 필연적이라고 다음과 같이 단언한다. [38]

> "'데카당스' 개념: 쓰레기, 퇴락, 불량품은 그 자체로 단죄될 만한 것은 아니다. 그것들은 삶의, 삶의 성장의 필연적인 결과다. 데카당스 현상은 삶의 상승과 전진만큼이나 필연적이다. 이것을 마음대로 없애 버리거나 할 수는 없다."[39]

니체는 이를 위해 수동적 니힐리즘이 아닌 능동적 니힐리즘의 자세를 견지할 것을 촉구한다. 수동적 니힐리즘Der passive Nihilism은 허무주의에 입각해 삶을 평가 절하하고 허무주의를 정신력의 퇴보와 몰락으로 이해한다.

> "정신력의 하강과 퇴행으로서의 허무주의: 수동적 허무주의Der passive Nihilismus, 약함의 징후로서 정신력이 지칠 대로 지쳐 버리고 고갈되어 버릴 수 있다. 그래서 기존 목표나 가치들이 이것에 적합하지 않게 되며, 더 이상 신뢰받지 않는다……. 원기를 북돋우고, 치료하고, 안정시키고, 마취시키는 모든 것이 종교적·도덕적·정치적·미적 등으로 다양하게 위장하고서 전면에 부각된다."[40]

흔히 허무주의로 부르는 것은 수동적 니힐리즘을 말한다. 이것은 사멸하는 모든 것 앞에서 공포를 느끼고 위축된 나머지 영원성을 추구하게 되는 인간의 심리적 상태와 그런 인간 유형을 생산해 내는 역사적 운동을 가리킨다. [41]

이와 반대로 능동적 허무주의Der aktive Nihilismus는 모든 것이 무가치하고 무의미하다는 허무감을 떨쳐 내고 허무주의를 고양된 정신력의 기호로 읽는다. 진리의 부재를 새로운 가치창조의 바탕으로 만들기 위해 기존의 형이상학적 해석들을 해체하고 파괴한다.

"상승된 정신력의 징후로서의 허무주의: 능동적 허무주의Der aktive Nihilismus로서, 이것은 강함의 징후일 수 있다. 정신력은 기존 목표들('확신들'과 신조들)이 그에게 더 이상은 적합하지 않게 될 정도로 증대할 수 있다. 믿음이라는 것은 일반적으로 생존조건들의 강제를 표현한다. 다시 말해 한 존재가 번창하고, 성장하며, 힘을 얻게 되는…… 관계들의 권위에 복종하는 것이다……. 이러한 허무주의의 반대는 더 이상 공격하지 않는 지친 허무주의일 것이다."[42]

2) 능동적이며 완전한 허무주의

니체가 강조하는 능동적 허무주의는 병리적 중간 상태를 표현하는 허무주의를 배격하는 것이다. 니체에 따르면 "병리적이란 전혀 아무런 의미도 없다고 결론짓는 끔찍한 일반화"를 말한다.[43] 능동적 허무주의란 진리는 존재하지 않는다는 명제하에 모든 가치의 전환을 목표로 한다. 주목할 점은 모든 가치를 전환한다는 말이 반드시 기존의 가치들을 모두 새로운 가치로 바꾸는 것을 의미하지는 않는다는 점이다. 왜냐하면 니체는 무엇인가가 진리로 간주되어야 하는 것이 필연적이지, 무엇이 진리라는 사실이 필연적인 것은 아니라고[44] 강조하기 때문이다. 따라서 무조건적인 새로운 가치의 창조나 정립이 아니라 가치들의 본질에 대한 규정이나 가치 정립의 원리가 변화되는 것을 의미하는 것이다.

니체의 니힐리즘 분류는 수동적 니힐리즘과 능동적 니힐리즘에 국한되지 않는다. 이 외에도 염세적 니힐리즘, 완전한 니힐리즘, 불완전한 니힐리즘 등으로 매우 다양하다. 염세적 니힐리즘은 절대적 가치들이 파괴되고 새로운 가치판단의 근거가 부재한 상태에서 삶의 무가치함으로 인해 정신적 공황상태에 빠지는 경우[45]다. 이런 니힐리즘은 "생산적인 힘들이 아직도 충분히 강하지 못해서이든, 데카당스가 아직도 주저하며 머물고, 데카당스의 치료책을 아직도 고안하지 못해서이든 간에"[46]라는 말대로 "병리적 중간 상태Pathologischer Zwischenzustand"를 표현한다.

니체는 수동적 니힐리즘과 함께 염세적 니힐리즘을 불완전한 니힐리즘Der

unvollstandige Nihilismus이라 부른다. 불완전한 니힐리즘은 "그 여러 형식, 우리가 그 한 가운데에 살고 있다. 가치의 전환 없이 허무주의로부터 벗어나려는 시도, 그 반대의 것을 산출하고 문제를 첨예화시킨다".[47] 수동적 니힐리즘과는 반대로 능동적 니힐리즘은 전통적 가치의 절대성을 부정하고 기존의 가치를 해체한 후 '지금, 여기에' 요구되는 삶의 가치를 창조한다는 점에서 완전한 니힐리즘volkommene Nihilismus으로 불린다. 완전한 니힐리즘은 "유럽 최초의 완전한 허무주의자로서, 그러나 허무주의를 이미 자신의 내부에서 끝까지 체험해 본 자로서 허무주의를 자신의 뒤에, 자신의 밑에, 자신의 밖에 두는 자"[48]가 되는 것이다.

니체가 이처럼 니힐리즘 용어에 천착하는 것은 니체 철학에서 니힐리즘이 니체 철학을 관통하는 사상으로서 얼마나 핵심적인 문제인지를 드러낸다. 니체가 자신의 철학적 목표로서 '니힐리즘의 자기극복'을 내세우고 그 전 단계로서 '허무주의의 도래', '허무주의의 필연성'[49]이란 두 단계를 내세우는 이유도 이와 무관치 않다고 본다.

그렇다면 수동적 니힐리즘을 극복하고 능동적이며 완전한 니힐리즘을 통해 '니힐리즘의 자기극복'을 성취하기 위한 방법은 무엇인가? 니체는 그 방법은 인간 외부가 아닌 인간 개개인의 내부에 존재한다고 말한다. 무엇보다 인간의 자기강화, 인격의 강화에 존재[50]한다는 것이다. 이제는 외부의 어떤 허구적인 초월적 힘에 의존하는 것이 아니라 자신의 내적인 힘을 강화하는 것을 통해서만 니힐리즘의 상황은 극복될 수 있다. 현실의 불안과 고통의 극복은 이를 회피하고 부정하는 소극적 방법이 아니라 오히려 그 불안과 고통을 긍정하고 이를 자기강화와 힘의 증진을 위한 기회로 전환할 수 있는 강한 의지력이 필요하다. 니체는 이를 힘에의 의지Der Wille Zur Macht라 부른다.

3. 삶의 주인, 삶의 긍정을 위한 평생학습

니체는 평생학습을 하며 살아가는 인간 존재가 처한 상황을 한마디로 니힐리즘의 상태로 정의한다. 니힐리즘의 원인은 서양의 전통 형이상학, 즉 삶을 부정하고 초월적인 허구에만 의지한 채 생성하는 자연과 삶을 실재로 인정하지 않으며, 그 결과 염세적이고 허무적인 인식과 가치를 조장하는 서양 형이상학과 그에 연계된 그리스도교 사상에서 기인한다는 것이다.

1) 기존의 사유방식에 대한 성찰

니체는 이때까지 인간을 짓눌러 왔던 허무주의를 극복하기 위해서 먼저 해야 할 일은 서양의 형이상학적이고 그리스도교적인 가치 정립에서 탈피하는 것이라고 강조한다. 본래 인간과 삶에 대한 가치는 인간이 자신의 유지와 고양이란 관점에서 인간 스스로 정립해야 하는 것이다. 그럼에도 불구하고 전통 형이상학이나 그리스도교 전통은 그 가치를 인간과는 독립되어 영원히 존립하는 것으로 간주했다는 것이다. 따라서 가치들의 전환을 목표로 하는 능동적 니힐리즘을 택하여 인간 스스로를 성장시킬 수 있는 새로운 가치 정립이 필요하다. 다시 말해, 사람들 각자가 신이 되고 스스로가 자기 삶의 주인이 되어 새로운 가치를 창조하는 것이다.

니체의 이런 철학은 평생교육이나 학습이 궁극적으로 무엇을 지향해야 하는지를 제시하고 있다. 물론, 평생교육학적 측면에서 볼 때 니체의 전통적 가치 및 윤리 규범에 대한 비판은 성인들의 가치나 윤리적 행동을 결정해야 하는 구체적 선택에서 문제가 있다는 비판을 받을 수 있다. 첫째, 니체의 주장대로 사람들이 가치 선택을 자신의 유지와 고양이란 관점에서 스스로 정립하는 것이라면, 결국 특정한 윤리적 규범을 거부하는 것이고, 그런 사회는 결국 개인들 간의 끊임없는 권력 혹은 힘의 전쟁터가 될 것이란 비판이다.

서양의 그리스도교 전통은 현세 이후의 이상적 세계를 동경하고 지향하기 때문에 그에 맞는 윤리 규범이 명확하게 설정되어 있다. 사후의 구원받음과 직결되는 그러한 규범은 사람들로 하여금 지나친 경쟁심이나 이기심에 의한 불공정 행위 등을 규제하는 준거를 제공한다. 그러나 니체의 세계관은 현세 혹은 차세

此世 중심적이기에 현재의 삶만을 중요시하게 된다. 이런 차세 중심적 세계관은 윤리적 규범에 의해 규제되지 않는 무질서의 사회, 문명에서 야만으로 후퇴하는 사회가 될 것이다. 그런 사회에서 어떤 창조적이고 의미 있는 삶을 구현하는 것은 어렵다는 주장이 제기될 수 있다.

2) 신을 믿는다는 착각

그러나 니체는 서양인들이 과연 그리스도교적 가치 규범대로 삶을 영위하느냐고 반문한다. 니체는 "그곳에는 신을 믿지 않는 많은 사람이 모여 있었기 때문에 그는 큰 웃음거리가 되었다."[51]라고 말하듯, 신의 죽음이란 충격적인 선언에도 일반인들은 냉소적일 정도로 냉정한 현실이 서양인들의 삶이다. 학교교육이나 성인교육을 통한 그리스도교적 가치 프로그램들이 운영되고 있지만 그들의 내면에서 신은 이미 죽었다는 것이다. 단지 그들은 신의 가치 규범을 거부하고 지키지 않고 있음에도 불구하고 여전히 자신들은 신을 믿고 있다고 착각하며 신의 규범에 종속되어 살고 있음을 지적한다. 신의 가치 규범도 따르지 않으면서 자신의 가치도 창조하지 못하고 있다는 것이다. 또한 니체가 가치들의 전환을 강조하지만, 그 말은 기존의 가치를 모두 폐기하고 새로운 자신만의 가치들을 창조한다는 의미가 아니다. 가치들의 본질에 대한 규정이나 가치 정립의 원리가 변화된다는 것을 의미하는 것이다.[52] 오히려 특정한 가치나 규범의 본질을 인간 스스로가 이해하고 정립할 때 개인은 물론 그가 속한 사회는 보다 더 자유롭고 창의적이 될 수도 있다.

둘째, 니체의 해방적이면서도 창조적인 가치 윤리 비판은 실현 가능성이 없으며 비현실적이란 비판에 직면할 수도 있다. 이러한 비판은 성인교육의 전통이자 주류인 인문주의 교육의 특성이 궁극적으로 학습자 개개인의 해방에 있다는 전제에 토대를 둔다. 즉, 인문주의 성인교육의 주된 기능은 "성인들에게 자유의 가치를 가르치고 그 가치를 활용할 수 있는 능력을 갖춘 사람이 되도록 도와주는 데 있는 것"[53]이기 때문이다. 그리고 그 자유의 가치는 플라톤과 아리스토텔레스, 데카르트, 스피노자, 칸트 등과 같은 서양 철학자나 토마스 아퀴나스Thomas Aquinas, 아우구스티누스Augustine 등의 중세 신학자의 사상에서 추출해 낼 수 있다. 그러나 니체의 관점에 따르면, 그런 전통 형이상학이나 그리스도교적인 가치 및 사유방식은 현재의 삶을 부정하는 허상이며 비현실적인 것이다. 오히려 그런 허상에 대한 의존 상태로부터 벗어나는 것이 진정한 해방이자 자유이며 자립적인 존재가 되는 것이다.

미주

1) 니힐리즘은 무(無)를 뜻하는 라틴어 니힐(nihil)에서 유래한 것으로 우리나라에서는 흔히 허무주의로 번역된다. 니힐리즘은 어원 그대로 절대적이고 보편적인 지식이나 진리, 도덕, 가치는 없다는 주의이기 때문에 엄밀한 의미에서 허무주의와 동일한 의미는 아니다. 니힐리즘이 허무주의로 인도한다고 보는 게 타당할 듯하다. 그럼에도 이 책에서는 편의상 니힐리즘을 허무주의와 함께 병용하기로 한다.

2) 강영계(1994).

3) 이진우(2010a). 니체, 실험적 사유와 극단적 사상. 서울: 책세상. p. 303.

4) 박찬국(2007). 현대철학의 거장들: 마르크스, 니체, 키에르케고르, 하이데거, 하버마스, 푸코, 비트겐슈타인, 포퍼. 서울: 철학과 현실사. p. 97.

5) 백승영에 따르면 허무주의 개념은 철학적으로는 예니쉬(Jenisch)가 『형이상학, 도덕과 미학에서의 칸트 교수의 발견 근거와 가치에 대하여』(1796)에서 선험적 관념론을 가리켜 사용하고, 야코비(Jacobi)가 『피히테에게 보내는 글』(1799)에서 피히테의 관념론을 지칭했던 개념으로, 전기 낭만주의자들에 의해 심화되며, 러시아 소설가 이반 투르게네프(Turgenev, 1818~1883)의 소설 『아버지와 아들』(1862)을 통해 대중화되었다. 일반적으로 이론적 허무주의는 진리의 인식 가능성에 대한 부정을, 윤리적 허무주의는 행위의 가치와 규범에 대한 부정을 의미한다. 니체는 프랑스 문화 비판으로부터 허무주의 개념을 전수받아, '최고 가치의 탈가치'에 의해 초래되는 의미 상실(Sinnverlust)의 경험상황, 의미에 대한 물음이 아무런 답변을 얻지 못하는 상황을 허무주의로 규정하였다(백승영, 2009, p. 195).

6) Nietzsche, F. W. (1887~1888). *Nietzsche Werke, Kritische Gesamtausgabe, Vol. VIII-2: Nachgelassene.* 백승영 역(2000). 니체전집 20권. 유고(1887년 가을~1888년 3월) 원칙들과 미리 말하는 숙고들 외. 서울: 책세상. p. 518.

7) 허무주의 개념이 니체에게서 처음 사용된 시기는 1856년 겨울이지만, 그의 '철학적 주제'로 허

무주의가 도입된 것은 1882년 가을부터다. 그 이전인 1880년 여름에도 허무주의 주제는 등장한다. 하지만 이때는 당시에 저술한 유고 두 편, 즉 러시아 허무주의자에 대한 유고와 허무주의자는 쇼펜하우어의 철학에서 이론적 근거를 찾는다는 주장이 들어 있는 유고에서 알 수 있듯이, 허무주의 주제를 러시아의 정치적 상황과 집중적으로 연관시키고 있다(백승영, 2009, p. 195).

8) 대한성서공회(2018). p. 766.

9) 진은영(2007b). 니체, 영원회귀와 차이의 철학. 서울: 그린비. p. 35.

10) Nietzsche, F. W. (1987~1988). p. 518.

11) 박찬국(2007). p. 93.

12) 이진우(2010a). p. 31.

13) Nietzsche, F. W. (1881~1882). *Nietzsche werke. kritische gesamtausgabe: vol. 2.* 안성찬, 홍사현 역(2014). 니체전집 12권. 즐거운 학문·메시나에서의 전원시 유고. 서울: 책세상. pp. 200-201.

14) 같은 책. pp. 199-200.

15) 박찬국(2007). p. 96.

16) 박찬국(2007). pp. 96-97.

17) 손경민(2015). 니체 철학에서 실재의 문제. 서울대학교 박사학위논문. p. 25.

18) Plato(2008). *Republic.* 최현 역(2012). 플라톤의 국가론. 서울: 집문당. pp. 274-311.

19) 정은해(2010). 현대존재론. 서울: 철학과 현실사. p. 186.

20) Davis, B. (2004). *Inventions of Teaching: A Genealogy.* 심임섭 역(2014). 구성주의를 넘어선 복잡성 교육과 생태주의 교육의 계보학. 서울: 도서출판 씨아이알. p. 278.

21) 정은해(2010).

22) 같은 책.

23) Davis, B. (2004). p. 23.

24) 플라톤은 이상 세계는 정교한 논리적 사고를 통해 연역될 수 있다고 주장했다. 이러한 사고방식의 고전적인 예는 원의 개념이다. 완벽한 원은 이 세상에 존재하지 않지만 쉽게 상상할 수 있고 정의할 수 있다. 게다가 이 세상에는 태양, 달, 오렌지와 같이 완벽한 원은 아니지만 완벽한 원이 되고자 노력하는 많고 많은 원이 있다. 플라톤은 이상과 현실 사이의 이러한 대비를 모든 지구상의 물체에 적용한다. 그에게는 내 무릎 위의 고양이는 고양이임을 증명하는 것이다. 무릎 위의 고양이는 결코 완전히는 아닐지라도 이상적인 고양이의 반영이다(Davis, B., 2004, p. 21).

25) Davis, B. (2004). p. 20.

26) Davis, B. (2004). p. 22.

27) 'metaphysics'란 용어는 기원전 4세기 아리스토텔레스가 그의 학문 체계를 나누고 자연과학을 구성하기 위해 사용하였다. 이 단어의 어원은 그리스어 meta+ta+phusikos로 문자 그대로 '이 세상 너머에 있는 그 무엇'을 뜻한다. 아리스토텔레스에게 형이상학에 대한 연구는 이 세상에 존재하는 형태와 현상을 지배하는, 영원히 변치 않는 법칙과 원리를 알아내고자 했던 것과 관련이 있다(Davis, B., 2004, p. 22).

28) 이진우(2010a). p. 305.

29) 같은 책. p. 26.

30) 같은 책. p. 32.

31) 같은 책. p. 307.

32) 박찬국(2007). p. 84.

33) 손경민(2015). p. 216.

34) 이진우(2001). 글쓰기와 지우기의 해석학: 데리다의 "문자론"과 니체의 "증후론"을 중심으로. 니체연구, 4, p. 195.

35) 백승영(2006). 니체 '우상의 황혼' 해제. 서울대학교 철학사상연구소. p. 403.

36) 이진우(2010a). p. 304.

37) 같은 책. p. 303.

38) 같은 곳.

39) Nietzsche, F. W. (1888~1889). *Nachgelassene Fragmente Anfang 1888 bis Anfang Januar 1889*. 백승영 역(2006). 니체전집 21권. 유고(1888년 초~1889년 1월 초) 생성과 존재 외. 서울: 책세상.

40) Nietzsche, F. W. (1887~1888). p. 23.

41) 진은영(2007b). p. 37.

42) Nietzsche, F. W. (1887~1888). pp. 22-23.

43) 같은 책. p. 23.

44) 이진우(2010a). p. 309.

45) 진은영(2007b). p. 39.

46) Nietzsche, F. W. (1887~1888). p. 23.

47) 같은 책. p. 167.

48) 같은 책. p. 168.

49) 같은 책. p. 92.

50) 박찬국(2007).

51) Nietzsche, F. W. (1881~1882). pp. 199-200.

52) 박찬국(2007). p. 108.

53) Elias, J. L., & Merriam, S. (1994). *Philosophical foundations of adult education*. 기영화 역 (2002). 성인교육의 철학적 기초. 서울: 학지사. p. 69.

제**2**장

인간과 삶에 대한 혁신적 이해

사람들은 진실과 거짓을 구분하고 진짜와 가짜에 민감하다. 친구하고는 '진실한' 우정이, 사랑하는 사람과는 '참된' 사랑이 존재하기를 바란다. 여기서 진실과 참됨이란 '실제로 존재하는 것', 즉 '실재實在'를 의미한다. 둘 사이에 있어야 할 우정과 사랑이 실제로 있을 때 사랑과 우정은 실재하는 것이다. 뿐만 아니라 철학에서의 실재 개념은 좀 더 확장된다. 실제로 있는 것일 뿐만 아니라 변하지 않고 보편적으로 존재하는 것이 바로 실재가 된다.

평생교육 측면에서 볼 때 서양 전통철학과 니체 철학에서의 실재 개념에 대한 고찰은 서양의 전통적인 교육과 사유방식에 대한 이해와 그에 대한 니체의 비판을 이해하는 데 필수적이다. 무엇을 '실재'로 보느냐에 따라 평생학습의 본질에 대한 이해에서부터 평생학습의 대상이자 목적인 지식 혹은 앎의 문제, 평생학습에서의 윤리 및 도덕 가치의 문제가 달라질 수 있기 때문이다.

니체는 서양 전통철학과 그리스도교 사상이 감각적인 현세를 초월한 가상의 실재를 내세웠으며 사람들은 그 허구적인 실재에 세뇌당해 오고 있다고 주장한다. 니체에 의하면 생성소멸하고 변화하는 이 세계, '지금 여기'의 현세가 참된 실재다. 이 세계에서 인간은 본래적으로 가지고 있는 힘에의 의지를 통해 새로운 가치를 창조하고 자신의 삶의 주인으로서 살아가야 한다는 점을 강조한다.

진정한 힘에의 의지를 실현하면서 삶의 주인으로 살아가는 기준은 영원회귀를 기꺼이 받아들이며 사는 것이다. 다시 말해, 오늘 보낸 나의 하루가 영원히 반복되어도 좋을 만큼 살아야 한다는 것이다. 평생교육과 학습의 양상은 다양하다.

그렇지만 니체에 따르면, 평생학습이 공통적으로 지향하는 것은 바로 힘에의 의지로서의 학습의지를 불태우는 것, 그리고 이를 통해 오늘 보낸 하루가 영원히 반복되기를 바랄 만큼 적극적으로 사는 것을 학습하는 것이다.

1. 초월적 존재론을 넘어 '지금 여기'의 실재론으로

서양의 전통적인 실재론을 논의하기에 앞서 먼저 존재와 존재자의 개념과 그 차이를 구분하는 것이 필요하다. 존재와 존재자는 다르다. 이는 성인학습자로서의 존재와 성인학습자로서의 존재자는 다르다는 뜻이다. 예를 들어, "그 강의실엔 성인학습자가 한 사람도 없어."라고 말할 때 성인학습자가 존재하지 않음을 의미한다. 그러나 그 경우에도 '성인학습자'는 성인학습자라는 존재자임이 분명하다. 특정한 규정을 갖는 한, 존재자는 존재하는가 여부와 무관하게 존재자다.[1] 존재하는가의 여부와 무관하게 표상되는 명사적 실체인 것이다. 반면, 존재는 동사적이며, 존재하는 한에서만 존재한다고 할 수 있다. '알 수 없는 무언가가 있다'는 말에서처럼, 어떤 존재자인지 규정할 수 없는 경우에도 존재하는 것은 존재한다.

그렇다면 존재자와 존재는 무엇인가? 하이데거Heidegger, 1889~1976[2]에 따르면 "존재자란 무엇인가?라는 물음은 존재자의 존재를 찾는 물음"이다. 성인학습자란 무엇인가?라는 물음은 성인학습자의 존재를 찾는 물음인 것이다. 그럼 존재란 무엇인가? 이 역시 하이데거[3]에 따르면 존재에 대한 물음은 존재 일반의 의미에 대한 물음이다. 존재 일반의 의미에 대한 물음이란 '존재한다'는 말이 도대체 무엇을 의미하는가에 대한 물음이다. 결론부터 말하면, 니체에게는 모든 존재는 곧 '생성'이다. 그러나 이러한 생성은 의지의 작용과 활동이란 성격을 갖는다.[4] 그러나 의지란 본질적으로 힘에의 의지Wille zur Macht다. 그렇다면 성인학습자로서의 인간 존재의 특성은 학습을 통한 변화와 소멸, 전환을 거듭하는 '생성'에 있으며, 이러한 학습의 활동은 힘에의 의지의 작용이라는 것이 니체의 주장이다. 그렇다면 니체의 존재론은 기존의 전통 형이상학과 명확한 대척점에 놓여 있음을 알 수 있다.

1) 전통적인 초월적 존재론

앞에서 살펴본 바와 같이 존재의 의미에 대한 물음은 플라톤Plato, BC 427~347과 아리스토텔레스Aristotle, BC 384~322의 중심적인 연구 주제였다. 플라톤은 영원히 존재하며 불변하고 생성, 소멸하지 않는 원형으로서의 이데아Idea의 세계와, 항상 변화하면서 생성, 소멸하는 모사模寫의 세계를 구분하는 철저한 이분법적 존재론을 펼친다. 이데아Idea의 세계는 근본적으로 비물질적이고 불변이며 영원하고 감각에 의해 느낄 수 없는 존재의 영역으로서, 우리가 보고 감각하는 현실적·시각적 대상들은 단지 이데아의 조악한 모사에 불과하다. 따라서 이데아는 실재이며 이성의 세계다. 반면에 물질 세계는 가시적 세계이고 감각 경험의 세계이며, 변화의 영역에 속한다. 따라서 우리 눈에 보이는 것은 모두 모형이며, 실재는 이데아다. 이런 까닭에 플라톤의 철학은 수학적·이론적·형이상학적이며, 추상과 사고를 중시해서 결과적으로 경험적인 것보다는 관념적인 것을 강조하게 된다.

플라톤은 『국가Politeia』에서 이데아와 이데아의 모사로서의 현상을 비유[5]를 들어 설명한다. 조각을 하는 성인학습자가 있다고 생각해 보자. 플라톤은 조각가가 제작한 실제 작품과 조각가의 마음속에 있는 작품에 대한 생각이나 개념 사이의 관계를 예를 든다. 조각가는 자신의 마음속에 그리는 작품의 형상形象을 가지고 있고 그 형상대로 조각을 하려고 하지만 재료인 대리석의 한계나 기술의 부족으로 항상 불완전하게 제작할 수밖에 없다. 그 조각 작품은 조각가의 형상과 완전히 동일한 것은 아니며 형상의 모사일 뿐이다.

따라서 이데아는 비물질적인 형상이지만 존재를 체현體現하면서 실재하는 것이다. 조각가의 작품에 대한 형상에서 보듯이 이데아는 인간의 감각 세계로부터 분리되어 독립적으로 존재한다. 결국 플라톤에게 있어서 실재to on는 가시적이고 감각에 의해 지각할 수 있는 세계, 즉 가시계可視界가 아니다. 실재는 오직 비가시적인 것이며 지성에 의해서만 알 수 있는 세계, 즉 가지계可知界이며 이는 바로 이데아다. 그렇다면 우리가 감각의 상태로부터 벗어나지 않는 한 실재를 인식한다는 것은 불가능한 것이 되고 만다. 또한 장 보드리야르Baudrillard, 1929~2007가 『시뮬라시옹』에서 강조한 대로 우리는 실재는 보지 못하면서, 실재보다는 실재의 온갖 상, 즉 그림자들에 휩싸여 살고 있는 운명인 것이다.

온건한 실재론자인 아리스토텔레스는 보편자가 개별자와 독립적으로 존재하는 것이 아니라 개별자 속에 내재한다고 주장하며 플라톤의 극단적 실재론을 비판한다. 그러나 이들 모두 개별자와는 다른 보편자의 존재를 전제로 하는 실재론의 입장을 취한다는 점에서는 일치한다. 다만, 아리스토텔레스는 보편적 본질은 개별자와 독립적으로 존재하는 것이 아니라 개개의 사물에 내재되어 있기에 보편적 본질과 통일되어 있는 구체적인 객체가 참된 실재라고 주장하였다. 보편자는 객관적 실존을 소유하지만 개개의 사물과의 관련 속에, 그들의 내면과 정신 안에만 존재한다는 것이다. 플라톤이 '보편은 사물에 앞선다'는 입장이라면 아리스토텔레스는 '보편은 사물 안에 존재한다'는 입장인 것이다.

플라톤과 아리스토텔레스의 실재에 대한 관념은 이마누엘 칸트Kant, 1724~1804에와서 "물자체Ding an sich"로 모습을 달리한다. 칸트는 세계를 '물자체'와 '현상'으로 구분한다. 인간의 이성으로서 완전히 파악할 수 있는 경험적 인식의 대상은 오직 '현상'의 세계일 뿐, '물자체'는 인간의 인식을 초월해 존재한다. 그런데 물자체라는 것은 우리 자신의 자아까지도 포함한다. 즉, "우리는 자아를 현상으로서만 인식할 뿐이지 그 자체가 무엇인지에 관해서는 전혀 알지 못한다."[6]라는 것이다. 토마스 만Mann, 1875~1955[7]에 따르면 인간의 세계경험을 제약하는 세 가지 법칙, 즉 시간과 공간 및 인과율은 인간 오성의 설비들이고, 따라서 형상으로서 인간에게 주어진 사물들에 대한 이해란 이 세 가지 법칙으로 제약된 내재적인 것이다. 초월적 이해란 이성이 이성 자신으로 눈을 돌려 이성 비판을 행하고 이 세 가지 법칙이 그저 인식의 형식일 뿐이라는 것을 통찰함으로써 얻는 이해다.

이렇게 본다면 칸트의 생각은 플라톤의 기본 구상과 매우 밀접하게 연계되어 있다. 두 사람 모두 우리가 현실적으로 접할 수 있는 세계는 현상이며 이 현상은 가상假象으로서 가상의 저편에 놓여 있는 이데아 혹은 물자체를 통해서만 의미와 고유의 현실성을 획득할 수 있다고 말하는 것이다. 플라톤과 칸트에게 진정한 현실존재 혹은 실재란 현상을 넘어 존재하는 이데아 혹은 물자체인 것이다.

2) 니체의 '지금 여기'의 실재론

플라톤과 아리스토텔레스 그리고 칸트에 이르기까지의 서양 전통철학에서의 실재에 대한 관념은 니체에 이르러 결정적인 도전에 직면한다. 결론부터 정의하면 니체의 존재론과 인식론은 앞선 철학자들이 공통적으로 강조하는 초월적 이상이 아닌 실재 혹은 실재성Realität[8]의 토대 위에 있다. 니체의 실재가 의미하는 것은 유기체의 삶을 포함한 운동, 변화하는 우주만물, 영원회귀의 세계, 정신적-물질적 경험 세계, 힘에의 의지로서의 존재의 내부와 외부, 자연, 시간과 공간, 의식 세계와 무의식의 세계, 역사, 정치, 문화적 현실을 포괄한다.[9] 다시 말해, 니체에게 실재란 초월적인 영원불변의 동일자同一者에 대립하는 이 세계, 생성과 사건의 세계, 곧 삶이며 이 세계 자체를 일컫는다. 끊임없이 생성·변화하는 세계와 그것의 근원으로서의 힘, 그것이 곧 실재성이다.

앞에서 언급한 대로 플라톤주의적 전통에서 실재란 시공을 초월해 불변적으로 존재하며 생성·변화하는 현실과 대립하는 것이다. 그 초월적 실재는 진리를 추구하는 자의 노력이나 초월적 경험을 통해 발견된다. 반면, 니체는 서양의 전통 철학과 언어적 실재 개념을 공유는 하지만 플라톤주의적인 초월적 실재를 인위적으로 조작된 허구라고 정면으로 거부하고 오히려 '지금 여기'에서의 생성·변화하는 현실 세계 자체만이 실재임을 강조한다.

니체는 『선악의 저편』에서 "(우리의) 인식이 순수하게 있는 그대로의 물자체物自體로 파악할 수 있는 것처럼" 믿는 "천진한 자기관찰자가 아직까지도 존재한다."라고 비판하고, 칸트의 물자체는 "자기 자신 안에 형용모순을 함축하고 있다는 사실을 나는 백 번이고 반복하게 될 것"[10]이라고 강조한다. 니체에게서 초월적인 불변의 동일자로서의 이상들은 그들이 가상이라 부르는 현실 세계에 덧붙여진 날조된 것이며, 삶을 부정하기 위해 고안된 허구다. 실재, 참된 것, 진리가 아닌 가상이며 약함이나 데카당스, 부패의 징후이자 거짓, 허위에 불과한 '우상들Gotzen'[11]이다.

> "우상('이상'을 표현하는 내 단어)의 파괴, 이것은 이미 내 작업의 일부다. 인간이 허위로 이상 세계를 날조한 바로 그만큼 인간의 실재의 가치와 의미와 진실성을 잃어버렸다……. '참된 세계'와 '가상 세계', 사실대로 말하자면 날조된 세계와 실재…… 이상이라는 거짓은 지금까지 실재에 대한 저주였다. 그것에 의해 인류의 가장 심층적인 본능마저도 부정직해지고 그릇되어 버렸다. 그리하여 인류의 성장, 미래, 미래에 대한 고도의 권리를 보장해 줄 수 있는 가치와는 정반대되는 가치를 숭배하는 지경에까지 이르렀다."[12]

유럽의 전통 형이상학은 생성·소멸하는 속성을 지닌 세계, 가시적이고 변화하는 현실 세계는 불완전하기에 참된 세계가 아니라고 주장한다. 참된 세계는 가시적인 세계를 넘어 초월적으로 존재한다는 것이다. 니체에 따르면 이러한 서구 형이상학적 이상주의 전통은 중세로 넘어오면서 그리스도교적 초월주의 및 신비주의 전통의 바탕을 이루게 된다. 반자연적이고 반실재적인 것으로서의 초월자나 이데아는 '존재Sein'로서 신의 자리에 들어서게 되었으며, 반면에 자연과 감각적이며 경험적인 실재는 '비존재Nichtsein'가 되는 것이다.

니체는 절대적인 모든 것을 거부하는 서양 철학의 허무주의적이고 궁극적인 성격을 치밀하게 탐구한다. 니체는 서양 철학이나 그리스도교 사상이나 공통적으로 실재 및 자연을 근본적으로 왜곡하고 부정한다고 주장한다. 기독교 윤리를 포함한 과거의 우상을 파괴하고 그 우상들이 너무나 인간적인 기원을 가지고 있음을 폭로한다.[13] 그들은 가상의 알려진 세계와 알려지지 않은 '참된' 세계로 대비시켜 놓고는 전자를 희생시키고 후자를 숭배한다는 것이다. 니체의 말을 들어보자.

"'신' 개념은 삶의 반대 개념으로서 고안되었다. 이 개념 안에서 해롭고 독성 있고 비방적인 모든 것이, 삶에 대한 불구대천의 적개심 전체가 하나의 경악스러운 단일체가 되었다! '피안' 개념이, '참된 세계' 개념이 고안되었다. 존재하는 유일무이한 이 세상을 탈가치화하기 위해, 우리 지상의 실재erden realität를 위한 아무런 목표도, 아무런 이성도, 아무런 과제도 남기지 않게 위해! '영혼' 개념, '정신' 개념, 결국에는 '영혼의 불멸' 개념도 고안되었다. 몸을 경멸하고, 몸을 병들게, '성스럽게' 만들기 위해 그리고 삶에서 당연히 중요한 것 모두를, 즉 영양 섭취, 주거지, 정신적인 섭생, 병의 치료, 청결, 기후 등의 문제에 형편없이 경솔하게 대처하도록 하기 위해서! 건강 대신 '영혼의 구원!' 이것은 참회의 경련과 구원의 히스테리 사이에서 오락가락하는 조울증적 광기다!"[14]

니체는 플라톤을 중심으로 하는 전통 형이상학과 그로부터 직접 영향을 받은 그리스도교의 이런 실재론은 인간이 허위로 날조한 것이며 그에 영향을 받은 현대 인간들은 진정한 실재의 가치와 의미를 상실했다고 비판한다. 그런 날조된 실재론의 우상들은 진흙으로 만든 다리에 불과하다는 것이다. 오히려 그런 초월적인 실재가 바로 조작된 허위의 가상 세계이며 그들이 가상이라고 단정한 이 현실 세계, 자연, 생명 자체, 삶이 참된 실재이며 진리의 세계라고 주장한다. 우리 자신의 '진리에의 의지'는 인간이 생각할 수 있는 것, 인간이 볼 수 있는 것, 인간이 느낄 수 있는 것 이상으로 나아가선 안 된다는 것이다.[15]

2. 나와 너, 세계는 힘에의 의지

먼저, 앞의 내용을 정리해 보자. 니체는 니힐리즘을 극복하는 방법은 인간의 자기강화, 인격의 강화에 있으며 이는 실재로서의 현실적 삶의 무상함과 불안, 고통을 긍정하는 것이라고 말한다. 나아가 이런 현실적인 삶의 특성을 자신을 강화하는 기회로 전환할 수 있는 강인한 정신력이 필요하다는 점을 강조하였다. 또한 서양 형이상학이나 그리스도교 전통의 허구적인 실재를 해체하고 지상의 삶으로서의 실재의 참된 의미를 회복하는 것이 필수적이라고 강조하였다.

1) 인간의 자기극복 능력

그렇다면 인간은 그런 강인한 정신력을 갖고 있는 것인가? 삶의 불안과 고통을 긍정하고 자신을 강화시키는 능력이 인간에게 있다면 그것은 무엇인가? 니체는 인간이 가진 그러한 능력을 '힘에의 의지Der Wille Zur Macht'라고 말한다. 힘에의 의지가 인간의 본질임은 물론 생성·소멸하는 모든 존재자의 본질이라고 강조한다. 힘에의 의지가 있기 때문에 인간은 끊임없는 변화와 상승 혹은 하강을 할 수가 있다. 따라서 '힘에의 의지'는 인간을 포함한 모든 존재자의 근본 성격을 명명하는 것이다.

니체의 말대로, 존재하는 모든 것은 그것이 존재하는 한 힘에의 의지다. 하이데거는 니체의 이 사상을 본질과 현상 간의 구별이라는 형이상학으로 요약하고, 그렇게 함으로써 힘에의 의지를 영원회귀에 연결시킨다.

"그 본질이 힘에의 의지인 그것의 전체가 존재하는 방식은 현상적으로 '동일한 것의 영원한 회귀'다. 니체의 형이상학에서 두 가지 근본적인 용어인 '힘에의 의지'와 '동일자의 영원회귀'는 그것이 무엇이라 정의되든 간에 고대로부터 내려온 현상과 본질이라는 형이상학적 존재 파악 방식을 따르고 있다."[16]

다시 말해 하이데거는 힘에의 의지를 존재하는 것의 본질로 보는 것이다.[17] 또한 이 힘에의 의지가 수반될 때 존재자로서의 존재자가 어떤 성격을 갖는지가 드러나는 것이다.[18] 힘에의 의지가 무엇인가를 이해하기 위해서는 먼저 니체의 힘에의 의지 개념을 계보학적으로 고찰해 볼 필요가 있다.

■ 쇼펜하우어의 표상과 의지

니체의 힘에의 의지 개념은 철학적 스승이었던 아르투어 쇼펜하우어Schopenhauer

1788-1860에게서 영향을 받았다. 젊은 시절 니체는 쇼펜하우어에게 자신의 저서인 『반시대적 고찰』 가운데 한 편인 『교육자로서의 쇼펜하우어Schopenhauer als Erzieher』를 헌정할 정도로 쇼펜하우어적인 사상행로를 걸었다.[19] 니체는 쇼펜하우어를 극복한 이후에도 그의 철학적 이론을 보완 내지 재해석했는데 대표적인 사유가 바로 '의지意志Der Wille' 개념이다. 쇼펜하우어는 대작大作인 『의지와 표상으로서의 세계』에서 모든 현상의 원천이자 더 이상 환원될 수 없는 궁극적 존재원存在原으로서 의지를 제시한다. 그는 책의 첫 장을 다음의 문장으로 시작한다.

"세계는 나의 표상이다."

쇼펜하우어는 세계를 표상과 의지로 구분한다. 표상이란 어떤 물체나 대상이 인간의 지각을 통해 의식에 나타난 심상sensory image이다. 표상은 현상으로서 주어진 경험적 세계다. 그러나 표상은 칸트 입장에서 보면 선험적이지만, '세계는 나의 표상'이라고 단언한 것처럼 쇼펜하우어는 세계에 대한 인간의 표상을 인간 일반의 표상이 아니라 '나'의 표상임을 강조한다. 따라서 세계의 근거가 나의 표상이라는 전제는 곧 세계의 고통이 나의 표상에서 기인한다[20]는 의미가 된다. 반면에 의지는 "모든 현상의 원천이자 각 개별 현상 안에 현재하고 작용하는 창조적 요인이요, 전체의 가시적 세계와 그 모든 삶(생명)을 부추기는 요인"[21]이다. 쇼펜하우어는 의지와 표상을 다음과 같이 구분한다.

"현상은 표상을 의미할 뿐 그 이상 아무것도 아니다. 어떤 종류의 것이든 모든 표상, 즉 모든 객관은 현상이다. 하지만 의지만이 사물 자체다. 의지 그 자체는 결코 표상이 아니고 표상과는 전적으로 다르다. 모든 표상, 모든 객관은 의지가 현상으로 나타나 가시화된 것, 즉 의지의 객관성이다."[22]

쇼펜하우어는 의지는 모든 현상의 본질 자체로서 그것이 산출하는 표상들과 질적으로toto genere 다르다는 점을 강조한다. 그러나 쇼펜하우어는 물자체로서의 의지란 개념이 일상적인 의미로, 즉 지식에 의해 인도되는 의지로서 이해되어서는 안 된다는 점을 강조한다. 그는 "여태까지 의지라는 개념이 힘이라는 개념에 포함되어 있었지만, 반면 나는 이를 반대로 돌려, 자연 속에 있는 모든 힘을 의지로 생각할 작정"[23]이라고 말한다. 그 이유는 힘이라는 개념의 밑바닥에는 다른 모든 개념과 마찬가지로 결국 객관적 세계의 직관적 인식, 즉 현상과 표상이 존재하며, 힘이라는 개념은 거기서 만들어지기 때문이다.

또한 힘이라는 개념은 원인학적으로 결코 더 이상 설명할 수 없으며, 바로 모든 원인학적 설명의 필연적 전제가 되는 지점에서 원인이 바로 원인이 되는 것을 의미한다. 반면에 "의지라는 개념은 모든 가능한 개념 중 근원이 현상에 있지 않고 단순한 직관적 표상에도 없으며, 각자의 내부에서 나오고 가장 직접적인 의식에서 생기는 유일한 개념"[24]이다.

2) 실재의 본질인 의지

■ 쇼펜하우어의 의지

쇼펜하우어는 '의지만이 사물 자체'라고 말하며 칸트의 물자체 개념을 수용한다. 그에 따르면 물자체는, ① 시간과 공간 안에 있지 않고, ② 근거 지어져 있지 않으며, ③ '하나'다. 이것이 의지이며 표상으로서의 세계로서 자신을 드러내는 물자체다. 그런데 이 '물자체'는 수학적 지식이나 과학적 지식으로 꿰뚫어 볼 수 없다고 말한다. 시공간적 현상들의 내적 본질을 파악하는 힘은 어느 과학적 지식도 갖지 못한다는 것이다.

예를 들어, 평생교육 현장에서 성인교육자가 어느 학습자 한 사람의 동기, 외부 환경, 성격을 안다고 할 때 성인교육자는 그 학습자의 학습 동기나 학습 참여 활동을 예측할 수는 있다. 그러나 그 학습자의 성격이 왜 그러한지에 대해서는 어떤 과학적 지식으로도 해석할 수 없는 것과 같다.

쇼펜하우어는『의지와 표상으로서의 세계』29절에서 스스로 '지금까지 존재하지 않았던 사상'이라고 칭하는 실재의 본질로서의 의지를 강조한다. "우리가 살아가고 존재하는 이 세계는 그 전체 본질상 철저하게 의지인 동시에 철저하게 표상"이다. 즉, 세계는 철두철미하게 칸트의 물자체로서의 "의지"이고 철두철미하게 "표상"이며 이를 넘어서는 그 무엇도 존재하지 않는다는 것이다.

그런데 이 의지는 근거가 없고 목적이 없으며 의미도 없다는 점을 쇼펜하우어는 명시한다. 누군가가 '세계의 본질 그 자체로 나타나는 그 의지가 대체 궁극적으로 바라는 것이 무엇이고, 또는 무엇을 지향하고 있는가?'라고 묻는다면, 그 질문은 사물 자체를 현상과 혼동하는 데서 기인하기 때문이다. 즉, 이런 질문들은 "우리가 동기들을 참작하는 상황에 있을 때만, 그리고 시각적으로는 끝 지점이 있는 어떤 유한한 장場이 존재하는 곳에서만 의미가 있다고 말하면서 그 질문을 거절"[25]한다.

■ 칸트의 물자체

쇼펜하우어의 의지론은 철저하게 칸트의 물자체와 맥을 같이 한다. 칸트는 세계를 '물자체'의 세계와 '현상'의 세계로 구분하고 이성으로 파악할 수 없는 물자체를 세계의 본질로 인식한다. 의지와 표상이란 쇼펜하우어의 이분법적 세계관은 칸트에게서 절대적 영향을 받은 것이다. 칸트는 인간의 전반적 세계경험은 시간, 공간, 인과성이라는 세 가지 법칙과 제약 아래 놓여 있는데, 이것들은 결코 붕괴되지 않는 형식들이며, 그 속에서 우리의 모든 인식이 성립된다는 점을 전제한다. 이들은 "인간의 통각統覺과 상관없이 그 자체로서 존재할지도 모르는 세계의 규정이나 물자체의 규정이 아니라 다만 그 현상에 속한 것들로서, 말하자면 우리 인식의 형식들"[26]이라는 것이다.

그런데 이 세 가지 형식은 현상에만 관여하고 물자체에 관해서는 아는 바가 전혀 없다. 물자체는 생성 및 소멸을 초월해 그 자체로서 존재하는 실재다. 여기서 쇼펜하우어와의 차이가 발견된다. 칸트의 물자체와는 대조적으로 쇼펜하우어의 의지는 비이성적이고 무의식적이며 무목적적인 삶에의 의지로서 사물과 인간 모두를 지배한다. 또한 칸트는 본질로서의 의지의 세계를 파악할 수 있다고 본 쇼펜하우어의 의지와는 달리, 인간은 선험적 주관의 형식을 통해 세계를 경험하기 때문에 어떤 인식도 세계 그 자체, 물자체를 인식할 수 없다고 본다. 물자체의 세계는 초월적인 것으로서 이성으로 파악이 불가능하다고 보는 것이다.

■ 플라톤의 이데아

쇼펜하우어의 '의지'가 칸트의 '물자체'라면 칸트 철학의 기본 구상은 플라톤의 기본 구상인 '이데아'와 매우 근접함을 알 수 있다. 쇼펜하우어 역시 자신의 의지와 칸트의 물자체, 그리고 어떤 개별 플라톤적 이데아 사이에는 사실상 차이가 존재하지 않는다는 입장을 견지한다. 앞에서 칸트가 시간, 공간 및 인과성은 우리의 인식 형식에 지나지 않기에 사물 자체의 규정이 아니라 그 현상에 속하는 것에 불과하다는 점을 강조했다. 같은 맥락에서 플라톤은 다음과 같이 말한다.

> "우리의 감각이 지각하는 이 세계의 사물들은 결코 참된 존재를 갖고 있지 않다. 그것들은 항상 존재하지만 결코 존재하지 않는다. 그 사물들은 상대적인 존재를 가질 뿐 전체적으로 서로에 대한 관계 속에서, 서로에 대한 관계에 의해서만 존재할 뿐이다. 그 때문에 이들 사물의 전체 현존재를 마찬가지로 비존재Nichtsein라 부를 수도 있다."[27]

칸트나 플라톤 모두 가시적 세계를 현상이자 허무적 가상으로 본다. 인과적으로 관련된 시공간 내의 대상들로 구성된 일상적인 세계가 진정한 세계가 아니라고 본다는 점에서 양자는 일치한다. 두 사람 모두에게 진정한 실재란 허무적인 가상을 초월하여 존재하는 것으로서, 칸트에게는 물자체이며 플라톤에게는 이데아인 것이다. 플라톤의 이데아는 쇼펜하우어의 의지와 기본적으로 차이가 없다. 둘 다 무시간적이고 다수성多數性으로부터 독립되어 있다. 쇼펜하우어가 보기에 모든 플라톤적 이데아는 내부적으로 무차별적인, 단일한 보편적 성질이다. 차이가 있다면 쇼펜하우어의 의지와 달리 플라톤적 이데아는 하나의 대상 혹은 표상이라는 점이다.[28]

3) 힘에의 의지의 다수성

지금까지 살펴보았듯이 니체의 힘에의 의지는 플라톤의 이데아, 칸트의 물자체, 쇼펜하우어의 삶에의 의지로 연결되는 철학사적 계보 안에서 그 맥락을 이해할 수 있다. 힘에의 의지가 니체 철학의 핵심인지는 그가 생전에 써서 남긴 유고遺稿인『힘에의 의지』에 명확히 나타난다. 그는 마지막 문장을 다음과 같이 간명하게 결론을 내리고 있다.

"이 세계는 힘에의 의지다. 그리고 그것 이외에는 아무것도 아니다!
게다가 또한 여러분 자신이 이 힘에의 의지이며
그리고 그것 이외에는 아무것도 아닌 것이다!"[29]

니체에게 삶이란 모든 존재의 본질로서의 힘에의 의지다. 전술한 바대로 하이데거는 니체의 힘에의 의지를 현상과 본질이란 형이상학적 존재 파악 방식을 따르는 것으로 이해한다. 그러나 카프만Walter Kafmann[30]은 힘에의 의지를 존재의 '본질'로 보는 견해를 비판한다. 카프만에 따르면 현상現象의 세계 뒤에 있는 궁극적인 실체로서의 '힘에의 의지'라는 형이상학적인 개념은, 현상과 본질의 두 세계에 대한 어떤 견해도 용납할 수 없다는 니체 자신의 주장과 상충된다는 것이다. 오히려 힘에의 의지는 심리학적 가설이다.

힘에의 의지가 하이데거의 주장대로 존재의 본질인지, 프로이트가 말한 쾌락의 원리인지, 혹은 카프만이 말하는 심리학적 가설인지를 논의하는 것은 이 책의 범주를 벗어나기에 차치하기로 한다. 이 책에서 관심을 갖는 것은 니체의 힘에의 의지가 평생학습자로서의 인간의 삶과 평생학습이라는 행위의 연관성을 파악하는 것이며, 또한 힘에의 의지가 쇼펜하우어의 '삶에의 의지', 실재로서의 칸트의 물자체 및 플라톤의 이데아와 어떤 차이가 있는지를 밝히는 것이다.

니체의 힘에의 의지는 실재 전체를 규정하는 어떤 원리임은 분명하다. 그러나 그 원리는 통일적 원리인 일자一者에 그치는 것이 아니라 동시에 다수[31]다. "이 세계, 실재가 하나이면서 다수성多數性이듯이 힘에의 의지 역시 단수이면서 복수", 즉 통일성, 보편성, 전체로서의 일자인 동시에 복수성, 개별성 및 다양성[32]인 것이다. 따라서 실재는 단수이면서 복수다. 이처럼 니체는 힘에의 의지를 가장 알 수 없고 가장 깊숙한 곳에 은폐된 하나의 보편자, 통일체, 일자一者로 규정한다.

힘에의 의지는 존재자의 "가장 일반적이고도 가장 심층적인 본능"이다. 우리의 모든 개별적이고 다양한 행위와 의지 작용은 이 권력에의 의지의 명령과 규정과 요구에 따르고 있으며, 우리 자신의 실존이 바로 이러한 힘에의 의지의 명령 그 자체다. 힘에의 의지란 인간이 적극적으로 무엇인가를 원하고 추구한다는 것을 의미하며, 원하고 추구한다는 것은 곧 특정한 목표, 목적, 의도를 지닌다는 것을 의미한다.[33]

4) 삶에의 의지와 다르다

니체는 『차라투스트라는 이렇게 말했다』에서 힘에의 의지가 단순한 '삶에의 의지'와 다르다는 점을 강조한다. 그는 "오직 생명이 있는 곳"에는 "의지가 있다"는 것이 자연스러운 것이라고 전제한다. 그러나 그가 말하는 의지란 단순히 존재하기 위한 생명에 대한 의지가 아님을 명확히 한다.

"그러나 나 가르치노라. 그것은 생명에 대한 의지가 아니라 힘에의 의지라는 것을!"[34]

그리고 그 힘에의 의지는 바로 인간의 '자기극복'과 깊이 연관되어 있음을 다음과 같이 강조한다.

"생명체를 설득하여, 그것으로 하여금 순종하고 명령하도록 하며, 명령을 하면서도 순종을 익히도록 설득하는 것은 무엇인가? ……생명체를 발견하면서 나 힘에의 의지도 함께 발견했다. 심지어 누군가를 모시고 있는 자의 의지에서조차 나는 주인 되고자 하는 의지를 발견할 수 있었다. 생명체는, 보다 약한 자 위에 군림하려는 자신의 의지를 설득하여 보다 약한 자는 보다 강한 자를 마땅히 모셔야 한다고 말한다. 그도 이 즐거움 하나만은 버릴 수가 없는 것이다."[35]

니체는 생生이나 생명 혹은 생명체는 단지 생존이나 혹은 어떤 쾌락이나 행복만을 원하는 것이 아니라 근원적으로 힘의 증대, 생명력의 고양을 원하는 존재라는 점을 강조한다. 쾌감이나 행복은 그러한 생명력의 고양을 추구하는 데 수반되는 현상이자 결과에 불과하다는 것이다. 니체는 인류 역사에서 끊임없이 전쟁이 지속되어 온 이유를 보아도 단지 국가 간의 생존 문제 때문이 아니라 정치인들의 위신과 자만심, 즉 자신의 권력, 힘의 증대에서 기인한다고 본다.

카프만[36]은 니체의 힘 혹은 권력이 단순히 어떤 만족이나 쾌감 추구를 위한 것이 아니라는 점을 등반이나 스키, 심해 다이빙 등 수많은 스포츠의 예를 들어 설명한다. 인간의 많은 활동은 삶에의 의지의 발현일 수 있다. 또한 많은 스포츠 활동은 단순한 쾌락 추구와 관련될 수 있다. 그러나 그런 활동들의 또 다른 측면을 보면 이러한 삶에의 의지나 쾌락 추구를 초월하는 근원적인 힘 혹은 권력이 존재함을 알 수 있다는 것이다.

예를 들어, 에베레스트나 안나푸르나 같은 세계 최고봉을 정복하기 위해 등정하는 산악인들을 생각해 보자. 정상 정복을 위해 악전고투하는 이들의 열망을 단순히 살기 위한 열망이나 존재에의 열망으로는 설명할 수 없다. 또는 단순한 쾌락 추구의 원리로도 설명할 수 없다. 그것은 니체가 말하는 힘에의 의지로서 설명이 가능한 것이다.

산을 정복하는 것은 특정한 목적이나 생존 혹은 도덕적 가치의 실현을 위해서가 아니라 자기 힘의 고양 자체를 위해 자신을 극복하려는 것이다. 카프만은 프로이트가 인간행동 중 어떠한 주요 형태는 쾌락의 원리로는 설명할 수 없다는 결론에 도달했으며, 공격성 또는 파괴성과 연관되는 또 하나의 기본 충동인 '죽음의 본능'을 제시하였음을 지적한다. 그는 쾌락의 원리만으로는 설명할 수 없는 이 죽음의 본능이 니체의 힘에의 의지로 설명될 수 있는지를 검증할 필요가 있음을 제시한다. 카프만은 니체가 "쾌락이란 모든 사람이 진실로 염원하는 것은 아니다."라고 한 말을 들어 인간을 움직이는 근원적인 동인이 쾌락을 넘어서는 힘에의 의지임을 밝히고 있다.

5) 인간이 진실로 원하는 것

카프만은 니체가 말한 '진실로 염원하는 것'의 비유를 다음과 같이 든다.

"어떤 한 소년이 있다고 가정하자. 그 소년은 엄마의 친구가 있을 때면 항상 말을 듣지 않는다. 그때 그 방문객은 이렇게 말했다. '저 아이가 진실로 염원하는 것은 당신의 관심입니다.'라고. 그러자 그 소년이 화를 내며 이렇게 말했다. '아니에요. 난 엄마를 증오해요.' 그 소년의 이런 대답은 사실이 아니다. 그는 엄마의 친구가 있을 때는 질투심을 느끼고 그래서 엄마의 관심을 끌어 보려고 말썽을 부리는 것이다. 그러면서도 그 방문객이 이를 정확히 짚어 내자 그 아이는 진실로 염원하는 것을 깜빡 잊고 심한 좌절을 느끼며 화를 낸 것이다. 그 방문객의 말이 옳은지를 확인하기 위해서는 소년에게 물어보는 것만으로는 충분하지 않다."[37]

카프만은 실험을 해 봐야 안다고 말한다. 만약 엄마의 친구가 있어서 그에게 관심을 두지 않을 때만 말썽을 부린다면, 친구가 있더라도 그에게 관심을 표시하면 말썽을 부리지 않아야 이 진단이 옳은 것일 것이다. 다시 말해 "사람들 자신이 '진실로 염원하는 것'은 이것이다, 혹은 저것이다."라고 말하는 것은 해결의 실마리를 줄 수 없다는 뜻이다.

어떤 것이 그 사람이 '진실로 염원하고 있는 것'인지 아닌지를 테스트하는 방법은 사람들이 그것을 실제로 얻었을 때, 또는 얻지 못했을 때 어떻게 느끼며 어떻게 행동하는지를 봐야 한다는 것이다. '진실로 염원하는 것'을 얻지 못한 사람은 좌절하고 화를 낸다. 반면에 '진실로 염원하는 것'을 얻은 사람은 불평이나 심적 고통 등이 모두 반드시 일소되는 것은 아니지만 화를 내지는 않는다.[38]

인간이 진실로 염원하는 것이 무엇인지를 이관춘[39]은 산악인들의 사례를 들어 설명한다. "산악인들에 따르면 정상을 향해 등정할 때보다 하산할 때 사고가 더 많이 난다고 한다. 여기서 주목해야 할 점이 있다. 함께 올라갔지만 누군가 혼자 정상을 밟지 못했으면, 그 사람이 내려올 때 사고가 날 확률이 매우 높다는 것이다. 혼신의 힘을 다해 힘에의 의지를 발현시켰지만 정상을 밟지 못하고 내려오게 될 때 밀려드는 좌절과 허탈감이 생명에의 의지마저 고갈시키기 때문"이라는 것이다.

이러한 사례에서 보듯, 니체는 모든 사람이 '진실로 염원하고 있는 것'이란 단순히 고통이 없는 쾌락이라는 향락주의가 아니라고 주장한다. 그것은 곧 자기상승을 향한 힘 혹은 권력이라는 것이다. 다윈의 이론과 같이 단순히 '생존을 위한 투쟁' 혹은 자기보존의 추구가 아니라 자신을 고양시키는 운동이다. 단지 생존에 필요해서가 아니라 자신의 힘이 상승되고 고양되었다는 느낌을 갖는 것을 더욱 중시한다는 것이다.

6) 상승하는 의지, 하강하는 의지

그렇다고 해서 모든 힘의 형태가 동일한 것은 아니다. 니체는 힘 혹은 권력을 배타적으로 혹은 근본적인 것으로 군사력이나 정치권력과 연관시키지 않는다. 권력이라는 것이 정치권력처럼 어떤 지위에 수반되어 타인을 자의적으로 지배하고 억압하려는 의지, 그 지위를 잃으면 권력도 잃는 외형적인 부속물이 아니다. 그런 정치인들은 자신을 지배하지 못한 자들이며 스스로의 자의적 감정에 의해 지배를 받는 자들이다.

니체의 힘 혹은 권력Macht이란 자신에 대한 지배에 기초하여 인간의 질質과 내용을 고양시키는 것이다. 예를 들어, 성인학습자가 목사나 교수, 예술가가 되겠다고 학습을 하는 것은 반드시 어떤 정치적 힘이나 권력을 추구하기 때문은 아니다. 다른 사람을 도우려는 힘도 있고 학점은행제를 통한 학위 취득을 도와주려는 힘도 있다. 신앙이 없는 사람을 종교로 인도하려는 힘, 자신의 예술적인 힘을 이용하여 자신의 상상력과 체험을 타인에게 전달하려는 힘도 있다. 단순히 스토아적인 금욕주의적 극기로서가 아니라 생생하게 살아 있는 창조적인 예술 가로서 이겨 낼 수 있는 힘이다.

니체는 이런 힘에의 의지는 두 가지 방향이 있다고 말한다. 하나는 상승하는 의지, 삶을 긍정하고 상승시키는 의지이며, 다른 하나는 하강하는 의지, 삶을 부 정하고 하강하게 만드는 의지다. 전자는 생의 위대한 건강과 고귀한 가치를 지 향하며, 조직하고 통일하는 힘으로서 관대함과 정의에의 의지와 연결되는 반면, 후자는 데카당스, 허무주의를 지향하며, 분열과 해체와 무질서의 방향으로 흘러 결국 부패로 종식된다. 전자는 생성 · 변화하는 실재로부터 도피하지 않고 그것 을 전적으로 긍정하는 의지이며, 후자는 실재로부터 도피하여 보편적이고 안전 한 허상을 추구하려는 의지다.[40]

힘에의 의지가 목표로 하는 것은 당연히 상승하는 의지, 자신의 고양과 강화 다. 그러나 전통 형이상학이나 그리스도교 전통은 인간의 힘에의 의지를 통한 자기강화, 자기극복에의 의지를 말살해 왔다는 것이 니체의 주장이다. 이들 전 통은 현실의 삶은 가상이며 진정한 실재는 초월적인 것, 초월적인 신이란 교화 教化를 통해 현실의 삶을 부정하는 허무주의를 조장한다. 즉, 현실의 삶으로부터 도피하는 것에 가치를 두는 하강하는 의지를 갖게 만들었다는 것이다.

니체는 그러한 하강하는 의지를 부추겼던 과거 전통 형이상학이나 그리스도 교의 허구적인 존재론적 · 인식론적 토대를 다이너마이트로 부수라고 촉구한다. 그리고 새로운 토대 위에서 독립적이고 강한 개개인으로 재탄생할 것을 촉구하 는 것이다. 이를 위해서는 허상이나 허구적인 타자에 대한 의존 상태로부터 탈 피하고, 피안과 미래라는 환상을 버리고 '지금 여기' 현실의 삶에서 힘에의 의지 를 극도로 강화시켜야 함을 강조하는 것이다.

3. 영원회귀, 오늘 하루가 영원히 반복된다면

'나는 무엇일까?'라고 묻는다면 니체의 대답은 간명하다. '너는 힘에의 의지', 그 이상도 그 이하도 아니라는 대답이다. 인간은 힘에의 의지로 존재한다는 것이다. 너와 나, 그리고 모든 존재자의 본질이 힘에의 의지라면 상호 간의 충돌은 불가피하다. "힘에의 의지로서의 삶은 본질적으로 갈등적"[41]이며 고통임을 의미하는 것이다. 그렇다면 인간을 포함한 존재자의 존재하는 방식은 무엇일까? 니체는 영원회귀 사상으로 이를 설명한다.

1) 영원회귀 방식으로 존재

모든 존재자의 존재하는 방식은 현상적으로 '동일한 것의 영원회귀ewige Wiederkunft'이다. 영원회귀란 이 시간, 장소, 사건 그리고 나를 향한, 나와 더불어 내 안과 내 앞에 있는 모든 것이 영원히 반복된다는 사상이다.[42] 이렇게 모든 것이 되돌아온다는 사유는 우리의 머리를 크게 내리쳐서 우리가 영원회귀에 어떻게 대응할지를 결단하게 만든다. 어떻게 살 것인지에 대한 실존적 결단을 해야 하기 때문이다. 니체는 『차라투스트라는 이렇게 말했다』의 제3부의 '건강을 되찾고 있는 자'에서 영원회귀를 다음과 같이 간명하게 묘사한다.

"모든 것은 가고, 모든 것은 되돌아온다. 존재의 수레바퀴는 영원히 돌고 돈다. 모든 것은 죽고, 모든 것은 다시 소생한다. 존재의 해年는 영원히 흐른다.
모든 것은 꺾이고, 모든 것은 다시 이어진다. 똑같은 존재의 집이 영원히 지어진다. 모든 것은 헤어지고, 모든 것은 다시 만나 인사를 나눈다. 존재의 수레바퀴는 이렇듯 영원히 자신에게 신실하다.
매 순간 존재는 시작된다. 모든 여기를 중심으로 저기라는 공이 굴러간다. 중심은 어디에나 있다. 영원이라는 오솔길은 굽어 있다."[43]

여기서 먼저, 영원회귀 사유는 문자 그대로 시간의 시작과 끝이 있는 선형적 시간관을 배척하고 있음을 알 수 있다. "영원이라는 오솔길은 굽어 있다"는 니체의 말은 삶이 직선이 아니라 영원히 돌고 도는 '원'임을 의미한다.

니체 이전의 서구 사상이나 그리스도교 사상은 '유한자有限者로서의 모든 존재자는 시작이 있고 끝이 있다'는 형이상학의 선형적 시간관을 신봉했다. 무한자無限者인 신은 시작과 끝이 없다. 유한자인 인간의 시작은 신의 창조이고 끝은 최후의 심판이며 새로운 영원한 내세의 시작이다. 따라서 선형적 시간관에서 인간 삶의 끝은 목적이다. 즉, 인간은 시작, 탄생과 함께 이러한 목적, 끝, 최후, 종말, 죽음을 향해 있는 선형적 시간의 존재[44]로 상정된다.

니체의 영원회귀 사상은 이러한 전통 형이상학의 선형적 시간관과 그리스도교 사상의 내세관, 종말론적이며 목적론적 세계관이자 시간관을 해체한다. 시작과 종점의 선형적 시간관, 목적론적 세계를 해체한 결과, 존재하는 것은 대지, 삶, 자연, 이 세계, 즉 실재의 영원한 생성, 영원한 생성의 회귀밖에 없다. 시작과 종점이 사라짐으로써 기존의 절대적인 가치 척도였던 신과 피안의 세계 또한 사라진 것이다. 절대적인 가치 척도는 신이 아닌 인간 개개인, 자기 자신에게로 돌아오며, 비로소 인간이 자신의 삶의 왕국에서 주인이 된다. 따라서 영원회귀 사유를 니체는 인간이 "도달될 수 있는 최고의 긍정형식"[45]이라고 규정한다.

2) 인간 삶에 의미하는 것

그러나 과연 니체의 말대로 영원회귀가 인간이 도달 가능한 최고의 긍정형식이 될 수 있을까? 이 말을 이해하기 위해서는 먼저 영원회귀가 인간에게 의미하는 바를 보다 생생하게 전하는 니체의 말을 새겨 볼 필요가 있다. 니체는 『즐거운 학문』 341절에서 영원회귀 사상을 다음과 같이 구체적으로 표현한다.

"최대의 무게, 어느 날 혹은 어느 날 밤에 악령이 너의 가장 깊은 고독 속으로 살며시 찾아 들어 이렇게 말한다면 그대는 어떻게 하겠는가. '네가 지금 살고 있고, 살아왔던 이 삶을 너는 다시 한 번 살아야만 하고, 또 무수히 반복해서 살아야만 할 것이다. 거기에 새로운 것이란 없으며, 모든 고통, 모든 쾌락, 모든 사상과 탄식, 네 삶에서 이루 말할 수 없이 크고 작은 모든 것이 네게 다시 찾아올 것이다. 모든 것이 같은 차례와 순서로, 나무들 사이의 이 거미와 달빛, 그리고 이 순간과 바로 나 자신도, 현존재의 영원한 모래시계가 거듭해서 뒤집혀 세워지고, 티끌 중의 티끌인 너도 모래시계와 더불어 그렇게 될 것이다!'

그대는 땅에 몸을 던지며, 그렇게 말하는 악령에게 이를 갈며 저주를 퍼붓지 않겠는가? 아니면 그대는 악령에게 이렇게 대답하는 엄청난 순간을 경험한 적이 있는가? '너는 신이로다. 나는 이보다 더 신성한 이야기를 들어 보지 못했노라!' 그러한 생각이 그대를 지배하게 되면, 그것은 지금의 그대를 변화시킬 것이며, 아마도 분쇄시킬 것이다. '너는 이 삶을 다시 한 번, 그리고 무수히 반복해서 다시 살기를 원하는가?'라는 질문은 모든 경우에 최대의 중량으로 그대의 행위 위에 얹힐 것이다! 이 최종적이고 영원한 확인과 봉인 외에는 더 이상 아무것도 요구하지 않기 위해서는, 어떻게 그대 자신과 그대의 삶을 만들어 나가야만 하는가?"[46)]

니체가 전하는 영원회귀의 사유는 "인간이 도달 가능한 최고의 긍정형식"이기 전에 먼저 절망과 좌절, 두려움만을 전해 준다. 악령의 입을 빌어 말하는 인간의 영원회귀 운명은 하나의 권태로움이자 저주, 지옥같이 전달되고 있다. 인간의 운명이 기쁨과 행복도 있지만 고통과 슬픔, 미움과 원한, 불행이 반복되는 것이기 때문이다. 그러나 니체는 인간의 영원회귀 운명을 지옥으로 만들지, 아니면 이를 승화시켜 적극적인 삶의 사랑으로 나아갈지는 인간 개개인의 선택임을 강조한다.

다시 말해, 니체는 영원회귀 사유에서 실존적 결단의 순간에 선 인간이 취할 수 있는 두 가지 인간운명의 선택을 제시한다. 하나는 영원회귀의 운명에 대해 "땅에 몸을 던지며, 그렇게 말하는 악령에게 이를 갈며 저주를 퍼붓는 것"이다. 이런 사람은 영원회귀라는 절대적인 무의미함을 경험하여 극단적 형태의 허무주의적인 경험을 갖는다. 퇴락의 기분과 절망을 느끼게 된다. 따라서 허무한 인생, '되는 대로 살면서' 삶에 적대적인 결정을 내리며 몰락의 길을 선택하는 것이다. 이 경우 영원회귀는 그를 몰락시키고 퇴락시키는 '위기'로 작용한다. 무의미한 삶이 영원하다는 것은 일종의 '저주'이기 때문이다.[47]

반면에 다른 사람은 악령의 말에 이렇게 반응한다. "너는 신이로다. 나는 이보다 더 신성한 이야기를 들어보지 못했노라!"라고 말하며 오히려 영원회귀를 반기고 기대한다. 이런 사람은 영원회귀의 운명에서 절대적인 무의미함이 아니라 절대적인 유의미성을 찾는다. 오늘 보낸 하루가 영원히 반복될 수 있도록 자신의 삶에 최대의 의미를 부여한다. 당연히 자신의 삶 전체를 사랑하고 최대한 긍정하는 태도와 행동을 하게 된다. '존재의 수레바퀴'인 인간운명을 적극적이며 긍정적으로 받아들여 승화시키는 것이다. 이 경우 영원회귀 사유는 그에게 최고의 긍정이자 희망이 된다.

3) 사랑의 힘이 주재하는 세상

이렇게 볼 때, 니체에게 영원회귀는 '지금 여기의 삶에 대한 사랑', '실재의 긍정'과 필연적으로 연결될 수밖에 없다. 그리스도교적 심판과 목적, 피안의 관념에서 벗어나 영원히 모든 순간이 되돌아온다는 순환적 우주관을 전제하는 순간, 인간은 자신의 삶을 온전히 자신이 책임질 수밖에 없다. 자신의 삶의 주인은 더 이상 신이 아니고, 오로지 자기 자신이어야 하는 것이다. 이런 의미에서 영원회귀는 '도달 가능한 최고의 긍정형식'이 된다.[48]

> "그대들은 언젠가 기쁨을 향해 좋다고 말한 적이 있는가? 오, 나의 벗들이여, 그랬다면 그대들은 그로써 온갖 비애에 대해서도 좋다고 말한 것이 된다. 모든 사물이 사슬로 연결되어 있고 실로 묶여 있으며, 사랑으로 이어져 있으니.
> 그대들이 일찍이 어떤 한 순간이 다시 오기를 소망한 일이 있다면, '너, 내 마음에 든다. 행복이여! 찰나여! 순간이여!'라고 말한 일이 있다면, 그대들은 그로써 모든 것이 되돌아오기를 소망한 것이 된다!
> 모든 것이 다시 시작되고, 모든 것이 영원하고, 모든 것이 사슬로 연결되어 있고, 실로 묶

여 있고, 사랑으로 이어져 있는, 오, 그대들은 이런 세계를 사랑한 것이 된다.

그대 영원한 존재들이여, 이 세계를 영원히, 그리고 항상 사랑하라. 그리고 비애를 향해 '사라져라, 하지만 때가 되면 되돌아오라!'고 말하라. 모든 기쁨이 영원을 소망하기 때문이다!"[49]

여기서 니체가 말하는 '사랑'은 모든 것을 연결시키고 서로 끌어당김으로써 하나의 전체적인 필연성의 세계를 만들어 내는 근원적인 결합의 원리[50]다.

영원회귀의 실재는 이러한 만물의 결합과 조화의 원리인 사랑의 힘이 주재하는 세계다. 현상계로서의 실재는 각각의 사물들이 상호 분리되고 개별화되어 있는 다수성의 세계로 존재하지만, 현상 이면의 근원적인 디오니소스적 실재는 이처럼 모든 것이 상호 연관된 전체적 필연성으로서의 세계, 사랑의 원리가 지배하는 세계다. 이러한 실재를 사랑하는 것이 곧 삶을 그 자체로 긍정한다는 것의 의미다.[51]

요약하면, 니체는 전통적인 서양 형이상학이나 그리스도교 사상의 선형적 시간관이 초월적인 실재, 신, 심판이란 허구적인 목적론적 인간운명을 강요함으로써 인간을 노예로 만들었다고 비판한다. 그 결과, 초월적 이상의 세계에 대해서는 끝없는 동경을 하는 반면 현실 세계, 삶에 대해서는 절대적 부정을 강요당하는 염세주의적 · 허무주의적 세계관이 주입되었다는 것이다. 니체는 서양의 전통 형이상학이나 그리스도교 사상이 갖는 문제점은 그것들이 현실을 올바로 파악하지 못한다는 데 있지 않고 그것들이 값싼 위로를 제시하여 힘, 권력에의 의지를 연약하게 한다[52]는 점을 비판한다.

니체는 영원회귀가 운명이 되는 세계관을 통해 서구의 목적론적 세계관을 부정하고 힘에의 의지를 통해 삶의 무의미함을 적극적으로 긍정하여 삶을 사랑할 것을 강조한다. 삶이 아무런 목표나 의미도 없이 자신을 반복할 뿐이라는 영원회귀 사유는 인간에게는 감당할 수 없는 '최대의 무게'로 다가온다. 인간을 또 다른 염세주의, 극단적 니힐리즘의 상태로 몰아넣을 것이기 때문이다. 니체는 영원회귀 사상은 그것이 갖는 엄청난 무게로 인간을 분쇄할 수도 있지만, 우리가 그것을 견디고 혼연히 긍정할 때는 지상의 삶의 순간순간을 있는 그대로 긍정할 수 있는 힘, 즉 최고의 힘[53]이자 '최고의 긍정형식'이 될 수 있음을 강조한다.

4. 자기 자신이 되는 평생학습

평생교육적 측면에서 볼 때 니체의 실재 및 실재성에 대한 고찰은 니체 사상에 함축된 평생교육의 의미를 포착하는 데 필수적이다. 실재 개념은 니체의 문제의식과 그의 철학의 전 체계를 올바로 이해하는 데 있어서 핵심적이기 때문이다. 성인교육은, 특히 인본주의적 성인교육에서는 학습자의 성장과 자아발전을 최우선 목표로 둔다.[54] 니체의 관점에서는 성인학습자의 성장이나 발전이란 '각자성'을 찾는 것, 즉 '자기 자신이 되는 자'다.

자기 자신이 되는 사람은 자신의 삶에 주인이 되는 사람이다. 삶의 노예는 약자지만 삶의 주인은 강자다. 니체가 말하는 강자는 인간과 인간의 삶에서 무엇이 참된 실재인가에 대해 성찰과 비판을 통해 스스로의 철학을 정립하는 사람이다. 이를 위해서 니체는 먼저 인간과 세상에 대한 사유방식에서 주인이 되어야 한다는 것을 강조한다. 특히 서양 전통철학에서 허구로 만든 어떤 초월적 실재를 추구하는 어리석음에서 벗어날 것을 촉구한다.

전통적인 서양 형이상학이나 그리스도교 사상이 만들어낸 선형적 시간관과 시작이 있고 끝이 있다는 내세관을 해체한다. 니체가 보기에 그리스도교 사상의 내세관, 종말론적이며 목적론적 세계관은 초월적인 실재, 신, 심판이란 허구적인 목적론적 인간운명을 강요함으로써 인간을 노예로 만들었기 때문이다. 대신 니체는 현실과 실재, 자연과 삶으로부터 출발하여 현재의 삶의 현장과 자연으로 회귀하는 '실재적인 자기상승'을 강조한다. 자신의 야생적인 본연의 자연, 본래적인 본성을 따라가라는 것이다. 이렇게 인간이 자기 자신이 되는 것, 자기 자신이 되고자 하는 의지는 니체의 중요한 존재론적 주제이자 평생학습의 핵심적인 목표라 할 수 있다.

지난 2천 5백여 년 동안 플라톤주의 철학이 가상이라고 가르친 '지금 여기'의 현실의 삶과 자연이, 사실은 진정한 실재임을 받아들이고 모순과 불확실성으로 점철된 이 삶을 끌어안으며 긍정하고 사랑하는 자가 바로 본래적인 자기상승을 하는 자이며 자기 자신이 되는 사람이다. 니체가 말하고자 하는 성인학습의 목표는 이러한 현실적 삶으로서의 실재에 대한 긍정이다. 나아가 "이제껏 진리라고 불리어 온 모든 것이 가장 해롭고 음험하며 가장 지하적인 형식의 거짓임을 깨닫는 것, 인류를 '개선'한다는 신성한 구실이 삶 자체의 피를 빨아 삶을 빈혈증을 앓게 만드는 책략임을 깨닫는 것"[55]이 시급한 교육의 목표가 되어야 함을 시사하고 있다.

결국 니체에 따르면, 자신이 삶의 주인이 된다는 것은 무비판적으로 수용했던 전통 형이상학과 그리스도교 사상의 허구성을 직시하는 것이다. 니체는 영원회귀 사유를 통해 삶의 주인이 될 것인지, 아니면 노예로 살 것인지의 실존적 선택을 요구하고 있다. 오늘 하루가 영원히 반복되어도 좋을 만큼 하루를 적극적이며 긍정적으로 인간답게 살 것인지, 아니면 삶의 무의미한 영원회귀에 절망하여 극단적 허무주의적인 행동을 하며 살 것인지의 선택이다. 삶의 무의미함을 힘에의 의지를 통해 극복하고 적극적으로 수용할 때, 인간은 자신의 삶의 주인이 되고 강자가 될 수 있음을 니체는 강조하는 것이다.

미주 •

1) 이진경(2013). 삶을 위한 철학수업: 자유를 위한 작은 용기. 경기: 문학동네. p. 47.

2) Heidegger, M. (1923). *Sein und Zeit*. 이기상 역(2013). 마르틴 하이데거의 존재와 시간. 서울: 까치. p. 22.

3) 같은 책.

4) Heidegger, M. (1923). p. 22.

5) Plato. (2008). *Republic*. 최현 역(2012). 플라톤의 국가론. 서울: 집문당.

6) Mann, T. (2006). *Schopenhauer, Nietzsche, Freud*. 원당희 역(2009). 쇼펜하우어 · 니체 · 프로이트: 토마스 만, 현대 지성을 논하다. 서울: 세창미디어. p. 22.

7) 같은 책.

8) 니체의 존재론으로서의 실재에 관한 종합적인 연구는 손경민(2015)의 논문이 독보적이다. 그

는 실재론자들만이 새로운 가치창조라는 고귀한 과제를 수행할 힘을 지닌다는 니체의 말을 들어, 니체 철학의 가장 근본적인 개념인 실재에 관한 연구가 니체 철학의 가장 궁극적 지향성이 담긴 '창조'를 위한 필수적인 선행연구임을 강조한다. 이 책에서의 니체의 실재 개념에 대한 고찰은 손경민의 해석에서 고찰의 틀을 빌려 왔음을 밝힌다.

9) 손경민(2015). 니체 철학에서 실재의 문제. 서울대학교 박사학위논문.

10) Nietzsche, F. W. (2015). 선악의 저편 · 도덕의 계보. (김정현 역). 니체전집 14권. 서울: 책세상. p. 34.

11) 같은 책. p. 16.

12) Nietzsche, F. W. (1886~1889). *Nietzsche contra wagner*. 백승영 역(2015). 니체전집 15권. 바그너의 경우 · 우상의 황혼 · 안티크리스트 · 이 사람을 보라 · 디오니소스 송가 · 니체 대 바그너. 서울: 책세상. p. 324.

13) Kellogg, M. (2010). *Three Questions We Never Stop Asking*. 이진경 역(2014). 철학의 세 가지 질문. 서울: 지식의 숲. p. 214.

14) Nietzsche, F. W. (1886~1889). pp. 466-467.

15) Kellogg, M. (2010). p. 216.

16) Schrift, A. D. (1990). *Nietzsche and Question of Interpretation*. Routledge Inc. 박규현 역(1997). 니체와 해석의 문제. 서울: 푸른숲. p. 58에서 재인용.

17) 힘에의 의지를 존재의 본질로 해석하는 하이데거에 대한 비판도 적지 않다. 슈리프트(Schrift, 1997, p. 59)는 하이데거가 존재하는 것의 본질로 힘(권력) 의지를 보는 니체 논의에 전해져 내려오는 신인동형론에 대한 논의를 발전시키는 것이라고 주장한다. 그는 니체의 신인동형론이 데카르트의 진리에 대한 확실성 추구와 그에 따른 철학적 신인동형론의 발전 이래 서구사상에 전래되어 온 그러한 경향의 절정이라고 본다. 월터 카우프만(Kaufmann, 1986, p. 77)은 하이데거는 니체를 누구보다도 가장 위대한 서양의 마지막 형이상학자라 보고 그의 힘에의 의지를 형이상학적 개념으로 본다는 점을 강조한다. 그러나 이런 결론에 도달하기 위해 하이데거는 니체가 자신을 심리학자라고 부르고 있는 많은 부분과 형이상학을 경시하고 있는 많은 부분을 묵살해 버렸는데, 결국 이것은 니체의 책 전부를 무시해 버린 것과 마찬가지라고 비판한다.

18) Heidegger, M.(1961, 1991a). *Nietzsche, Vol. 1: The Will to Power as Art, Vol. 2: The Eternal Recurrance of the Same Nietzsche I*. 박찬국 역(2010). 니체 I. 서울: 길. p. 34.

19) Mann, T. (2006). p. 15.

20) 김선희(2011). 쇼펜하우어&니체: 철학자가 눈물을 흘릴 때. 경기: 김영사. p. 58.

21) Mann, T. (2006). p. 24.

22) Schopenhauer, A. (2012). *Die Welt als Wille und Vorstellung*. 홍성광 역(2015). 의지와 표상으

로서의 세계. 서울: 을유출판사. p. 201.

23) 같은 책. p. 203.

24) 같은 책. p. 201.

25) Wicks, R. L. (2011). *Schopenhauer's The World as Will and Representation: A Reader's Guide(Reader's Guides)*. 김효섭 역(2014). 쇼펜하우어의 의지와 표상으로서의 세계 입문. 서울: 서광사. p. 127.

26) Mann, T. (2006). p. 22.

27) Schopenhauer, A. (2012). pp. 287-288.

28) Wicks, R. L. (2011). p. 133.

29) 카우프만(1986, p. 81)은 니체의 힘에의 의지가 형이상학적인 어떤 원리인 것처럼 보이게끔 만드는 대표적인 문장으로서 이 내용을 들고 있다. 카우프만에 따르면, 니체의 여동생이 니체의 여러 원고를 모아서 그의 사후에 『힘에의 의지』라는 제목의 책으로 펴낼 때, 그녀가 이 원고를 책의 맨 끝 부분에 실었다는 것이다. 카우프만은 니체가 초기 저작에서조차 형이상학에 반대하는 입장을 취하고 있음에도 불구하고, 하이데거는 힘에의 의지를 형이상학의 범주로 생각하고 있다고 비판한다(Nietzsche, F. W., 1964, p. 607).

30) Kaufmann, W. (1950). *Nietzsche: Philosopher, Psychologist, Antichrist*. 김평옥 역(1986). 정신의 발견2: 니이체 · 하이데거 · 부버 편. 서울: 학일출판사. p. 84.

31) Müller-Laute: 손경민(2015). p. 61에서 재인용.

32) 손경민(2015). p. 61.

33) 같은 논문. p. 62.

34) Nietzsche, F. W. (1883~1885). *Nietzsche Werke, Kritische Gesamtausgabe, vol. VI-1: Also sprach Zara*. 정동호 역(2015). 니체전집 13권. 차라투스트라는 이렇게 말했다. 서울: 책세상. p. 194.

35) Nietzsche, F. W. (1883~1885). p. 192.

36) Kaufmann, W. (1950). p. 89.

37) 같은 책. p. 92.

38) 같은 책. p. 93.

39) 이관춘(2018). 거리의 파토스: 인문학, 성인인성교육을 논하다. 서울: 학지사. p. 44

40) 손경민(2015). p. 68.

41) 알란 슈리프트(Schrift, A. D., 1997, p. 59)는 니체에게 있어 모든 것이 영원회귀하고 그 영원회귀를 존재의 현상으로 보았다는 하이데거의 주장을 니체의 '초인'에 대한 해석과 연계시켜 비판적으로 논의한다. 그에 따르면, 하이데거의 주장이 맞다면 아마도 니체는 초인이나 다른 모

든 것도 존재의 현현으로 보았다는 이야기가 된다. 그렇다면 '초인'으로 니체가 무엇을 의미했든 간에 그가 이것으로 무언가 눈앞의 현재를 의미하지는 않았다는 것이 분명해 보인다(Schrift, A. D., 1990, p. 66).

42) 정영수(2010). 무한긍정과 힘의 반복으로서의 존재론: 니체의 영원회귀사상에 대하여. 서강인문논집, 27, 217-263.

43) Nietzsche, F. W. (1883~1885). p. 361.

44) 손경민(2015).

45) Nietzsche, F. W. (1886~1889). p. 419.

46) Nietzsche, F. W. (1881~1882). *Nietzsche werke. kritische gesamtausgabe: vol. 2.* 안성찬, 홍사현 역(2014). 니체전집 12권. 즐거운 학문 · 메시나에서의 전원시 유고. 서울: 책세상. pp. 200-201.

47) 백승영(2009a). 니체, 디오니소스적 긍정의 철학. 서울: 책세상. p. 222.

48) 손경민(2015). p. 96.

49) Nietzsche, F. W. (1883~1885). pp. 530-531.

50) 손경민(2015). p. 97.

51) 같은 논문. p. 98.

52) 박찬국(2007). 현대철학의 거장들: 마르크스, 니체, 키에르케고르, 하이데거, 하버마스, 푸코, 비트겐슈타인, 포퍼. 서울: 철학과 현실사. p. 114.

53) 같은 책. p. 112.

54) Elias, J. L., & Merriam, S. (2002). *Philosophical foundations of adult education.* Malabar, FL: Robert E. Krieger.

55) Nietzsche, F. W. (1886~1889). p. 466.

제3장

노예로 살 것인가 주인으로 살 것인가

니체에 의하면 인간은 그 자체가 힘에의 의지다. 힘에의 의지가 삶을 지탱하는 동인이자 삶 자체인 것이다. 힘에의 의지를 본질로 하는 인간은 영원회귀라는 형태로 현상하는 운명을 지닌다. 니체가『즐거운 학문』에서 말하는 '현존의 영원한 모래시계'로서의 현상 세계다. 니체는 영원회귀의 사유를 통해 삶을 적극적으로 긍정하고 사랑하는 강자가 될 것을 촉구하고 있다. 허무주의에 빠져 있는 약한 자를 강한 자로 만들고자 하는 것이다.

그렇다면 니체가 보는 인간이란 어떤 존재인가? 니체의 예리한 눈으로 본 인간 실존의 본 모습, 혹은 인간의 일상은 나약하고 이기적이며 천한 상태에 놓여 있다. 니체와 같은 맥락에서 하이데거는 인간인 "현존재의 본질은 그의 실존에 있다"[1]고 규정하는데, 그 실존의 모습이 전형적인 약한 자라는 것이다. 더 가혹하게 '천민'이라고 규정한다.

현존재Dasein[2]인 인간은 자신이 어떻게 살 것인지를 기투entwerfen한다. 즉, 자신이 구현해야 할 가능성을 '기획하면서 내던지며' 그러한 기투에 따라서 살아가는 것이다.[3] 여기서 현존재란, 보편적인 인간 일반이 아니라 '나는 이렇고, 너는 저렇다'는 식의 각자성, 즉 각자적인 존재로서의 우리 자신을 의미한다. 하이데거는 그런 각자성으로서의 평생학습자, 실존으로서의 "현존재가 우선 대개 머물고 있는 존재양식을 일상성"[4]이라 명명한다.

일상성이란 인간, 즉 "현존재를 일관해서 지배하는 어떤 특정한 실존방식을 의미"[5]하는 것이다. 여기서 '대개 머물고'란 표현은 '언제나 반드시'는 아니지만 흔히 자신을 드러내 보이는 방식을 지칭한다. 니체는『차라투스트라는 이렇게 말했다』를 중심으로 한 여러 저술에서 인간인 현존재의 실존방식인 일상성에 관해 명료하게 때로는 암묵적으로 언급하거나 비판하고 있다. 니체가 보는 성인들이 습관적으로 안주하는 일상적인 실존방식은 천민과 인간의 왜소함, 말종인간과 노예도덕 등의 개념으로 표현될 수 있다.

니체가 먼저 일상에서의 인간의 왜소함, 천민성을 밝히는 이유는 인간은 이렇게 비천한 상태에서 머물 것인가 아니면 이를 극복하고 자기를 극복하는 위버멘쉬가 될 것인가를 선택하는 기로에 서 있다는 것을 설명하기 위해서다. 인간에 대한 니체의 관점은 평생학습의 목적이 바로 이러한 인간의 나약함을 극복하고 위버멘쉬로 나아가는 데 있음을 시사하는 것이다.

이 점을 염두에 두면서 이 장에서는 니체가 파헤치는 인간 실존의 모습을 들여다보기로 한다.

1. '시장의 왜소한 천민'으로 살지 말라

전통철학에서의 인간이란 영혼과 정신 또는 이성에 전적으로 의지하는 형이상학적 인간이다. 그러나 니체에게 인간의 본래 모습 혹은 인간의 원형은 동물이며 짐승이다. 니체는 인간의 생명과 본질을 그의 정신 혹은 영혼에 근거해 규정하거나 신체 또는 물체를 그에 종속되는 관계로 규정하려는 이성 우위의 전통적인 관점[6]을 해체한다. 니체는 인간의 일상성은 본래적인 동물성으로부터 벗어나지 못하는 실존에 기초한다고 보는 것이다. 그러나 다른 한편으로 인간 실존은 타자 즉, 다른 존재들과의 관계 속에서 이루어진다는 점을 강조한다.

1) 인간은 왜소한 천민인가

니체는 실존적 존재로서의 인간의 일상성을 '천민', '인간의 왜소함' 등의 표현으로 부각시킨다. 그는 『차라투스트라는 이렇게 말했다』 곳곳에서 인간 실존의 본 모습을 다양한 용어로 표현한다. '잡동사니', '성자와 사기꾼', '원숭이', '귀족과 유태인', '종려나무 잎에 도금', '미풍양속-거짓이며 부패' 등이다. 한마디로 일상생활을 영위하는 현존재로서의 인간의 모습은 천민이라는 통렬한 반성이다. 천민은 일상성에 묻혀 사는 일상인이다. 일상인들은 "낮에는 낮대로, 밤에는 밤대로 조촐한 환락을 즐긴다. 그러면서도 건강은 끔찍이도 생각한다."[7] 그리고는 "우리는 행복을 찾아냈다."라고 말하고는 눈을 깜박이는 사람들이다.

천민의 또 다른 특징은 자신들은 모두 똑같고 평등하다고 생각하는 점이다. "돌볼 목자는 없고 가축의 무리가 있을 뿐! 모두가 평등하기를 원하며 실제 평등하다. 어느 누구든 자신이 특별하다고 느끼는 사람은 제 발로 정신병원으로 가기 마련이다."[8] 내용과 운동 그리고 또한 진전과 성장을 결여한 형식은 결국 '우리 모두는 똑같다'고 주장하는 '시장의 천민'이 소유한 특징을 대변해 준다.[9] 니체는 이러한 시장의 천민들이 점차 왜소해지고 있다고 다음과 같이 비판한다.

"차라투스트라는 멈춰 서서 생각해 보았다. 마침내 그는 슬픈 목소리로 말했다. "모든 것이 작아지고 말았구나!

곳곳에 한층 낮은 문들이구나. 나와 같은 부류의 사람도 아직은 그 문으로 들어갈 수가 있겠다. 그러나 그러려면 허리를 굽혀야 하리라!

오, 나 언제쯤, 더 이상 허리를 굽힐 필요가 없는, 저 왜소한 인간 앞에서 더 이상 허리를 굽힐 필요가 없는 내 고향으로 돌아가는가!" 차라투스트라는 한숨을 쉬고 나서 먼 곳을 바라보았다."[10]

2) 인간은 극복되어야 한다

니체가 일상성을 언급하면서 천민을 일상의 대표적인 예로 제시하는 이유는 인간이란 "극복되어야 할 그 무엇"[11]이라는 점을 강조하기 위해서다. 극복을 통해 지향하는 인간이 바로 위버멘쉬Übermensch다. 천민으로서의 일상성을 위버멘

쉬와의 대척점에 놓고 있는 것이다. 인간의 본모습은 천민적이지만 인간은 힘에
의 의지를 통해 천민의 상태에서 위버멘쉬의 상태로 상승할 수 있으며 또 상승
해야 한다는 것이다.

> **"나 너희에게 위버멘쉬**Übermensch[12]**를 가르치노라.** 사람은 극복되어야 할 그 무엇이다.
> 너희는 사람을 극복하기 위해 무엇을 했는가?
> 지금까지 존재해 온 모든 것은 그들 이상의 것을 창조해 왔다. 그런데도 너희는 이 거대한
> 밀물을 맞이하여 썰물이 되기를 원하며 사람을 극복하기보다는 오히려 짐승으로 되돌아가
> 려 하는가?"[13]

니체는 인간의 동물성을 적나라하게 파헤치며 "원숭이가 인간에게 웃음거리나
부끄러움이듯이 위버멘쉬에게는 현재의 인간이 바로" 그런 신세라고 비판한다.
인간은 원숭이보다는 낫다고 생각하면서도 항상 "짐승으로 되돌아가려고" 하는
상태야말로 인간의 실존의 모습이라는 것이다. 니체는 그 이유를 천민들이 허무
주의에 젖어 있기 때문으로 분석한다. 이들은 한낱 가정에 불과한 저편의 초월
적 세계에 삶의 의미를 두도록 사주해 온 플라톤적이며 그리스도교적인 이원론
을 신봉하고 있다. 그 결과, 이 땅 위에서의 삶을 하찮은 것으로, 그 자체로는 아
무 의미가 없는 것으로 폄훼하며 자기 부인과 비하를 몸에 익히고 있다. 그 결과
허무주의에 물든 왜소하고 구차한 존재로 전락하고 말았다는 것이 니체의 생각
이다.

2. 노예의 도덕과 주인의 도덕

니체는 천민이나 인간의 왜소함이 극단에 이른 경우를 말종인간 혹은 '최후의
인간Der letzte Mensch'이라 명명한다. 그에 의하면, 그런 사람들은 "교양이란 게 있
어서 자기들이 염소치기보다 뛰어나다"고 생각하지만 위급한 지경에 이르면 "경

멸스러운" 행동을 한다고 비판한다.

"나 저들에게 더없이 경멸스러운 것에 대해 말하려는 것이다. 말종末種인간이 바로 그것이다.
슬픈 일이다! 사람이 더 이상 그 자신 위로 동경하는 화살을 쏘지 못하고, 자신의 활시위를
올릴 줄 모르는 그런 때가 오고 말 것이니!
슬픈 일이다! 자기 자신을 더 이상 경멸할 줄 모르는, 그리하여 경멸스럽기 짝이 없는 사람
의 시대가 올 것이니.
보라! 나 너희에게 말종인간을 보여 주겠으니."14)

니체는 비천하기 그지없는 인간으로서의 말종인간을 '하나같이 노예근성을
지닌 허접쓰레기들', '무리Masse', '떼Herde', '짐승의 무리Herdentier', '천민Gesindel' 등
의 표현을 써 가며 격하게 비판하고 있다. 말종인간은 '원숭이'15) 같은 '떼 인간
Herdenmensch'으로, "생명을 경멸하는 자들이요, 소멸해 가고 있는 자들이자, 이미
독에 중독된 자들인바, 이 대지는 그런 자들에 지쳐 있다."16)라고 질타한다.

1) 가치평가에서의 주인과 노예

니체의 본래 의도는 현대문화가 이들 말종인간들에 의해 적극적이며 긍정적
인 힘에의 의지를 부정하는 니힐리즘에 이르렀음을 강조하기 위해서다. 그러나
현대인들은 이런 니힐리즘에 포로가 되어 근원적 질문인 '왜'의 물음도 없고 답
도 찾지 않는 니힐리즘에 빠져 있다는 것이 니체의 분석17)이다. 그 결과 이런 말
종인간들은 자신의 안녕만을 돌볼 뿐, 모험은커녕 자신의 책임마저도 멀리한다.
"말종인간들은 우리가 행복을 찾아냈다고 말하면서 눈을 깜박"이고 있을 뿐 스
스로를 창조하거나 자기를 극복하는 과정으로서의 상승을 포기한다.
비천하기 짝이 없는 말종인간들은 "사람들은 아직도 이웃을 사랑하며 이웃
의 몸에 자신의 몸을 비벼댄다. …… 아직도 돌에 걸리거나 사람에 부딪혀 비틀
거리는 자는 바보다!…… 사람들은 아직도 일에 매달린다. 일 자체가 소일거리

이기 때문이다. 그러면서도 그런 소일거리로 인해 몸을 해치는 일이 없도록 조심한다. 사람들은 더 이상 가난해지거나 부유해지려 하지 않는다. 그 어느 것이든 너무나도 귀찮고 힘들 일이기 때문이다. 아직도 다스리려는 사람이 있는가? 아직도 따르려는 사람이 있는가? 그 어느 것이든 너무나도 귀찮고 힘든 일이거늘". [18]

니체는 말종인간을 통해서 인간의 가장 부정적인 측면, 즉 문명과 문화의 무가치한 측면을 지적[19]하고자 한다.

> "사랑이 무엇이지? 창조가 무엇이지? 동경이 무엇이지? 별은 무엇이고? 말종인간은 이렇게 말하고는 눈을 깜박인다.
> 대지는 작아졌으며 그 위에서 모든 것을 작게 만드는 저 말종인간이 날뛰고 있다. 이 종족은 벼룩과도 같아서 근절되지 않는다. 말종인간이 누구보다도 오래 산다."[20]

니체가 말하려는 '더없이 경멸스러운' 인간은 사랑과 창조와 동경을 갈구함으로써 한낱 허구에 불과한 피안을 구축하는 자[21]다. 이들은 지성, 이성을 내세우며 인간들을 현혹하고 처세에 강해 구차하게 오래 생존하면서 대지를 작게 만들고 모든 것을 왜소하게 만드는 말종인간들이다.

니체는 이런 말종인간의 일상성을 인위적 도덕의 산물, 즉 노예도덕으로 본다. 그는 자신이 살았던 19세기 독일의 부르주아이며 그리스도교를 신봉하는 사람들이 선과 악, 양심과 동정심 같은 도덕적 가치들은 물론 가치판단이나 심미적 판단마저 그 자체로 선험적으로 존재하는 것이거나 혹은 인류 일반에게 보편적으로 타당한 것이라고 믿고 있는 점에 주목한다. 니체가 보기에 그들은 어떤 특정한 시대의 특정한 지역에서 통용되는 고유의 편협하고 왜곡된 세계관에 사로잡혀 있는 노예와 다름없었다.

그러나 니체는 이런 가치들은 사실상 역사적으로 형성되어 온 것이란 점을 치열하게 추적해 나간다. 이를 밝혀내기 위해 선악과 같은 도덕적 개념들이 어떤 역사를 거쳐 형성되었는지를 계보학적으로 파헤친다. 『도덕의 계보』는 다음과 같은 근본적인 물음으로부터 시작한다.

"우리의 선악은 과연 어떤 기원을 가지고 있을까? ……(중략)…… 인간은 어떤 조건을 토
대로 선악이라는 가치판단을 생각해 낸 것일까? 그리고 그들 가치판단 그 자체는 어떤 가
치를 가지고 있는가? 그것들의 가치판단은 이제까지 인간의 진전을 저해해 왔는가? 아니
면 촉진시켜 왔는가? 그것이 삶의 위기와 빈곤, 퇴화의 징조인가? 아니면 반대로 그 속에
서 삶의 충만, 힘, 의지, 그 용기와 확신과 미래가 드러나는 것인가?"[22]

도덕의 계보를 추적한 끝에 니체는 도덕을 노예의 도덕과 주인의 도덕으로 구
분한다. 물론 사회적인 신분상의 노예와 주인이 아니라 인간 내면 혹은 정신의
관점에서의 구분이다. 니체는 다음과 같이 말한다. "지금까지 지상을 지배해 왔
고, 또 여전히 지배하고 있는, 좀 더 세련되지만 거친 많은 도덕을 편력하면서,
나는 어떤 특정한 특질들이 규칙적으로 서로 반복되거나 연결되어 있다는 것을
알았다. 결국 나는 두 가지 기본 유형이 드러났고, 하나의 근본적인 차이가 나타
났음을 알았다. 즉, 주인도덕과 노예도덕이 있다."[23] 이어 그는 두 가지 도덕에는
근원적인 차이가 있음을 밝혀낸다. 주인의 도덕은 지배자들에게서 나온 것이고,
노예의 도덕은 피지배자, 예속된 자, 박해를 받는 자, 억압을 받는 자, 고통을 받
는 자, 자신에 대한 확신이 없는 자, 노예들한테서 생겨났다는 것이다.[24]
　니체가 말하는 주인은 인간과 삶, 도덕의 가치평가를 주체적으로 할 수 있는
정신이 강한 자이며 노예는 그 반대다. 단순한 예를 든다면, 도덕적인 규범을 준
수하거나 혹은 종교적인 신앙 행위와 의식에 참여하는 행위가 자신의 주체적인
해석과 가치평가에 의해 이루어진다면 그는 주인도덕을 가지고 있는 것이다. 반
면에 타인이나 교육, 사회문화, 종교적 환경에 의해 단지 습관화된 것에 복종하
는 것이라면 노예도덕을 지니고 있는 것이다. 니체에 의하면 노예도덕은 반자연
적인 도덕이며 무리 본능에 복종하는 행위일 뿐이다. 노예도덕에 지배받고 있는
한 삶을 긍정하고 자기극복을 위한 힘에의 상승하는 의지가 발현되기는 어렵다.
　노예와 달리 주인은 자신과 삶에 대한 해석에 있어서 주체적이다. 주인은 스

스로 가치를 평가할 수 있는 가치평가자이며 이를 통해 자기를 극복하고 자기를 지배할 수 있는 사람이다. 이런 사람들은 주체적인 삶을 영위하기 위해 의식적이며 의지적으로 노력하는 강한 사람이다. 자기극복을 통해 자신의 삶을 창조하려는 강한 의지의 소유자다. 이런 강자를 니체는 반자연적 도덕을 삶의 조건으로 하는 노예와 대립시켜 '주인Herr' 혹은 '귀족적 인간Der aristokratische Mensch'이라고 부르는 것이다.[25] 이런 주인도덕을 갖고 주체적으로 자신의 삶을 만들어 가는 사람이 바로 위버멘쉬적인 인간이라 할 수 있다.

2) 노예도덕의 출생배경

그렇다면 주인도덕과 대립되는 노예도덕은 어디에서 비롯된 것일까? 니체는 한마디로 강자에 대한 복수심, 원한감정에서 나온 산물이라고 강조한다. 역사적으로 볼 때 노예 위에 군림하는 강한 자들에 대한 원한감정Ressentiment이 노예도덕의 근원이라고 본다. 원한감정을 일으키는 그들은 악惡이며, 그들에게 핍박받는 자신들이 선善인 것이다. 다시 말해, 선과 악의 기준이 다수의 피지배 계층의 지배자에 대한 원한과 증오에서 비롯됐다고 주장하는 것이다.[26]

이러한 노예도덕은 핍박받던 유대 민족에 의해, 그들 종교인 기독교를 통해 도덕에서 헤게모니를 장악하게 된다. 선악의 기준을 만든 피지배 계층은 자신의 원한을 분출해 지배자들에게 복수했는데, 이 복수가 여러 가지 우회적인 형태로 지난 2천 년 동안 서구인들에게 서서히 정착되어 왔다고 주장한다. 그로부터 현실적 쾌락을 악으로, 내세에 대한 믿음을 선으로 보는 가치관이 만들어진다는 것이다.[27] 니체는 노예도덕의 특징을 '무리동물의 도덕'으로 규정한다.

"오늘날 유럽에서의 도덕은 무리동물의 도덕이다……. 좀 더 차원 높은 도덕이 가능하며 가능해야만 할 것이다."[28]

니체는 당시의 군중이 같은 민족, 같은 종교를 공유하면서 같은 도덕을 보편적인 것인 양 신봉하며 똑같이 행동하는 모습을 밉살스러운 듯 '무리Herde'를 지어 다니는 동물의 도덕'이라고 비판한다. 아울러 짐승의 도덕을 벗어나 차원 높은 도덕을 갖춘 인간사회가 되어야 한다고 역설한다.

　강자의 도덕인 주인도덕은 삶을 자기극복을 통해서 조형하려는 강한 의지, 본능적 욕구들의 긴장적 대립을 제어하는 능력, 자기긍정과 자기가치감을 새로운 선의 내용으로 제시할 수 있는 자질을 갖춘 사람들의 도덕이다. 반면, 노예도덕의 소유자들은 가치 체계를 주인도덕의 소유자처럼 주체적이고 자율적으로 정립할 수 없는 존재들이다.[29] 이들 무리동물이 지닌 단 하나의 행동 준칙은 '무리와 동일하게 행동한다'는 것이다. 누군가 특별하거나 탁월한 것을 싫어한다. 짐승의 무리에서는 전원이 일치하는 것 자체가 목적이 되고 만다.

3. 평생학습, 짐승과 위버멘쉬를 잇는 밧줄

1) 누구나 가능한 위버멘쉬

　니체는 말종인간으로서의 일상성을 비판하지만, 그 일상성의 변화 혹은 혁신의 가능성을 항상 열어 둔다. 말종인간으로서의 일상성은 결정적이거나 불변하는 것이 아니며 개인의 자기극복 노력을 통해 얼마든지 위버멘쉬로의 전환이 가능하다. 니체에게 인간은 고정적이거나 결정되지 않은 동물이며 평생에 걸친 학습을 통해 위버멘쉬로의 발전 가능성을 갖는 존재다. 반면에 영원회귀 사유를 적극적으로 긍정하지 않거나 학습을 통한 사고의 전환을 포기할 경우 말종인간의 삶의 행태에서 벗어날 수 없다. 니체에게 인간은 미결정未決定 상태의 존재이며 무언가로 되어 가는becoming 도상적途上的 존재다. 그는 이러한 인간의 속성을 '밧줄'로 비유한다.

"사람은 짐승과 위버멘쉬 사이를 잇는 밧줄, 심연 위에 걸쳐 있는 하나의 밧줄이다.
저편으로 건너가는 것도 위험하고, 건너가는 과정, 뒤돌아보는 것, 벌벌 떨고 있는 것도 위
험하며 멈춰 서 있는 것도 위험하다.
사람에게 위대한 것이 있다면 그것은 그가 목적이 아니라 하나의 교량이라는 것이다. 사람
에게 사랑받을 만한 것이 있다면, 그것은 그가 하나의 과정이요 몰락이라는 것이다."[30]

니체에게 인간은 동물에 가까운 말종인간이 될 수도 있고, 반대로 위버멘쉬가
될 수도 있는 어정쩡한 밧줄이다. 따라서 인간의 본질은 선험적인 것이 아닌 자
유로운 선택에 의해 창조되는 것임을 강조한다. 동물로 전락한 인간의 본질을
형성할 수도 있고 위버멘쉬로 발전할 수도 있는 열린 가능성의 존재인 것이다.
니체는 실존으로서의 인간의 일상성을 '비결정성', '과정', '선택'으로 본다. 그리
고 동물과 초인을 결정하는 준거는 '자기극복'이다. 따라서 그는 "인간은 극복되
어야만 할 그 무엇"임을 강조한다. 자기극복을 포기하고 원숭이로 되돌아갈 것
인지를 묻는 것이다.

2) 그래서 평생학습이다

과정적이며 도상적途上的 존재로서의 인간의 일상성은 필연적으로 평생에 걸
친 지속적인 학습을 요구할 수밖에 없다. 니체의 표현대로 인간의 실존의 모습
은 '짐승과 위버멘쉬 사이를 잇는 밧줄'이란 불안과 공포 속의 존재다. 더 근본적
으로 개인의 일상성은 탄생과 죽음이라는 무無의 심연 위에 내걸려 있는, 자신의
적나라한 존재에 대한 불안에 사로잡혀 있는[31] 동물이다. 니체가 보기에 인간의
모든 활동은 이러한 불안과 절망에서 탈출하기 위한 몸부림이다. 같은 맥락에서
평생학습의 다양한 활동 역시 짐승의 상태에서 상승하려는, 삶의 불안에서 탈피
하려는 몸부림이자 힘의 의지의 발현이라 할 수 있다. 그렇다면 '심연 위에 내걸
린 밧줄'로서의 평생학습은 무엇을 목표로 해야 하는가?
니체의 관점에 따르면 무엇보다 습관적으로 신봉해 오던 기존의 가치 체계에

의문을 갖고 도전하며 해체시키고 새로운 가치 체계를 창출하여 진정한 자신의 삶을 사는 것이다. 이를 위해서는 평생교육 현장에서 관습적이고 암묵적으로 합의된 보편타당한 이론과 신념, 가치 체계에 근본적인 물음을 제기해야 한다. 니체가 말하는 인습적인 가치 체계란 무엇보다 플라톤 철학과 그리스도교적 윤리 전통이다. 이 전통의 특징인 초월적이고 절대적인 가치, 확정적이고 불변하는 가치에 대한 믿음은 순종과 인내를 강요하여 주인으로서의 삶이 아닌 노예적 도덕을 주입시킨다. 각자성을 구현하는 자율적 삶이 아닌 타율적 지배에 복종하게 된다. 구체적인 현실의 삶을 배척하고 내세적인 것에 가치를 두며, 신체보다는 영혼, 인간보다는 종교를 우선시하는 삶을 강요하게 된다. 그 결과, 그들은 기존의 가치에 순응하며 변화를 거부하고 자기보존에만 치중하는 일상성을 보이게 된다. 지금 여기의 삶의 생성의 가치를 부정하기에 허무주의로 흐를 수밖에 없으며, 자기극복을 위한 노력의 동인을 상실하는 것이다.

니체의 관점에 의하면, 평생교육의 우선적인 목적과 방향은 이러한 고정적이고 편협한 기존의 가치 체계에 대한 질문을 제기하는 데 두어야 한다. '심연 위에 걸친 밧줄'로서의 인간의 불안과 두려움은 이러한 기존의 허구적인 가치 체계를 해체시킴으로써 떨쳐버릴 수 있기 때문이다. 또한 이를 통해 인간은 자신의 가치를 창조하려는 자기상승의 의지, 힘에의 의지를 자각하고 촉진시킴으로써 위버멘쉬로 나아갈 수 있다. 평생학습을 통해 지향하는 위버멘쉬란 구체적이고 현실적인 자신의 삶과 자기 자신을 긍정하고 자기극복을 통해 돈과 이익을 넘어서는 새로운 자기창조로 나아가는 사람이다.

미주

1) Heidegger, M. (1923). *Sein und Zeit*. 이기상 역(2013). 마르틴 하이데거의 존재와 시간. 서울: 까치. p. 67.

2) 하이데거는 인간을 다른 존재자와 구별하여 현존재, 즉 다자인(Dasein)으로 명명한다. 본래 다자인 개념은 한 존재자의 실재, 있음을 뜻하는 중세의 용어인 existentia를 볼프(Wolff)가 독일어로 번역한 것이다. 또한 볼프는 existentia의 상관 개념인 essentia(한 존재의 본질)를 Sosein(그리 있음)이라 번역했다. 이때, 이 개념쌍은 인간을 포함한 모든 존재자에게 무차별적

으로 통용된다. 다시 말해 개개의 존재자는 모두 무차별적으로 existentia와 essentia라는 존재
구성 계기를 가진다. 그러나 하이데거는 인간의 존재양식은 다른 존재자와는 다르다는 점에
주목하여 디자인 용어를 인간에게만 한정시켜 전혀 다른 의미를 부여한다. 반면에 다른 존재
자는 '눈앞의 존재자' 및 '손안의 존재자'라는 새로운 용어로 대치하여 지칭한다(참고: Heidegger,
M., 1926, p. 570).

3) 박찬국(2014). 하이데거의 「존재와 시간」 강독. 서울: 그린비. p. 38.

4) Heidegger, M. (1923). p. 485.

5) 박찬국(2014). p. 460.

6) 정영도 외(1999). 니이체 철학의 현대적 이해와 수용. 서울: 세종출판사.

7) Nietzsche, F. W. (1883~1885). *Nietzsche Werke, Kritische Gesamtausgabe, vol. VI-1: Also
sprach Zara.* 정동호 역(2015). 니체전집 13권. 차라투스트라는 이렇게 말했다. 서울: 책세상. pp.
25-26.

8) 같은 책. p. 25.

9) 강영계(1994). 「짜라투스트라는 이렇게 말하였다」의 실존적 의미. 통일인문학. 인문과학논총,
26, 141-178.

10) Nietzsche, F. W. (1883~1885). p. 278.

11) 강영계(1994). p. 148.

12) 위버멘쉬(Übermensch)를 우리말로 번역하는 문제는 여전히 숙제로 남아 있다. 우리나라에서
는 그동안 일본의 예를 따라 초인(超人)으로 번역해 오고 있다. 그러나 그럴 경우 위버멘쉬는
니체의 의도와는 반대로 초월적 인격으로 잘못 해석될 소지가 있다. 영어권에서도 superman,
overman으로 번역해 오다가 그럴 경우 잘못 이해될 수 있다는 우려에서 그냥 Übermensch로
쓰고 있는 추세다(참고: Nietzsche, F. W., 2015, p. 16의 각주). 이 책에서도 이를 받아들여 초인
이라 번역하지 않고 Übermensch를 음역하여 '위버멘쉬'로 표기하기로 한다.

13) Nietzsche, F. W. (1883~1885). pp. 16-17.

14) 같은 책. p. 24.

15) 같은 책. p. 17.

16) 같은 책. p. 18.

17) 이관춘(2015b). 니체, 세월호 성인교육을 논하다. 서울: 학지사.

18) Nietzsche, F. W. (1883~1885). p. 25.

19) 강영계(1994). p. 13.

20) Nietzsche, F. W. (1883~1885). p. 24.

21) 강영계(1994).

22) Nietzsche, F. W. (1886~1887). *(Zur) Genealogie der Moral 1886–1887*. 김정현 역(2015). 니체 전집 14권. 선악의 저편·도덕의 계보. 서울: 책세상. p. 15.

23) Nietzsche, F. W. (1886~1887). p. 275.

24) 고명섭(2012). 니체극장: 영원회귀와 권력의지의 드라마. 경기: 김영사. p. 573.

25) 백승영(2009a). 니체, 디오니소스적 긍정의 철학. 서울: 책세상. p. 590.

26) Nietzsche, F. W. (1886~1887). p. 252.

27) 같은 곳.

28) 같은 책. p. 161.

29) 백승영(2009a). p. 590.

30) Nietzsche, F. W. (1883~1885). p. 20.

31) 박찬국(2007). 현대철학의 거장들: 마르크스, 니체, 키에르케고르, 하이데거, 하버마스, 푸코, 비트겐슈타인, 포퍼. 서울: 철학과 현실사.

제 2부

평생학습, 유전적인 힘에의 의지

니체는 『선악의 저편』 제7장 '우리의 덕'에서 배움의 중요성을 한 문장으로 간명하게 표현한다.

"배운다는 것은 우리를 변화시킨다."[1]

니체의 이 말은 아리스토텔레스Aristotle, BC 384~322[2]가 저서 『형이상학』의 첫 문장을 "인간은 본성상by nature 배우기를 원한다."라는 말로 시작한 철학적 이유를 뒷받침해 준다. 인간은 평생 동안 학습을 원하고 또 학습을 해야 하는 것이 인간 존재의 본질임을 함축하고 있는 것이다. 또한 니체의 이 말은 인간은 변화해야 한다는 당위성을 전제로 하고 있다. 인간은 자신의 본질을 지속적으로 창조해 나가는 존재이기에 지속적으로 변화해 나가는 존재다. 그리고 그 변화를 위한 필수적인 행위가 배움, 학습이란 점을 강조한다.

니체나 아리스토텔레스나 철학자들이 배움을 강조하는 이유는 철학과 교육이 불가분의 관계에 있기 때문이다. 일반적으로 교육이란 용어는 '학습을 자극하고 강화하며 변화를 유도하는 활동'[3]에 초점을 맞춘다. 반면에 "학습은 경험의 결과로 생긴 행동의 변화"[4] 혹은 변화가 일어나거나 변화가 일어날 것이라고 기대되는 학습자를 강조한다."[5] 교육은 학습을 강화시키고 학습을 통해 변화를 유도하는 행위다. 이러한 교육을 통한 변화가 바로 철학의 목적이다. 철학이 추구하는 모든 진리나 가치의 기준은 오로지 교육을 통해서만이 가능하기 때문이다. 니체가 배움을 강조하는 것도 바로 이 때문이다.

그렇다면 인간은 왜 배우기를 원하는 것일까? 단지 사회변화에 뒤처지지 않기 위한 생존의 이유 때문에 인간은 배우는 것일까? 아니면 인간은 삶의 수단으로서 배우려는 것을 넘어 배움 그 자체에 대한 본래적인 욕구가 있기 때문에 배우는 것일까? 니체에 따르면 배움에 대한 열망과 의지는 바로 인간의 본질인 힘에의 의지에서 비롯된다. 평생에 걸쳐 인간이 학습을 하려는 것은 단순히 무엇을 위한 수단으로서가 아니라 배우지 않고는 못 배길 어떤 힘에의 의지를 가지고 있기 때문이다.

제2부에서는 니체의 인간 존재의 본질로서의 힘에의 의지를 평생교육, 평생학습과 연계시켜 생각해 보기로 한다. 먼저 인간의 본질로서의 힘에의 의지가 발현되는 것이 평생학습이란 점을 확인하고, 이어 평생교육학자들이 제시하는 평생교육의 본질이 무엇인지를 랑그랑Lengrand과 린드만Lindeman 및 놀스Knowles의 성인교육사상을 중심으로 이해한다. 마지막으로 유네스코 문헌인 포르Faure 보고서와 들로Delors 보고서가 제시하는 평생교육의 본질을 살펴보기로 한다.

미주

1) Nietzsche, F. W. (1886~1887). *(Zur) Genealogie der Moral 1886–1887*. 김정현 역(2015). 니체 전집 14권. 선악의 저편 · 도덕의 계보. 서울: 책세상. p. 221.

2) Aristotle. 니코마코스 윤리학. 김상진, 김재홍, 이창우 역(2014). 서울: 길. p. 17.

3) 정범모(1997). 인간의 자아실현. 서울: 나남출판.

4) Haggard, E. A. (1963). Learning a process of change. In Crow, A. (Eds.), Readings in Heman Learning. New York: McKay p. 20. / Cronbach, L. J. (1963). Educational Psychology. 2nd ed. New York: Harcourt, Brace and World. p. 71.

5) Boyd, R. D., Apps, J. W., Associates (1980). Redefining the Discipline of Adult Education. San Francisco: Jossey-Bass. p. 100.

제**4**장

평생학습의지는 힘에의 의지

하이데거Heidegger, 1889~1976[1]는 서양 철학의 종말에 임해서 아직도 철학적으로 물을 수 있고 물어야만 하는 사람에게 결정적인 물음이 있다고 주장한다. 그것은 존재자가 어떠한 근본 성격을 갖고 존재자의 존재는 어떠한 성격을 갖는가라는 물음이 더 이상 아니라고 말한다. 그 물음은 '인간이란 존재 자체는 무엇인가?' 라는 물음이어야 한다.

하이데거의 말을 평생학습에 대입하면, 우리가 제기해야 할 물음은 '지금 여기'의 삶을 살아가는 평생학습자로서의 인간은 무엇이며, 또한 평생학습이란 과연 무엇인지를 물어야 한다. 평생학습자인 인간의 존재의 성격에 대한 물음이 결정적인 것이 아니라, 니체가 말하는 존재 자체로서의 '생성'이라 할 수 있는 학습 그 자체, 혹은 '학습의 의미'에 대한 물음이 중요하다.

이 장에서는 먼저 평생학습의 본질이 무엇인지를 포착하기 위해서는 문제설정을 달리할 필요가 있다는 점을 생각해 보기로 한다. 이를 위해 질문방식의 전환이 어떤 의미가 있는지를 논의한 후 전통적인 질문방식을 비판하는 니체의 새로운 질문방식을 고찰한다. 이어 평생학습에 대한 인간의 의지는 인간이 유전적으로 가지고 있는 거리의 파토스이자 힘에의 의지임을 논의하기로 한다.

1. 니체의 질문의 전환, 왜 평생학습인가

1) 질문을 바꾸면 답이 달라진다

니체 철학이 함축하고 있는 평생학습의 의미와 중요성을 고찰하기 위해서는 먼저 '존재의 본질'을 포착하기 위한 니체의 사유방식 혹은 문제제기 방식에 대한 논의가 필요하다.[2] 철학자 들뢰즈Deleuze, 1925~1995가 분석하듯이 "니체의 파괴력은 근본적으로 문제제기의 예리함과 철저함에서 나온다."[3] 따라서 니체의 사유방식은 존재의 본질 및 평생교육의 본질에 대해 평생교육학계가 간과하기 쉬운 중요한 접근방식을 제공한다. 문제제기 방식에 따라 그 문제를 사고하고 처리하며 대답하는 방식이 제한되며 전혀 달라지기 때문이다.

예를 들어, 다음의 두 가지 방식의 질문을 비교해 볼 수 있다. 먼저 '사랑이란 무엇인가?', '배움이란 무엇인가?'의 질문이다. 다음에는 이렇게 질문을 바꿔 보자. '사람들은 왜 사랑을 하는 걸까?', '사람들은 왜 배우려고 하는 것일까?' 두 가지 모두 사랑과 배움의 본질을 포착하려는 질문이다. 그러나 답은 달라질 수 있음을 알게 된다. A란 질문방식을 택하면 B란 질문방식을 택했을 때 보이지 않던 본질이 포착된다. 니체의 문제제기 방식을 논하기 위해서는 먼저, 문제설정 방식이 인간의 심리적 및 사회적 발전에 미치는 결정적인 역할을 살펴보는 것이 필요하다.

문제제기 방식의 중요성은 철학과 심리학, 과학사의 패러다임 변화를 통해 입증되고 있다. 예를 들어, 원뿔을 밑에서 보면 당연히 원으로 보이지만 옆에서 보게 되면 삼각형이 된다. 보는 지점에 따라 모든 것은 다르게 보인다. 18세기 이탈리아 역사가 잠바티스타 비코Giambattista Vico, 1688~1744는 사회발전도 마찬가지라는 '나선형 발전원리'를 주장한다. "위에서 보면 순환논리 같지만 옆에서 보면 원이 돌면서 점차 올라가고 있음을 알 수 있다는 것"[4]이다. 같은 맥락에서, 비트겐슈타인Wittgenstein, 1889~1951은 이미지가 전혀 변하지 않고 있음에도 불구하고 보는 자의 시각에 따라 다른 것으로 바뀌는 게슈탈트 심리학 이론을 '오리토끼

duckrabbit'라는 모호한 그림으로 설명하고 있다.[5] 비트겐슈타인은 누군가 이 그림을 쳐다보고 토끼로 생각한다면 그는 그림을 토끼로 '해석하는 것interpreting'이 아니라 단지 자신이 보는 것을 '보고하는 것reporting'일 뿐이라고 말한다. 만일 그림을 먼저 오리로 보고 나서 토끼로 보게 된다면 어떤 사고의 변화가 일어날 것인지를 자문해 보라는 것이다. 비트겐슈타인의 영향을 받은 토마스 쿤Thomas Kuhn[6]은 "과학자들은 어떤 사물을 다른 그 무엇으로 보지 않는다. 대신 과학자들은 그냥 그것을 볼 따름이다."라고 주장하며 "게슈탈트 전환gestalt switch"이 과학 혁명의 시발점임을 강조한다.

쿤이 과학적 진보가 "시각적 게슈탈트visual gestalt"[7]에서의 변화와 유사하다고 강조했다면, 철학에서 존재에 대한 인식론적 패러다임 변화를 위한 게슈탈트 전환을 주장한 학자가 니체다. 존재에 대한 니체의 질문방식이 존재의 본질에 관한 새로운 인식의 창을 열어 놓은 것이다. 그 결과 니체 이전의 철학 세계에서 존재의 본질이 '오리'였던 것이 니체 이후에는 '토끼'라는 새로운 사고 영역이 탄생된 것이다. 니체의 질문방식은 고대 그리스 철학에서부터 근대철학에 이르기까지 주된 흐름이 되어왔던 서양 철학의 질문방식을 근본적으로 해체한다. 그렇다면 전통적인 서양 철학의 질문방식은 무엇인가?

그것은 바로 "무엇인가……?"라는 형태로 본질에 대한 물음을 제기[8]하는 질문방식이다. 이는 소크라테스Socrates와 플라톤Plato 전통 형이상학의 전형적인 질문방식이다. 플라톤은 "자연계를 사물의 원형으로서의 이데아와 이데아의 모사模寫로서의 현상을 구분하고 참된 세계는 이데아의 세계에 있음을 강조한다."[9] 플라톤과 달리 아리스토텔레스는 자연계를 형상Forma과 질료Materia로 구분하고 이데아 세계가 독립적으로 존재하는 것이 아니라 형상 속에 내재되어 있다고 말한다. 중세의 아우구스티누스 철학은 신플라톤주의에 입각하여 신의 개념을 이데아 자리로 대체시켰으며, 아퀴나스는 아리스토텔레스 철학을 바탕으로 스콜라 철학을 발전시켰다고 할 수 있다. 고대에서 중세에 이르는 철학의 근본적인 관심은 무엇이 참된 세계, 진리이며, 본질이 무엇이냐는 질문이었다.

이런 질문방식은 근대철학에 와서도 변하지 않는다. 데카르트Descartes는 신으로부터 독립한 주체로서의 인간과 대상으로서의 자연 세계를 구분한다. 또한 모든 사물에는 '연장'과 '사유'라는 두 개의 실체가 공통적으로 존재한다는 이원론을 주장한다.[10] 이어서 영국을 중심으로 발전한 베이컨Bacon이나 존 로크Locke, 데이비드 흄Hume의 경험주의는 무엇이 참된 지식이고 진리인지는 인식 주체인 '인간의 경험'에 있음을 강조한다. 데카르트가 자명하다고 판단했던 인식 주체에 대한 믿음은 흄을 비롯한 경험주의에 의해 비판받았다. 그러자 칸트는 인간이란 주체 자신의 인식에 대한 질문을 다시 제기하며 '물자체Ding an sich'와 '현상'을 구분[11]하고 인간에게 인식 가능한 것은 현상일 뿐, 사물 자체는 인식 불가능하다고 주장하였다. 이렇게 보면 플라톤 이후 서양 철학 전체의 질문방식은 본질이 무엇이며, 참된 세계, 지식, 인식은 무엇이냐를 묻는 방식이었다.

2) 니체, 질문방식을 바꾸다

그러나 니체는 이러한 질문방식 자체에 비판을 가한다. 니체는 근본적으로 전통적인 도덕의 본질이 편견으로 가득 차 있다고 주장하고 도덕의 본질을 정확히 포착하기 위해서는 "왜? 무슨 목적으로? 라는 질문을 전체적으로 제기"[12]해야 한다고 주장한다. 니체에 따르면 본질을 결정하는 데 있어서 최상의 물음은 '무엇이 본질인가?'가 아니라 '왜 본질인가?', '어느 것이 본질인가?'가 되어야 한다. 예를 들어, 누군가 '가을 산의 단풍이 아름답다'고 말한다면, 플라톤이나 소크라테스는 아름다움의 '본질'이 무엇이냐는 질문을 할 것이다. 그러나 니체는 질문방식을 바꾸어 버린다. '아름다움이란 무엇인가?'라고 묻는 게 아니라 '왜 아름다운가?', '어느 것이 아름다운가?'라고 질문하는 것이다.[13]

니체 이전의 서양 철학의 질문방식은 서양교육, 나아가 평생교육의 질문방식에 영향을 미쳤으리라는 추론이 가능하다. 지금까지 대부분의 평생교육 관련 저서 및 연구는 '평생교육이란 무엇이냐?'는 질문방식에 초점을 맞춘다. '왜 평생교육인가?' 혹은 '어느 것이 평생교육이냐?'는 질문방식은 학문적 관심에서 상대적으로 소외되어 있다. 여기서 먼저 언급해야 할 것은 "무엇인가……?"라는 질문방식이 평생교육의 본질을 포착하지 못하거나 잘못된 질문방식이라고 주장하는 것은 아니라는 점이다. 오히려 연구자가 강조하는 점은 "왜 평생교육인가?"라는 질문방식을 택하면 "무엇이 평생교육인가?"라는 질문에서 가려져 보이지 않던 평생교육에 관한 새로운 사고 영역을 열 수 있다는 점이다. 그 이유를 들뢰즈는 '무엇인가?'라는 질문은 이미 특정한 사고방식을 전제로 한다는 점에서 찾는다.

들뢰즈[14]에 따르면 "그것이 무엇인가?"라는 물음은 또 다른 시점에서 보인 의미를 설정하는 방식이다. 본질, 존재는 어떤 관점의 현실이며 다수성을 전제로 한다. 우리가 미란 무엇인가라고 묻는 것은 우리가 무슨 관점에서 사물을 아름답다고 보게 되는가를 묻는 것이다. 들뢰즈의 말을 평생교육에 적용하면 "평생학습이란 무엇인가?"라는 질문은 우리가 무슨 관점에서 평생학습을 보게 되는가를 질문하는 것이다. 그리고 평생학습이 아니라는 것은 무슨 관점에서 그렇게 되는가를 묻는 것이다. 결국 "평생학습이란 무엇이냐?"의 질문은 특정한 시기, "특정한 사고방식을 전제"[15]로 하기에 평생학습의 본질을 포착하는 데 한계가 있다. 마찬가지로 교육에 대한 특정한 이론 및 신념이 교육의 본질에 대한 물음을 억압하거나 왜곡시킬 수 있다. 대표적인 사례가 19세기 초반 서양 교육사철학에서 성인학습이론으로서의 안드라고지Andragogy란 개념이 등장했으나 당시의 주류 이론에 억압당해 거의 100여 년 동안이나 무시당했던 일을 들 수 있다.

성인학습의 주요 이론인 안드라고지는 본래 독일 문법학교 교사였던 알렉산드르 카프Kapp가 1833년 플라톤의 페다고지Pedagogy를 논하면서 이에 대비되는 용어로서 "안드라고지를 최초로 제안"[16]한 것이다. 그는 안드라고지를 아동이 아닌 성인들의 자기개발과 성숙을 위한 교육적 실천으로 간주하고 교육의 온전성을 위해서는 안드라고지가 필요하다고 역설하였다.

그러나 카프의 안드라고지 주장은 그 당시 교육계를 지배하던 요한 헤르바르트Herbart, 1776~1841에 의해 호된 비판을 당하고 말았다. 헤르바르트는 성인교육의 가능성을 한마디로 일축했다. 그는 페스탈로치Pestalozzi의 영향을 받아 개인의 개별적 고유성과 자유, 그리고 다면적 흥미를 지닌 존재로서의 인간관[17]을 주창했으나 이것은 단지 아동에 대한 교육에 한해서였다.

헤르바르트는 어린 시절의 제대로 된 교육이 올바른 인격과 자율성을 지닌 성인을 만드는 것이기에 성인교육은 불필요한 것이라고 단언하였다. 그 결과, 1920년대에 와서 안드라고지 용어가 재등장하기까지 성인교육의 본질에 대한 질문은 철저히 무시되었다.

따라서 니체의 논리에 따르면, '평생학습이란 무엇인가?'라고 묻지 말고 '어떤 것이 평생학습인가?', '왜 평생학습인가?'라고 질문하는 것이다. 이 질문은 평생학습의 예를 들라거나, 단순히 평생학습을 해야 하는 포괄적인 시대적 요구를 묻는 것이 아니다. "평생학습을 하지 않을 수 없는 그 힘, 학습이라는 것을 사로잡고 있는 힘은 대체 어떤 것인가? 학습을 점령하고 있는 의지는 어떤 것인가? 학습이라는 것 속에는 어떤 것이 표현되거나 숨어 있는가를 묻고 있다는 데 핵심이 있다.

니체에 따르면 "어느 것이 또는 왜 평생학습이냐?"에 의해서만 평생학습의 본질을 포착하게 된다. 왜냐하면 본질은 단지 사물의 의미와 가치이기 때문이다.[18]

2. 평생학습의지는 힘에의 의지

니체에 따르면 '왜?' 또는 '어느 것이냐?'는 질문은 본래적 속성으로서의 인간 내면에서 일어나는 '힘에의 의지Der Wille zur Macht'[19]를 묻는 질문이다. 인간의 외현적인 모든 행동 내면에는 그 행동을 지배하는 힘에의 의지가 있다는 것이다. 인류의 역사에 끊임없이 존재해 온 전쟁도 힘에의 의지로 설명할 수 있다. 전쟁은 사람들의 일차적인 관심사가 생존보다는 자신의 위신과 자부심의 증대, 즉 자신의 힘의 증대에 있기 때문에 일어난다는 것이 니체의 생각이다.

인간은 어떤 다른 목적, 자신의 생존이나 도덕적 가치의 실현을 위해서 자신의 힘을 고양시키는 것이 아니라 자신의 힘의 고양 자체를 위해서 자신을 고양하고자 한다. 따라서 인간은 자신의 생존에 유리한 것보다는 자신의 힘이 고양되었다는 느낌을 주는 것을 더욱 중시한다. 인간의 관심이 이렇게 힘의 고양에 존재

하는 한 인간에게 전쟁은 불가피하고 또한 필요한 것이다.[20]

여기서 힘에의 의지란 순수한 내재성의 원리를 구성하는 원리이지만 그렇다고 생성의 세계 너머에 있는 초월적 원리인 것은 아니다.[21] 니체는 『차라투스트라는 이렇게 말했다』에서 힘에의 의지가 모든 살아 있는 존재의 근본적 현상임을 다음과 같이 역설한다.

> "내 말을 들어라. 더없이 지혜롭다는 자들이여! 내가 과연 생명 자체의 심장부 속으로 그리고 그 심장의 뿌리에까지 기어들어 가 보았는지, 진지하게 살펴보아라!
> 생명체를 발견하면서 나 힘에의 의지도 함께 발견했다. 심지어 누군가를 모시고 있는 자의 의지에서조차 나는 주인이 되고자 하는 의지를 발견할 수 있었다."[22]

힘에의 의지는 생명의 근본적 현상으로서 학습을 통한 지식 추구 행위나 믿음 등은 바로 힘에의 의지가 작동하기 때문이다. 기존의 성취한 것을 뛰어넘어 새로운 가치가 창출되고 도전과 응전을 통해 사회변화를 일어나게 만드는 내면의 힘 혹은 원동력이 바로 힘에의 의지다. 니체는 인간이 신을 만들고 천상의 가치를 추구해 왔다면, 이제부터는 가치 추구의 시선을 인간 자신의 내부로 돌려 보면 진정한 힘은 인간의 내면으로부터 나온다는 것이다. 그것이 바로 힘에의 의지라는 것을 강조한다.

전술한 바대로 힘에의 의지란 개념은 세속적인 의미에서의 타자에 대한 지배욕이나, 권력을 추구하거나 욕망하는 의지와 동의어가 아니다. 니체는 힘을 배타적으로 혹은 보다 근본적인 것으로 군사력이나 정치권력에 연관시키지 않았다. 그는 오히려 지배욕이란 "그것은 그 눈에 띄기라도 하면 기어 다니게 되는, 머리를 조아리며, 전전긍긍하게 되는, 그리하여 뱀과 돼지보다도 더 비천하게 되는 어떤 것"[23]이라고 비판한다.

니체는 사람들이 원하는 것은 항상 힘이지만, 그렇다고 해서 모든 힘의 형태가 동일한 것은 아님을 강조한다. 그는 힘에의 의지를 말하기 전에 쓴 『아침놀』에서 다양한 힘의 형태에 관해 설명하고 있다.

"최고의 것을 얻으려고 노력하는 것은 자기 이웃을 압도하기 위해 노력하는 것이다. 대단히 간접적으로 또는 자기 느낌으로만, 또는 꿈속에서 일지라도, 이렇게 몰래 지배하는 것을 원하는 것은 정도에 따라 여러 가지가 있다. 이런 것들을 완벽한 순서에 따라 명단을 작성할 수 있다면, 그것은 원시로부터의 역사가 될 것이며, 또 그토록 지나치게 자세히 한다는 것은 어쩌면 비정상적인 일일 것이다.

최고의 것을 얻으려는 노력은 최고의 것 이하의 많은 것을 포함한다. 이 긴 명단의 사다리에서 몇 계단만 이름을 붙여 보자. 즉, 고통, 그다음은 타격, 다음은 폭력, 그다음은 공포에 가득 찬 경악, 그다음은 경이, 그다음은 시기, 그다음은 동경, 그다음은 고귀함, 그다음은 환희, 그다음은 기쁨, 그다음은 웃음, 그다음은 경멸, 그다음은 비웃음, 그다음은 냉소, 그다음은 타격에 대처하는 것, 그다음은 고통을 가하는 것, 이 사다리의 제일 마지막에 있는 것이 금욕과 순교殉敎다……."[24]

니체는 모든 사람이 진정으로 원하는 것은 고통이 없는 쾌락이라는 향락주의가 아니라 '힘'이며, 그 힘은 다양한 형태로 발현된다는 것이다. 변호사나 정치가가 되려는 사람이 있는 반면에 성직자나 교수, 예술가가 되겠다는 사람도 있다. 다른 사람을 통제하려는 힘도 있지만 다른 사람을 위해 희생하며 돕고자하는 힘도 있는 것이다.

니체는 이 글에서 인간이면서 동물인 인간의 이중적인 본성을 힘의 개념과 연관시키고 있다. 인간은 동물적이면서 동시에 동물성을 초월하려는 존재다. 그는 인간 존재의 이중성을 명료하게 정의한다.

"인간은 동물도 아닌 괴물이며 초동물이다. 높은 인간은 비인간이며 초인간이다. 이렇게 서로 속한다. 인간이 넓고 높게 성장할수록 그는 또한 깊고 무섭게 성장한다. 다른 쪽 없이 어느 한쪽만을 원해서는 안 된다."[25]

니체가 강조하는 점은 인간은 힘에의 의지를 동물과 같은 존재로 전락시키는 데 사용할 수도 있고 반대로 위버멘쉬로 승화시키도록 사용할 수도 있다는 점

이다. 인간은 동물과 위버멘쉬 중 어느 하나로 고정된 존재가 아니고 힘에의 의
지로 결정된다. 니체는 이러한 힘에의 의지는 '하나이며 동시에 다수'임을 강조
한다.

"그대들은 또한 내게서 '세계'란 무엇인지 알고 있는가? 내가 그대들에게 이 세계를 내 거
울에 비추어 보여 주어야만 하는가? 이 세계는 곧 시작도 끝도 없는 거대한 힘이며, 커지지
도 작아지지도 않으며, 소모되지 않고 오히려 전체로서는 그 크기가 변하지 않지만, 변화
하는 하나의 확고한 청동 같은 양의 힘이며, 지출과 손해가 없지만, 이와 마찬가지로 증가
도 수입도 없고, 자신의 경계인 '무'에 의해 둘러싸여 있는 가계 운영이며, 흐릿해지거나 허
비되어 없어지거나 무한히 확장되는 것이 아니라, 일정한 힘으로서 일정한 공간에 끼워 넣
어지는 것인데, 이는 그 어느 곳이 '비어' 있을지도 모르는 공간 속이 아니라, 오히려 도처
에 있는 힘이며, 힘들과 힘의 파동의 놀이로서 하나이자 동시에 '다수'이고, 여기에 쌓이지
만 동시에 저기에서는 줄어들고, 자기 안에서 휘몰아치며 밀려드는 힘들의 바다며…… 이
러한 세계가 힘에의 의지다. 그리고 그 외에 아무것도 아니다! 그대들 자신 역시 힘에의 의
지다. 그리고 그 외에 아무것도 아니다!"[26]

밀러-라우터Müller-Lauter[27]는 니체가 말한 힘에의 의지가 "하나이며 동시에 다
수"라는 말에 주목하면서 힘들의 상호 의존성을 설명하고 있다. 다시 말해, "힘
은 언제나 다른 힘들 사이의 상호 의존적 작용을 통해서만 존재"[28]한다는 것이
다. 특정한 힘이 감소하거나 증대하면 항상 모든 힘 전체 상태의 변화를 의미하
는 것이다. 죽음을 무릅쓰고 히말라야산을 오르거나 남극을 정복하는 사람에게
는 그런 쪽의 특정한 힘이 증대하는 반면, 다른 힘은 감소한다는 것이다. 특정한
분야의 평생학습에의 욕구가 증대되면 다른 분야의 학습에의 욕구가 감소하게
되는 것도 같은 맥락이다.
　정리하면, 니체의 논리에 따르면 평생교육의 본질은 바로 인간의 힘에의 의지
에서 찾을 수 있다. 다시 말해, '왜 평생학습을 하는가?', '어느 것이 평생학습이
냐?'는 질문은 평생학습을 붙잡는 힘들은 무엇이고 평생학습을 하려는 의지는

무엇인가? 평생교육 안에는 어느 것이 표현되고 명시되며 또 숨겨져 있는가? 의 의미와 가치를 포착하는 것이다.[27] 니체에 따르면 '의미'를 발견한다는 건 주어진 대상을 점령하고 있는 '힘force'을 아는 것이다. 이를테면 칸트 철학에 숨어 있는 가치 혹은 힘에의 의지를 파악하기 위해서는 칸트가 왜 신의 존재를 믿는 것인지, 신에 대한 믿음을 통해 무엇을 하려고 하는지를 물어야 되는 것이다.

마찬가지로 평생교육의 본질을 발견한다는 것은 평생학습자를 점령하고 있는 '힘'과 '자기극복에의 의지'를 아는 것이다. 다시 말해, 들뢰즈[30]의 말대로 힘은 의지가 원하는 것이 아니라 그와는 반대로 의지 속에서 원하는 어떤 것이듯이, 평생학습은 학습자가 원해서 하는 게 아니라 '그 무엇이 원해서 하는 것'이 된다. 의지가 원해서 학습하고 의지가 원하지 않는다고 해서 학습하지 않을 수 있는 것이 아니란 의미다. 학습은 인간으로 태어난 이상 할 수밖에 없는 그 무엇이다. '그 무엇'이란 니체가 말하는 힘에의 의지로서의 '학습의지'다. 배움의 동물로서의 "호모 에루디티오"[31]란 바로 학습의지를 생래적生來的으로 구비한다는 말이며, 그 '학습의지will to learning'가 바로 평생교육의 본질인 것이다. 나아가, 학습에의 의지가 궁극적으로 무엇을 지향하는지에 관심을 가질 때 향후 평생교육의 트렌드 혹은 과제를 포착할 수 있게 된다.

3. 거리의 파토스와 평생학습

니체의 힘에의 의지를 달리 말하면 인간에게는 본래적으로 자기를 넘어서려는 어떤 열정과 욕구가 있음을 말하는 것이다. 니체는 이런 열정pathos를 '거리의 파토스das Pathos der Distanz'라고 명명한다. 거리의 파토스 개념을 평생학습과 연계시킨 이관춘은 저서 『거리의 파토스』에서 힘에의 의지는 거리의 파토스에 바탕을 두고 있다는 점을 다양한 사례를 들어 설명하고 있다. 그는 평생학습에의 의지는 거리의 파토스의 발현이자 힘에의 의지의 소산이라는 점을 강조한다. 『거리의 파토스』에 나오는 사례를 인용하여 평생학습은 인간이 본래적으로 가지고 있

는 열정, 즉 '거리를 두려는 파토스'라는 것을 논의해 보기로 한다. [32)]

전설적인 산악인으로 꼽히는 사람으로 이탈리아의 라인홀트 메스너Messner가 있다. 히말라야 8천 미터가 넘는 고봉 14좌를 무산소로 단독 등정한 세계 최초의 인간이다. 하산 길에 동반 등정한 동생을 눈앞에서 잃은 죄책감도 그의 끊임없는 도전과 탐험을 막지 못했다. 일흔이 넘은 나이에도 남극점 횡단, 고비, 사하라 등반 등 인간 한계를 정복하려는 도전을 멈추지 않고 있다.

우리나라에는 산악계의 오스카상이라는 '황금 피켈상'을 수상한 김창호가 있다. 히말라야 해발 8,000m 이상 14좌를 인공 산소 없이 7년 10개월 만에 등정했다. 한국인 최초는 물론 세계 최단 기록이다. 14좌 무산소 등정자는 세계 등반 역사상 단 19명이다. 7,500m 이상에선 산소가 해수면보다 절반 이하이고 기온이 영하 30도 밑으로 떨어지기 때문에 산악인들은 '죽음의 지대'라고 부른다. 그는 그런 곳을 산소 탱크 없이 수십 번 오르고 내렸다. 눈사태로 먹을 식량과 장비가 사라졌고 80m 아래로 추락해 갈비뼈 두 개가 부러지는 최악의 상황에서도 정상에 올랐다. 이건 등산이 아닌 등정이자 전투다. 그때마다 '앞으로 산은 그만 올라야겠다'고 결심을 했다. 그리고 결심을 할 때마다 그 약속을 어겼다. 이것이 산악인의 인성이다.

흔히 '왜 산을 오르느냐?'고 묻는다. '내려올 걸 왜 올라가냐?'고 묻기도 한다. 이런 질문에 가장 흔한 대답 아닌 대답이 있다. '그냥 산이 거기 있어서'다. '이유가 없다', '나도 모르겠다'는 말이다. '그냥 가는 것'이란 말인데 철학자 니체는 그 이유를 명쾌하게 짚어 준다. 한마디로 '힘에의 의지Wille zur Macht'다. 인간에게는 본질(니체는 본질 개념을 거부하지만)로서의 '힘에의 의지'가 있기 때문이다. 힘에의 의지는 인간 존재의 "가장 일반적이고도 가장 심층적인 본능"이다. 죽음을 무릅쓰고 산을 오르는 것은 '산이 그곳에 있어서'가 아니라, 오르지 않고는 못 배길 어떤 근원적인 의지가 있기 때문이다. 이 근원적인 의지는 단순한 쾌락이나 향락이 아니다. 산을 등정한 후 쾌락과 성취감을 느낄 수도 있다. 허나 그 감정은 힘에의 의지의 부산물일 뿐 산을 오르는 근본적인 동인은 아니다. '시를 쓰지 않고는 못 배길' 시인의 의지나, '글을 깨치지 않고는 못 배기는' 노인의 의지도 마찬가지다.

그렇다면 인간에게는 왜 이런 힘에의 의지가 존재하는 것일까? 니체에 따르면 인간에게 힘에의 의지가 있는 것은 '거리의 파토스das Pathos der Distanz'가 있기 때문이다. 거리距離의 파토스란 마치 과거의 지배 계급이 예속자와 거리를 두고 싶어 하는 것처럼, 차이를 벌리고 싶어 하는 것에 대한 감각, 열정pathos이다. 니체는『선악의 저편』에서 다음과 같이 말한다.

> '거리의 파토스'가 없다면, 저 다른 더욱 신비한 파토스, 즉 영혼 자체의 내부에서 점점 더 새로운 거리를 확대하고자 하는 요구는 전혀 생겨나지 못했을 것이다. 그것은 점점 더 높고 점점 드물고 좀 더 멀리, 좀 더 폭넓게 긴장시키는 광범위한 상태를 만들어 내는 것이며, 간단히 말해 '인간'이라는 유형의 향상이자 도덕적 형식을 초도덕적인 의미로 말한다면, 지속적인 '인간의 자기극복'에 지나지 않을 것이다.[33]

단순화의 위험을 무릅쓰고 말한다면, 니체가 말하는 '거리'는 지금까지 내가 사랑하고 믿어 왔던 세상에 대한 기존의 이해, 해석과의 이별을 의미한다. 기존의 해석과 그 해석의 담지자인 자신에 대해 비판적인 거리를 두는 것이며, 어떠한 해석에도 매달리지 않는 것이다. 이때까지는 개별적이고 일면적이며 오류일 수밖에 없는 해석을 객관적 인식인 양 생각했다면 그런 생각과 이별하는 것이다.[34] 니체가 말한 '집착증적 태도'와의 절연이다.

평생학습에의 의지는 바로 인간 내면에서 자리하고 있는 거리의 파토스가 있기 때문이다. 거리의 파토스가 있기 때문에 인간은 지금보다 더 많이 알고 더 성숙된 나로 나아가려는 열정을 갖는다. 오늘의 나보다 내일의 나는 더 멀리 나아가고 거리를 벌리려는 열망이 거리의 파토스이며, 거리의 파토스가 있기에 힘에의 의지, 즉 평생학습의지가 발현된다.

미주 • --

1) Heidegger, M. (1961, 1991a). *Nietzsche, Vol. 1: The Will to Power as Art, Vol. 2: The Eternal Recurrance of the Same Nietzsche I* . 박찬국 역(2010). 니체 I . 서울: 길. p. 34.

2) 니체의 사유방식에 대한 이하의 내용은 이 연구의 한 부분으로써 수행한 논문(최수연, 최운실. 2015)의 내용을 수정 · 보완한 것임을 밝힌다.

3) 이진우(2010a). 니체, 실험적 사유와 극단적 사상. 서울: 책세상. p. 25.

4) Vico, G. (1999). *New Science*(Penguin Classics). London: Penguin Books Ltd.

5) Kripke, S. (1982). *Wittgenstein on Rules and Private Language*. Basil Blackwell Publishing. Part II, xi.

6) Kuhn, T. (2012). *The Structure of Scientific Revolutions*. 김명자, 홍성욱 역(2014). 과학혁명의 구조. 서울: 까치. p. 176.

7) 같은 책. p. 175.

8) Deleuze, G. (1962a). *Nietzsche et la Philosophie. Press Universitaires de France*. 신병순, 조영복 역(1996). 니체, 철학의 주사위. 서울: 인간사랑. p. 135.

9) 백승영(2006). 니체 '우상의 황혼' 해제. 서울대학교 철학사상연구소.

10) Descartes, R. (2010). *Discours de la methode pour bien conduire sa raison, et chercher la verite dans les sciences*. 최명관 역(2010). 데카르트 연구: 방법서설 성찰. 서울: 도서출판 창.

11) 손봉호(1995). 칸트와 형이상학. 서울: 민음사.

12) Nietzsche, F. W. (1886~1889). *Nietzsche contra wagner*. 백승영 역(2015). 니체전집 15권. 바그너의 경우 · 우상의 황혼 · 안티크리스트 · 이 사람을 보라 · 디오니소스 송가 · 니체 대 바그너. 서울: 책세상. p. 415.

13) Deleuze, G. (1962a).

14) 같은 책. p. 138.

15) 같은 책. p. 135.

16) Reischmann, J. (2004). International and Comparative Adult Education: A German Perspective. In: PAACE Journal of Lifelong Learning. *The Pennsylvania Association for Adult and Continuing Education. 13*, 19-38.

17) Herbart, J. F. (1994). *Allgemeine Pägogik*. 김영래 역(2006). 헤르바르트의 일반 교육학. 서울: 학지사.

18) Deleuze, G. (1962a). p. 137.

19) 'Der Wille zur Macht'는 '힘에의 의지' 혹은 '권력에의 의지'로 번역된다. 독일어 고증판 니체전

집을 한국어로 완역한 한국어판 니체전집의 편집위원회는 이 용어를 '힘에의 의지'로 번역하기로 원칙을 세웠다. 그러나 이진우(2010a, p. 156)는 '권력에의 의지'가 니체 사상의 동기와 방향에 더 부합한다고 주장한다. 이 책에서는 니체전집 편집위원회의 번역대로 힘에의 의지로 사용한다. 카우프만(Kaufmann, 1986, p. 84)은 힘에의 의지는 네 가지 차원을 가지고 있다고 주장한다. 즉, 심리학, 생물학, 물리학, 형이상학 등이다. 그는 심리학이 가장 일차적이고 다른 것에 비길 데 없이 중요한 것이라고 주장한다. 반면에 형이상학적 차원으로 이해하는 학자 하이데거에 대한 카우프만의 비판은 혹독하다.

20) 박찬국(2007). 현대철학의 거장들: 마르크스, 니체, 키에르케고르, 하이데거, 하버마스, 푸코, 비트겐슈타인, 포퍼. 서울: 철학과 현실사. p. 100.

21) 진은영(2007b). 니체, 영원회귀와 차이의 철학. 서울: 그린비.

22) Nietzsche, F. W. (1883~1885). *Nietzsche Werke, Kritische Gesamtausgabe, vol. VI-1: Also sprach Zara*. 정동호 역(2015). 니체전집 13권. 차라투스트라는 이렇게 말했다. 서울: 책세상. p. 192.

23) 같은 책. p. 313.

24) Nietzsche, F. W. (1881). *Morgenrothe*. 박찬국 역(2008). 니체전집 10권. 아침놀: 제2의 계몽시대를 여는 책. 서울: 책세상. p. 56.

25) 같은 책. p. 110.

26) Nietzsche, F. W. (1884). *Nietzsche Werke, Kritische Gesamtausgabe, Vol. 7-2, Nachgelassene Fragm*. 정동호 역(2004). 니체전집 17권. 유고(1884년 초~가을) 영원회귀-하나의 예언 외. 서울: 책세상. pp. 435-436.

27) 진은영(2007b). p. 121에서 재인용.

28) 같은 곳.

29) Deleuze, G. (1962a).

30) 같은 책. p. 14.

31) 한준상(1999). 호모 에루디티오. 서울: 학지사.

32) 이하의 내용은 저자의 허락을 얻어 제1장의 내용을 인용하였음을 밝힌다. 이관춘(2018). 거리의 파토스: 인문학, 성인인성교육을 논한다. 서울: 학지사.

33) Nietzsche, F. W. (1886~1887). p. 271.

34) 백승영(2009a). 니체, 디오니소스적 긍정의 철학. 서울: 책세상. p. 515.

제5장

성인교육자가 보는 평생학습의 본질

니체 사상에 의하면 평생학습의 본질은 인간이 가지고 있는 힘에의 의지다. 힘에의 의지로서의 학습의지인 것이다. 니체는 힘에의 의지는 두 가지 방향이 있다고 말한다. 하나는 상승하는 의지, 삶을 긍정하고 상승시키는 의지이며, 다른 하나는 하강하는 의지, 삶을 부정하고 하강하게 만드는 의지다. 전자는 생의 위대한 건강과 고귀한 가치를 지향하는 반면, 후자는 데카당스, 허무주의를 지향하고, 분열과 해체와 무질서의 방향으로 흘러 결국 부패로 종식된다. 힘에의 의지로서의 학습의지는 당연히 상승하는 의지, 즉 자신의 고양과 강화다.

그렇다면 그 학습의지는 무엇을 지향하고 또 지향해야 하는가? 다시 말해, 평생학습이 지향하는 인간과 사회의 모습은 무엇인가를 고찰해 볼 필요가 있다. 평생학습의 목적이나 지향에 대해서는 다양한 이론이 제시될 수가 있다. 그러나 평생학습의 방향을 설정하는 국제적인 준거 역할을 하는 것이 유네스코 보고서라는 데는 대부분 동의할 것이다. 유네스코는 20세기 중반 이후 지속적으로 시대변화에 부응하는 평생교육의 방향에 대한 연구와 보고서를 내놓고 있다.

이 장에서는 먼저 평생교육이 무엇을 지향해야 하는지를 유네스코의 랑그랑 Lengrand, 1910~2003 보고서를 중심으로 논의한다. 폴 랑그랑은 유네스코 차원에서 평생교육의 선구자 역할을 했다는 평가를 받고 있음에 주목한다. 이어 성인평생교육의 선구자인 에두아르 린드만Lindeman과 말콤 놀스Knowles가 말하는 평생학습의 방향과 목적을 고찰하기로 한다. 린드만과 놀스는 미국을 포함한 서구사회에서 성인교육에 가장 중요한 기여를 한 학자들로[1] 평가받고 있다.

1. '지식전달'에서 '자기창조'의 평생학습으로

1) 랑그랑이 보는 사회변화

평생교육의 본질에 관한 폴 랑그랑의 철학은 '지식을 전달하는 교육education as transmission'에서 '지식을 창조하는 교육education as creation'으로 전환되어야 한다는 말로 요약할 수 있다. 이를 위해 랑그랑은 학교교육의 한계를 극복하기 위한 새로운 학습전략이 필요하다고 주장하며 그 대안으로 '평생계속교육lifelong continuing education' 개념을 제시하였다.

랑그랑은 1962년 최초로 유네스코 성인교육국Adult Education Section을 창설하고, 사회적 및 정치적 책임을 개발하고 강화시키는 수단으로서의 성인교육의 중요성을 강조하는 유네스코의 정책 입안과 학술 활동을 주도하였다. 랑그랑의 평생교육사상은 1965년 프랑스 파리에서 개최된 유네스코 '국제성인교육발전위원회 International Committee for the Advancement of Adult Education'에서 발표한 논문으로부터 시작된다. 이 논문은 1970년 『평생교육입문An Introduction to Lifelong Education』이란 제목으로 출간되었으며, 1986년에 발간된 저서, 『평생교육에 대한 기초학습 영역 Areas of Learning Basic to Lifelong Education』과 함께 랑그랑의 평생교육사상을 고찰할 수 있는 대표적인 저서다.

랑그랑은 평생교육의 본질을 제시하기 위한 전제로서, 먼저 현대인이 직면하고 있는 도전의 양태와 그에 대응하는 평생교육의 필요성을 비판적으로 논의[2]하였다. 무엇보다 변화의 속도가 점차 가속화되고 있다는 점이다. 물질적이며 지적 및 도덕적 측면의 변화의 속도가 빨라짐에 따라 이에 부응하기 위한 도구적 수단으로서 학습은 필수적이다. 랑그랑은 급변하는 세계는 더 이상 어린 시절의 학습에 기초한 가치관과 세계관으로 해석할 수 없으며 점차 낯설고 적대적인 대상이 되고 있다고 분석한다. 따라서 지속적인 학습을 통해 세상의 변화를 쫓아가지 않는다면 현실과 삶의 균형이 깨지게 되고 인간은 점차 자신이 속한 세계로부터 소외당할 것이라고 주장한다.

주목할 점은 랑그랑은 급변하는 세계에 부응하기 위한 이러한 지속적인 학습이 개인의 실존existence의 모습을 인식하지 못하고, 나아가 자기 스스로마저 인식하지 못하는 사태를 예방하기 위해 필수적이란 점을 강조하고 있다[3]는 사실이다. 또한 랑그랑은 과학과 기술의 지속적인 발달로 인해 이제 학습은 평생 지속되어야 하며, 따라서 앞서가는 과학기술을 학습하는 데 급급할 것이 아니라 학습하는 방법을 가르치고 학습하는 데 중점을 두어야 한다고 말한다. 즉, 평생교육은 '배우는 방법을 배우는 것learn how to learn'이란 주장이다.

2) 평생교육자의 과업

랑그랑은 주변 세계의 변화에 부응하기 위한 평생학습을 논의하면서 평생교육자들의 기본적인 과업이 무엇인지를 명확히 제시한다. 무엇보다 평생교육자들은 성인들에게 감정의 도구뿐만 아니라 의식과 사상 및 사상의 표현의 도구를 제공하여 성인들이 보다 충실하게 자기 자신이 될 수 있도록, 그리고 참된 자아를 발견할 수 있도록 조력자의 역할을 수행해야[4] 한다는 점을 강조한다.

특히 랑그랑은 현대인의 위기는 도덕과 사람 사이의 관계 영역에서 뿐만 아니라 이데올로기 혹은 사상의 영역에서 더욱 촉발될 수 있음을 강조[5]한다. 사회가 보편적으로 갖는 신념의 단일적인 유형이 점차 축소되고 해석의 다양성 및 건설적인 의문이 증가함에 따라 일상적으로 새로운 의견 혹은 모순되는 견해들이 폭증하고 있기 때문이다. 랑그랑은 이런 상황에서 평생교육은 개인의 신념과 태도, 지식이 항상 의문 속에 있다는 것을 받아들이게끔 하는 것을 교육의 중요한 기능으로 정립시켜야 한다고 강조한다.

랑그랑은 그럼에도 불구하고 기존의 교육체제나 정책 입안가들은 이러한 변화에는 아무런 관심도 없으며 변화를 원치도 않는다고 비판한다. 가족과 국가를 위한 교육제도의 목적이 오로지 틀에 박힌 사람을 배출[6]하는 데만 집중되어 있다는 것이다. 일방통행식 지식의 전달, 연습, 숙제, 습득한 학습 내용의 검토, 시험, 그리고 졸업증서로 연결되는 전통적인 방식이 바로 그것이다.

심리학적 개인차에 대한 교육적 시도는 도외시하고, 학교교육은 오로지 취업을 위한 기존의 견습apprenticeship체제에 대한 '노예적 집착slavish adherence'[7]일 뿐이었다고 비판한다. 따라서 대부분의 학교나 대학시스템은 진리라고 드러난 집합적인 신화나 지식을 습득하는 인간 유형만을 양산하는 데 초점을 두고 있으며, 그 결과 어떤 종류의 권력이든 '질문하는 정신questioning spirit'[8]을 가장 두려워하고 있다고 비판한다.

랑그랑은 현대인이 직면하고 있는 외부적인 도전과 그에 부응하지 못하는 학교교육 중심의 학습을 극복하기 위한 방법으로 평생교육의 필요성을 강조한다. 랑그랑은, "만일 사람들이 자신의 전문적인 자격을 계속해서 학습하고 훈련하며 향상시킬 수 있고 또 시켜야 한다면, 만일 자신의 지적・정의적・도덕적 가능성의 개발, 공동체와의 관계는 물론 개인적 관계 향상을 할 수 있고 해야만 한다면, 그리고 만일 성인교육이 적절한 이러한 목적을 달성하는 데 도움을 줄 수 있다면, 교육적인 사고나 교육적 과정은 근본적인 전환을 모색해야 한다."[9]라는 점을 강조한다.

그러나 랑그랑은 지금까지 초중등 및 대학교육의 기본적인 목적은 전통적인 관점에 의해 지배를 당해 왔음을 지적한다. 즉, 인생은 준비하고 훈련받는 시기와 이를 실천하는 시기 등 두 부분으로 구분되어 왔다는 것이다. 이런 관점에서 교육의 목적은 미래의 성인들에게 각자가 사회에서 마주할 다양한 역할을 수행하는 데 필요하다고 생각되는 요소들을 제공하는 것에 초점이 맞추어졌다.

그 결과, 전체 교육체제는 학생들의 머리를 온갖 종류의 사실들facts로 채울 수 있도록 고안되었으며 이를 통해 학생들이 만족스러운 삶을 살 수 있다고 생각하였다. 그러나 반대로 사람들이 삶 전체를 통해 계속해서 배우고 교육시킬 수 있고, 또 시켜야만 한다면 학생들의 머리를 지나치게 많은 사실로 채울 필요가 없다. 이런 관점에서 교육에 대한 관점과 역할은 완전히 변한다.

3) 교육의 새로운 관점과 역할

무엇보다 "교육의 특징은 연속성continuity에 있다".[10] 교육적 행위가 삶의 모든 단계로 계속된다면 학교 단계의 교육이 더 이상 아이들을 사회문화적 울타리 baggage에 가두어 사회적 인간으로 무장시키는 데 두어서는 안 된다. 오히려 각자에게 태도와 가능성의 개발을 촉진시켜 그들이 직면하게 될 도전을 성공적으로 극복할 수 있게 만들어 주는 교육이 되어야 한다. 이렇게 되기 위해서는 교사와 학생 관계가 근본적으로 변해야 한다. 교육적 과정의 주체agent는 더 이상 지식을 학생에게 동화시키는 교사가 아니라 자기 자신의 발전 과정에 직접 관여하는 학생 스스로가 되어야 한다. 랑그랑은 개개의 학습자를 강조한다는 것은 학습자 스스로의 학습력powers에 대한 믿음confidence을 갖는 것을 의미한다[11]고 말한다.

랑그랑은 전통적 교육은 개인과 개인의 조건에 대한 제약적인 관점에 바탕을 두었음을 지적한다. 따라서 교육의 주된 목표는 사회적 규범에 순종하는 조화로운 인간 양성이었다. 이와는 대조적으로 평생교육은 이런 모델로부터 완전히 탈피하여 전적으로 다른 목표를 지녀야 한다. 평생교육은 학습자가 행하는 모든 체계적인 노력을 통합하여 자신과 자신이 속한 세계와의 살아 있는 관계living relationship를 형성하도록 하는 것[12]이다.

이런 관점에서 창의성은 근본적인 개념이 된다. 랑그랑은 창의성은 개인의 모든 품성 영역에서 이뤄져야 한다는 점을 강조한다. 인간은 몸과 정신, 감정, 상상력을 갖춘 구체적인 존재로서 주어진 시간의 순간에, 주어진 공간의 한 지점에 존재한다. 또한 성인은 사회의 다른 구성원들, 글로벌 사회 그리고 물질적인 세계와 관계를 유지하며 살아간다.

성인은 물리적이며 도덕적인 세계에 대해 질문을 함으로써 세계의 비밀을 발견하려 한다. 그는 자신의 조건과 직접적으로 연계되어 있는 모든 행위에 연루되어 있다. 일상적 삶의 서로 다른 형태들은 불가분하게 연결되어 있다. 그러나 전통적인 교육, 특히 학교교육은 이러한 구체적인 개인적 삶의 복합성을 당연한 것으로 고려하지 않았다. 따라서 평생교육에서 고려해야 할 핵심은 성인의 가능성을 최대한 풍요롭게 개발시키는 데 있다.

랑그랑은 창의성이란 단지 새로운 것objects을 창조하거나 생산하는 것을 의미하지 않는다는 점을 강조한다. 무엇보다 "창의성이란 자기 자신을 창조self-creation하는 것"[13]이라고 말한다. 자기창조를 통해 성인은 현재의 즉각적인 환경을 극복하고 미리 결정된 운명에서 탈피할 수 있으며 그의 실존은 자신의 의미와 목적을 지니는 역사적 연속체continuum가 될 수 있는 것[14]이다.

이런 의미에서 창의성이란 각각의 개인의 고유성originality을 발현시키는 것이다. 인간본성은 전 세계를 거쳐 동일하지만 모든 인간은 독특하고 고유한unique 존재이기 때문이다. 랑그랑은 평생교육의 목적은 성인들을 지식에 동화시키는 것이 아니라 자신을 창조함으로써 자신의 고유성을 발현시키고 결과적으로 성인들이 '자신을 소유하게' 하는 데 있다[15]는 점을 강조한다.

2. 자아실현과 사회변화를 위한 평생학습

1) 두 권의 책이 선정되다

미국을 포함한 서구사회의 성인교육학자들은 성인교육 분야에 가장 중요한 기여를 한 두 권의 책을 선정한 바 있다. 1926년 출간된 린드만[16]의 『성인교육의 의미』와 1970년에 출판된 놀스[17]의 『성인교육의 현대적 실천』이다.[18] 따라서 린드만과 놀스의 성인교육사상을 고찰하는 것은 평생교육의 본질을 이해하는 데 중요한 의미가 있다고 할 수 있다.

린드만과 놀스는 시대적 배경을 달리 하지만 이들의 공통점은 존 듀이Dewey, 1859~1952의 진보주의 교육철학을 평생교육 차원에서 성인교육과 연계시키고 있다는 점이다. 듀이의 교육사상이 린드만에게 영향을 미쳤듯이 린드만은 놀스의 성인교육사상에 결정적인 영향을 미쳤다는 것은 명백하다. 메켄지McKenzie[19]가 듀이는 린드만을 낳고, 린드만은 놀스를 낳았다고 비유한 것은 이를 말해 준다.

그러나 린드만과 놀스는 성인교육의 본질이 무엇이냐는 점에서는 근본적인 차이점을 보이고 있다. 브룩필드Brookfield[20]는 두 사람의 차이를 책의 성격과 연계시켜 린드만의 저서를 '현장의 미래 선언서visionary charter'로, 그리고 놀스의 저서를 '학습 과정 개발 안내서'라고 구분하였다. 린드만은 성인교육의 철학적·사회적 이상을 강조한 반면, 놀스는 성인교육 문제에 대해 효율적이면서 실천적인 해법을 제시하고 있음을 분석한 것이다.

두 저서의 성격 차이는 두 학자의 성인교육의 목표의 차이와 직접적으로 연계된다. 린드만에게 성인교육의 주된 목적은 민주 시민의 개인적 지성intelligence을 강화하는 일이다. 그에 따르면 지성적인 사람 혹은 지성인이란 '자신이 하길 원하는 것이 무엇인지, 또 그것을 왜 하기 원하는지를 아는 사람'[21]이다. 성인은 누구든지 의식적인 목표를 가져야 하며 그런 목표들은 가치의 맥락 안에서 이해되어야만 한다는 것이다.

린드만에게 지성이란 어떤 욕구나 목표가 반영된 것이 아니라 '어떻게 개인을 발전시키기를 원하고, 어떻게 바꿀지' 또 '어떻게 사회질서를 바꾸기를 원하고, 어떻게 바꿀지를' 아는 것이다.[22] 린드만은 교육을 단지 삶을 위한 준비라고 생각한 전통교육을 다음과 같이 비판한다.

> "교육이 인생을 준비하기 위한 것이라고 생각하는 순간 학습의 과정은 악순환의 고리에 빠지고 만다."[23]

젊은이들은 기성세대의 사고방식에 따라 교육받게 되고, 진짜 인생이 시작될 무렵에는 학습이 끝나는 것이라 배운다. 이런 젊은이들은 그 교육시스템을 설계한 기성세대보다 더 나은 지성을 소유하고 행사할 수 없는 악순환에 빠지게 된다. 따라서 린드만은 성인교육은 지성인을 양성함으로써 자신의 삶과 사회 전체를 변화시키는 수단이 되어야 한다는 점을 강조한다. 성인교육이 "진보를 위한 주도자agency for progress"[24]가 되어야 한다는 것이다.

2) 린드만과 놀스의 차이

놀스는 린드만이 성인교육의 첫 번째 목표로 정한 것, 즉 '자기 자신을 발전시키는 방법을 원하고, 또 어떻게 발전시키는지를 아는 것'을 자신의 성인교육의 목표로 받아들인다. 그러나 사회변화에 대한 성인교육의 역할에서는 린드만과 견해를 달리한다. 놀스는 성인을 기술변화에 적응하도록 준비시킨다는 측면에서 보다 더 개인 지향적이다. 급변하는 세상에서 쓸모없는 존재가 되지 않기 위해서는 시대적 추세를 살펴 가면서 계속적인 학습이 무엇보다 필요하다는 것이다.

린드만과 놀스의 차이의 핵심은 인간본성에 대한 견해에서 발견된다.[25] 존 듀이와 마찬가지로 린드만은 인간본성은 선하지도 악하지도 않고, 자유롭게 결정되는 자아도 아니고, 환경에 의해 결정되는 존재도 아니라고 본다. 그러나 제한된 자유에 대한 잠재력을 가지고 있기에 사회화 및 교육에 의해 다듬어질 수 있는 자아다.

반면에 놀스의 인간본성에 대한 생각은 인본주의 심리학자 칼 로저스Rogers, 1902~1987의 견해를 반영한다. 즉, 인간본성은 본질적으로 선하고, 개인의 잠재 욕구들은 사회의 부정적인 영향을 극복하기 위해서만 사용될 필요가 있다는 관점이다. 린드만이 성인교육과 사회적 변화를 연결시킨 이유는 환경에 의한 계속되는 사회화가 일생 동안 개인에게 강한 영향을 주기 때문이다. 반면에 놀스는 성인교육을 개인과 연계시킨다. 인간은 태생적으로 자율적인 자아에 의해 욕구와 목표가 결정된다는 신념하에 성인교육의 우선적인 목표를 효과적인 조직들을 통해 개인의 욕구를 만족시키고 이를 통해 개인의 변화를 가져오는 데 두어야 한다는 것이다.

린드만과 놀스의 차이점은 성인교육의 관점에서 바라보는 행동 혹은 행위activity의 범주에서 더욱 확연히 드러난다. 린드만이 인간 경험 전반을 성인학습에 포함시킨 반면, 놀스는 교육과정을 적용할 수 있는 환경으로 성인학습의 범위를 한정시킨다. 놀스가 강조하는 것은 그 교육과정은 완전무결해야 하고 사회적 변화를 위한 노력과 혼동되어서는 안 된다는 점이다.

린드만에게는 집단경험과 교육의 차이를 구분하는 것은 불필요하다. 린드만에게 교육이란 내용적인 측면이나 그 기간에 있어서 삶과 매우 밀접하기 때문에 집단의 삶이란 그 자체로 교육적 경험이다. 따라서 성인교육이 전문 분야나 과정이라고 하는 인위적 구분에 의해 제한되어서는 안 된다고 생각한다. 개인적이건 집단적이건 성인교육은 인간 개개인의 문제와 관련된 것이고, 모든 경험에서 의미를 발굴하는 것이기 때문이다.

린드만은 사람들은 사회적 환경에 참여하는 선택권이 없으며, 단지 욕구를 확장함으로써 사회적이 된다[26]고 강조한다. 그는 단지 개인의 개별적인 소유로서 욕구needs를 바라보는 것을 거부한다. 개인은 혼자인 동시에 사회적인 존재이기 때문이다. 따라서 개인은 사회적 변화와 발전에 대한 책임과 의무가 있다. 린드만에게 있어 사회적 변화에 대한 개인의 책임감은 성인교육의 한 부분이다. 린드만에게 성인교육의 역할은 하나의 변화촉진자로서 개인이나 집단이 민주적 방법을 통해 권리를 획득하도록 돕는 것이며, 이를 통해 사회적 환경에 영향을 주는 것이다. 반면, 놀스에게 성인교육에서의 사회적 책무성은 교육과정의 실용적 성질에 따라 선택하거나 무시해도 되는 개념이 된다.

3) 린드만과 놀스의 철학적 배경

앞서 살펴본 바와 같이 린드만과 놀스는 성인교육의 본질이 무엇이냐에 대해 공통점과 아울러 차이점을 보이고 있다. 그 이유는 무엇보다 두 사람의 시대적 상황의 차이와 그에 따른 교육철학 사조의 변화에서 기인하는 것으로 보인다. 린드만이 활동했던 20세기 초는 도시화 및 산업화가 급속히 심화되던 시기로서 미국교육에서 진보주의 사조가 팽배했던 시기였으며 개인의 발전을 통한 사회변화societal change가 교육철학의 핵심을 이루고 있었다.

듀이와 학문적 교류가 활발했던 린드만이 진보주의 교육사상을 성인교육에 접목시킨 것은 자연스러운 일이었을 것이다. 린드만[27]의 저서 『성인교육의 의미』에서는 사회변화 및 사회개혁을 성인교육의 중요 목표로 보는 린드만의 시각이

깊이 스며 있음을 알 수 있다. 듀이와 마찬가지로 린드만은 성인은 직업, 휴식, 가족생활, 지역생활 등 인생 전반에 걸쳐 관련된 교육에 참여해야 하며 각각의 상황에서 성인교육이 시작된다[28]는 점을 강조한다.

반면, 20세기 중반 이후로 접어들면서 대두된 인본주의와 행동주의 교육철학은 놀스의 성인교육사상에 큰 영향을 미친다. [29] 물론 인본주의와 행동주의는 학습자 중심의 성인학습, 성인학습자의 경험 중심, 학습자의 내재적 동기 유발 중시 등을 중요시한다는 점에서 진보주의에 깊은 영향을 받은 것으로 보인다. 놀스 역시 교사의 역할에 대한 진보주의자의 철학을 받아들여 성인교육자를 "단순한 전달자, 훈련자, 심판, 권위자가 아닌 조력자, 안내자, 격려자, 상담자, 혹은 자원제공자"[30]임을 강조한다. 교사는 더 이상 권위의 단상에서 떠드는 신탁자가 아니라 사실과 경험의 관련성에 비례하여 학습을 지도하고 참여하는 사람이 되는 것이다.

놀스의 인본주의 성인교육철학이 진보주의에 뿌리를 두고 있지만, 성인교육의 목적을 사회변화보다는 개인의 발전에 둔다는 데 진보주의와 차이가 있다. 과거의 업적이나 내재적 가치를 강조하지 않고, 전통적으로 조명되는 개인의 자유와 존엄성을 강조한다. 놀스의 인본주의 성인교육은 인간의 감정적 · 정서적 차원을 특히 강조하며 인간의 전인격 발달에 관심을 갖는다.

인본주의 교육자들은 교육의 목적을 특정한 문화적 · 역사적 유형에 국한하지 않고 매우 광범위한 것으로 보았다. 인본주의 교육의 목표는 개인의 발전이다. 즉, 변화와 계속 학습에 대해 개방적인 인간, 자아실현을 위해 노력하는 인간, 그리고 전기능적full functioning 인간으로 타인과 함께 생활할 수 있는 사람이라는 것이다. 개인주의의 옹호자인 놀스에게 있어서 "핵심적인 실재는 자기발전을 위해 자유를 활용하는 학습자 자신"[31]인 것이다.

미주 •

1) Fisher, J. C., & Podeschi, R. L. (1989). From Lindeman to Knowles: A change in vision. *International Journal of Lifelong Education*, 8(4), 345-353.

2) Lengrand, P. (1975). *An Introduction to Lifelong Education*. United Nations Educational Scientific and Cultural Organization, Paris (France): UNESCO.

3) 같은 책. p. 28.

4) 같은 책. p. 35.

5) 같은 책. p. 39.

6) 같은 책. p. 43.

7) 같은 책. p. 49.

8) 같은 책. p. 43.

9) Lengrand, P. (1989). Lifelong education: Growth of the concept. In C. J. Titmus (Ed.), *Lifelong education for adults: An international handbook*. Oxford: Pergamon Press.

10) Lengrand, P. (1986). *Areas of learning basic to lifelong education*. Hamburg UIE; Oxford: Pergamon Press.

11) 같은 책.

12) 같은 책.

13) 같은 책. p. 11.

14) Lengrand, P. (1989).

15) Lengrand, P. (1986).

16) Lindeman, E. C. (1926a). *The Meaning of Adult Education*. New York: New Republic, INC.

17) Knowles, M. S. (1970). *The modern practice of adult education: Andragogy versus pedagogy*. New York: Association.

18) Fisher, J. C., & Podeschi, R. L. (1989).

19) McKenzie, L. (1979). A response to Elias. *Adult Education*, 29. 258.

20) Brookfield, S. D. (1984). The meaning of adult education: The contemporary relevance of Eduard Lindeman. *Teachers College Record*, 85(3), 523.

21) Lindeman, E. C. (1961). *The meaning of adult education*. Montreal: Harvest House. p. 17.

22) 같은 책. p. 9.

23) 같은 책. p. 3.

24) 같은 책. p. 105.

25) Fisher, J. C., & Podeschi, R. L. (1989).

26) Lindeman, E. C. (1961). p. 95.

27) Lindeman, E. C. (1926b). *The Meaning of Adult Education*. 강대중, 김동진 역(2013). 성인교육의 의미. 서울: 학이시습.

28) Lindeman, E. C. (1926a). pp. 8-9.

29) Fisher, J. C., & Podeschi, R. L. (1989).

30) Knowles, M. S. (1970). p. 34.

31) Fisher, J. C., & Podeschi, R. L. (1989). p. 352.

제**6**장

결국, 존재를 위한 평생학습이다

유네스코는 20세기 중반부터 다양한 방법으로 평생교육의 본질 및 방향에 관한 준거를 제시하고 있다. 그중 대표적인 문헌이 에드가 포르Faure 보고서(1972)인『존재를 위한 학습Learning to be』, 그리고 쟈크 들로Delors 보고서(1996)인『학습, 그 안의 보물Learning: The Treasure Within』이다. 이 두 보고서는 1970년대와 1990년대라는 상이한 시대적 배경하에서 평생교육이 지향해야 할 목적과 방향을 명확하게 제시하고 있다.

주목할 점은 30여 년이란 시대적 차이에도 불구하고 유네스코의 두 보고서는 내용의 차이는 있지만 평생교육의 본질이 '존재를 위한 학습'이란 점을 일관성 있게 제시하였다는 점이다. 이는 포르 보고서의 제목이 '존재를 위한 학습'이며 들로 보고서의 네 가지 학습 원리를 포괄하는 것 역시 '존재를 위한 학습'이라는 데서도 명확히 드러나고 있다. 이 장에서는 유네스코의 이 두 보고서를 중심으로 평생교육의 본질을 살펴보기로 한다.

1. 유네스코의 '존재를 위한 학습'

1) 포르 보고서의 배경과 내용

1972년 포르 보고서인『존재를 위한 학습』은 교육에 대한 전통적인 시각과 사유방식을 탈피하는 전환점이자 출발점으로서 평생교육을 제시했다는 점에서 중요한 의미를 지닌다. 포르 보고서는 평생학습에 대한 이념과 내용면에서 폴 랑그랑Lengrand[1]의 『평생교육입문An Introduction to Lifelong Education』의 영향을 크게 받은 것으로 평가된다. 랑그랑이 1970년 보고서를 제출한 후 유네스코 사무총장인 르네 마후Maheu는 각국의 고위 전문가로 구성된 국제교육개발위원회ICDE: International Commission on the Development of Education를 출범시키고 에드가 포르를 위원장으로 임명하였다.[2]

포르 보고서는 유네스코가 ICDE에게 교육의 미래에 대한 보고서 작성을 의뢰한 지 2년 만에 발행된 연구결과물이다. '전 세계적으로 직면하고 있는 교육적 위기'에 적극적으로 대응하기 위해 유네스코가 제시한 일종의 교육전략[3]인 것이다. 이 연구는 ICDE의 연구책임자로서 프랑스의 전 총리이자 교육부 장관을 지낸 에드가 포르의 이름을 따 흔히 포르 보고서라 불린다.

포르 보고서에서 강조하는 평생학습의 본질을 고찰하기 위해서는 먼저 전체 문헌의 구조와 맥락을 살펴보는 것이 필요할 것이다. 『존재를 위한 학습Learning to Be』는 3부 9장으로 구성되어 있다. 1부는 연구위원회가 밝혀낸 세계교육의 현황findings을 문제점과 함께 제시한다. 세계의 교육 현황은 과거와의 연장선에서 파악할 수 있다는 전제하에 교육의 유산heritage을 서술한다. 교육의 필요성을 생물학적 및 사회적 측면에서 조망하고 원시사회로부터 현대에 이르기까지 학교의 탄생과 전통 및 구조적 변화를 분석한 후 현대교육의 특성에 대해 기술하고 있다.

먼저, 교육의 진보와 한계를 네 가지 측면에서 조망한다. 첫째는 교육의 필요성과 요구를 인구학적 · 경제적 · 정치적 · 사회적 측면에서 분석하고 있다. 둘째는 교육의 팽창과 한계로서 전 세계적인 진학률 증가 등 교육의 보편적인 팽창과 교사 수급 문제 등을 다루며, 셋째는 교육 팽창에서 파생되는 교육자원과 한계에 대해 논의하고 있다. 국가 차원의 교육비 지출, 교육비 증가, 재정자원의 분배, 학습지진아 증가율, 교육비 지출의 재구성 등이 중점이다. 넷째는 세계교육이 겪고 있는 불평등 문제다. 지역적 교육 불평등, 교사 배분의 불균형, 남녀 교육기회의 불평등 등에 대해 분석하고 있다. 이어서 사회에서의 교육의 역할을 다각도로 기술하고 있다.

2부에서는 세계교육의 미래를 교육이 직면하고 있는 도전적 과제, 새로운 발견 및 교육이 지향해야 할 목표를 중심으로 기술하고 있다. 특히 평생교육의 본질과 관련하여 의미 있는 부분은 교육의 목표로서 다음과 같은 네 가지의 방향을 제시하였다는 것이다. 무엇보다 새로운 교육 체계, 특히 과학적 인본주의를 지향하는 교육 체계를 설정해야 한다는 것이다. 과학적 사고와 언어, 과학적 규칙과 이론 및 사유방식에 기초한 인본주의 교육을 실현해야 한다는 점을 강조한다.

앞으로의 교육은 또한 모험을 추구하고 새로운 가치를 창출하기 위한 사고와 행위를 중시하는 창의성creativity 교육으로 나아가야 하며, 아울러 사회적 기여를 위한 목표 설정 또한 중요함을 강조한다. 이를 위해 정치교육, 민주주의 실천학습, 정치 참여, 경제교육, 국제교육 등에 관심을 기울일 것을 촉구한다.

마지막으로, 교육은 '온전한 인간complete man'을 목표로 할 것을 강조한다. 온전한 인간을 위한 개인의 신체적 · 지적 · 감성적 · 윤리적인 완성이 교육의 가장 기본적인 목적이며, 이러한 완전성의 추구를 지원하는 것이 사회에 대한 의무임을 강조하고 있다.

보고서의 결론 부분인 3부에서는 향후 세계가 지향해야 할 목표로서 '학습사회learning society'를 제시하고 학습사회 구축을 위한 평생교육전략에 대해 논의한다. 포르는 학습사회의 필요성을 다음과 같이 간명하게 제시한다.

"배워야만 하는 모든 것이 지속적으로 혁신되고 갱신되어야 한다면, 가르친다는 것은 교육이 되며 더욱 더 학습이 되는 것이다. 만일 학습이 개인의 전 생애에 걸쳐 이뤄지는 것이며, 시공간적으로 다양하고, 교육적 자원은 물론 사회적 및 경제적 자원을 포함하는 전 사회적으로 발생하는 것이라고 한다면, 단순히 기존의 교육체제에 대한 필수적인 점검에 그치는 것이 아니라 학습사회의 단계까지 도달하도록 해야만 한다."[4]

이를 위해서는, 첫째, 학생을 가급적 많이 수용하기 위한 학교 확장만으로는 충분하지 않으며 질적 개선이 시급하다. 둘째, 새로운 혁신적인 자원의 추구와 함께 교육의 개혁도 이루어져야 한다. 셋째, 평생학습은 학습사회 실현을 위한 초석이며 교육 정책의 '만능열쇠master key'다. 넷째, 교육은 교육현장의 다양화를 통해 시행되어야만 하고 획득되어야만 한다. 개인이 어떤 경로를 선택하는지는 그가 무엇을 학습하고 무엇을 획득하느냐보다 덜 중요하다. 다섯째, 개인의 교육권과 교육에 있어서 선택의 정도는 확대되어야 하며, 이로써 교육체제 내에서 수직적 또는 수평적 이동이 가능하도록 해야 한다.[5] 이 보고서는 학습사회를 실현하기 위한 전략으로서 21개항의 원리를 제시하는데 그중 첫 번째 원리이자 핵심이 되는 것이 평생교육이다.

2) 각자적인 인간 실현

포르 보고서의 내용에 함축된 평생교육의 본질을 포착하기 위해서는 이런 내용들을 기술하는 철학적 혹은 교육적 신념은 무엇인가를 살펴보는 것이 필요하다. 포르[6]는 보고서의 시작부터 끝까지 근간을 이루고 있는 네 가지의 가정을 제시한다.

첫째, 하나의 국제공동체의 존재에 대한 믿음이다. 국가와 문화의 다양성, 정치적 선택이나 발전 정도의 차이에 관계없이 공통의 열망, 공통의 문제와 트렌드, 동일한 운명을 향해 나아가는 하나의 지구촌 공동체가 존재한다는 가정이다.

둘째, 민주주의에 대한 신념이다. 모든 인간은 자신의 가능성potential을 실현할 권리, 자신의 미래를 구축하기 위해 서로 공유할 권리를 갖는다는 민주주의에 대한 신념이다. 그리고 민주주의의 주춧돌은 교육이다. 여기서 교육이란 모두에게 접근 가능한 교육일 뿐만 아니라 자신의 목적과 방법을 지속적으로 새롭게할 수 있는 교육이라는 신념이다.

셋째, 교육의 목적은 개인의 완전한 실현에 있다는 신념이다. 각자가 지닌 개성의 모든 풍부한 요소, 개인의 표현 방식이나 사회적 행위의 복합성을 실현시켜 개인으로서, 가정과 공동체의 일원으로서, 시민과 생산자로서, 기술의 발명자이며 창의적으로 꿈꾸는 자를 만들어야 한다는 믿음이다.

넷째, 오로지 평생교육만이 '온전한 인간complete man'을 만들 수 있다는 신념이다. 인간은 더 이상 한 번의 부지런한 학습만으로 지식을 획득하는 시대는 끝났으며 진보하는 지식의 체계를 구축하는 방법을 일생 동안 지속적으로 학습해야만 하는 시대라는 점, 즉 '인간 존재를 위한 학습learning to be'이 되어야 한다는 신념이다.

결국, 포르 보고서가 강조하는 평생교육의 목표 혹은 본질이란 '완성된 인간' 혹은 '각자적 인간 완성'에 있음을 알 수 있다. '완성된 인간' 실현의 근간이 되는 철학은 '신인본주의new humanism'[7]라 할 수 있으며, 신인본주의 학습은 권리에 기반한 전인적 관점holistic view에서 접근해야 하고, 그 전인적 학습이란 개인의 삶 전반에 걸쳐 지속적으로 이루어져야 한다는 것이다. 특히 전인 개념은 한 개체의 독립적 완성을 의미하는 것이 아니라 사회 속에서 다른 사람과의 조화로운 관계를 통해 형성해 가는 통합적 인격을 의미한다. 이를 위해서는 육체적·지적·감성적·윤리적 통합이 필요하고 전체로서의 사회가 중요한 교육의 역할을 수행해야 한다.

같은 맥락에서 포르 보고서는 평생교육의 본질을 각자가 '자신이 되는 것becoming himself'임을 강조한다. 이를 위해서는 자유롭게 비판적으로 사고할 수 있는 학습이 필요하고 창조적으로 일할 수 있는 능력을 배양하기 위해 '삶을 위한 학습learning to live', '배우기 위한 학습learning to learn'이 되어야 한다고 강조한다. 교육은 더 이상 어느 엘리트 계층의 특권이 아니고 삶의 초기 단계에 한정된 것도 아니며, 온전한 인간, 각자성의 실현을 위해 보편적이면서 평생에 걸쳐 행해지는 것이란 주장이다.

포르 보고서의 평생교육의 본질을 보다 균형 있게 고찰하기 위해서는 보고서의 배경과 철학에 대한 맥락적 이해가 병행되어야 한다고 본다. 포르 보고서는 무엇보다 1960년대 후반 및 1970년대 초반의 사회적 정신, 즉 사회정의에 대한 새로운 비전이 개별 국가를 넘어 범세계적으로 확산되던 시대정신에 깊은 영향을 받았다[8]는 점에 주목해야 한다.

3) 포르 보고서의 철학

한 예로 포르 보고서 및 들로 보고서의 이념적 영향을 분석한 논문[9]을 보면 포르 보고서의 주된 기반은 고전적 자유주의와 사회민주주의적 자유주의 및 극단적인 민주주의적 자유주의가 혼합된 이념임을 알 수 있다. 또한 포르 보고서는 당시의 심리학에도 강한 영향을 받고 있다. 즉, 인간본성 및 사회에 대한 인간의 관계에 있어서 계몽 인본주의와 실존주의[10]가 기반이 되고 있으며 칼 마르크스 사상, 특히 에리히 프롬의 철학적 심리학에 기초하고 있음에 주목할 필요가 있다.

이런 맥락하에 포르는 보고서의 정당성을 '국제공동체의 존재'에 둔다. 다시 말해, 교육에 있어서는 국가적 경계가 없다는 교육의 무정부주의와, 모두가 평생교육을 통해 민주적 사회 및 완성된 인간 실현이란 새로운 인본주의 사회를 건설할 수 있다는 유토피아적 믿음이 결합된 소위 '무정부주의적 유토피아 anarchist-utopianism'[11] 신념이 기저에 깔려 있다고 볼 수 있다. 이런 신념은 포르 보고서가 탄생하기 전, 학교교육의 모순 및 한계점을 비판하며 등장한 일련의 철학 및 교육학자들의 무정부주의적 유토피아 사상에 영향을 받았음을 알 수 있다.

로저 보쉬어Boshier[12]는 1960년대 프랑스를 중심으로 한 학생운동이 교육을 포함한 사회 전반의 모순과 부조리를 타파하고 새로운 사회 건설을 주창했다는 점에서 사회민주주의적 유토피아의 모색이라고 주장한다. 그는 교육에서는 학교교육의 문제를 파헤치고 새로운 교육원리를 제시한 존 홀트Holt[13]의 『학생들은 왜 실패하는가Why children fail』, 폴 굿맨Goodman[14]의 『의무적 교육의 오류Compulsory miseducation』, 에버레트 라이머Reimer[15]의 『학교는 죽었다School is dead』, 이반 일리히 Illich[16]의 『학교 없는 사회Deschooling society』 등의 유토피아적 교육사상이 포르 보고서에 중요한 영향을 미쳤다고 주장한다.

특히 당시 일리히의 학교교육에 대한 비판과 사회변화를 위한 교육적 신념은 포르 보고서에 결정적 영향을 끼쳤다.[17] 형식적 교육에서의 잠재적 교육과정에 대한 일리히의 비판, 학교 없는 사회의 필요성, 학교교육이 '소비자 사회'의 표출이란 비판, 전통교육이 학생들을 매년 수백 시간씩 감금하고 있어 결과적으로

'기관적 사고'를 개발하고 있다는 비판 등은 포르 보고서가 교육의 새로운 이상으로써 평생교육을 제시하게 된 중요한 배경이 되고 있다.

여기서 두 가지 점을 주목할 필요가 있다. 첫째는 학교교육의 한계가 다양하게 노정되고 있지만 그렇다고 포르 보고서가 학교교육의 역할을 과소평가하거나 해체시켜야 한다고 주장하는 것은 아니란 점이다. 오히려 포르 보고서는 학교교육이 평생교육의 중요한 부분임을 강조한다. 단지 "학교를 단 하나의 타당한 교육으로 보며, 학습의 시기는 전통적인 학령기만으로 한정된다는 '낡은 관념 old idea'"[18]에 정면으로 도전하는 것이다.

포르 보고서가 강조하는 점은 교육의 목적이 각자의 가능성의 완전한 실현에 있기에 학교교육의 엘리트주의화를 타파함으로써 보다 지성적이며 실제적인 지식과 기술교육, 사람들의 일상에 보다 적합한 교육으로 나아가야 한다는 점이다. 학교에 대한 '낡은 관념'으로 인해 배제되고 있는 수백만 명의 문맹자들, 학교교육을 전혀 받지 못했거나 중퇴한 젊은이들을 외면한 채, 학교교육이 단지 미래의 엘리트를 선별하는 '여과기sieve'[19]가 되어 버린 것을 반성해야 한다는 것이다. 결국 이를 해결하기 위한 새로운 만능열쇠master key는 평생교육인 것이다.

둘째는 이러한 맥락에서 포르 보고서가 출범했기 때문에 포르 보고서는 평생학습보다는 평생교육에 개념적 비중을 두었다는 점이다. 포르 보고서는 평생교육을 통해 완전한 개인을 실현하고 그를 통해 궁극적으로 '새로운 사회'[20] 건설을 목표로 하였기에 교육을 통한 참여, 민주화, 시민사회를 강조하는 평생교육에 초점을 맞추었다는 점이다. 이는 포르 보고서 이후 사회가 급변함에 따라 글로벌 경제, 경제적 경쟁, 스킬과 개인 학습을 강조하는 평생학습에 초점을 맞추는 방향으로 교육의 비중이 변화해 갔다는 점과 비교가 된다. 1990년대 들로 보고서는 바로 이런 사회적 변화에 따라 평생학습을 보다 더 강조한 것으로 평가할 수 있다.

2. 21세기 평생학습의 네 기둥

1) 들로 보고서의 배경

들로[21] 보고서는 포르 보고서가 출간된 지 24년이 지난 1996년에 탄생하였다. 1970년대 중반 오일쇼크를 겪는 등 포르 보고서 이후 국제사회는 정치적 · 사회경제적으로 과거와는 매우 다른 시대적 상황으로 진입하였다. 동서냉전 시기가 끝나고 자본주의가 승리한 것으로 평가되었으며 신자유주의가 부상하고 있었다. 극단적 개인주의가 팽배하기 시작했고 영국의 대처리즘, 미국의 레이거노믹스가 신자유주의를 기반으로 힘을 얻게 되었다. 동시에 국제협력의 부활에 대한 희망과 인권에 대한 새로운 관심이 점증하던 시기이기도 하였다. 포르 보고서 이후 평생교육은 정책적으로는 물론 실천적 측면에서도 경제적 요구와 논리에 점차 지배[22]를 받고 있었다.

보쉬어Boshier[23]는 이 시기를 평생교육의 2단계 무정부주의적 유토피아 시대라고 규정한다. 포르 보고서 시대의 평생교육에 대한 유토피아적 이념들은 생산성, 효용성, 단가인하, 구조조정을 내세운 신자유주의적 평생교육에 의해 힘을 잃게 되었다. 인본주의적 시민사회의 건설을 목표로 한 평생교육은 경제적 경쟁력 향상에 주된 목적을 두는 평생학습 중심으로 바뀌게 되었다.

평생학습자는 학습 참여자에서 학습 소비자consumer로 개념이 바뀌었으며, 평생교육의 의미가 자기주도적 · 자발적 학습에서 개인적 선택, 필수적 교육으로 점차 변화했다. 평생학습의 목적도 개인의 학습 욕구 충족에서 사회가 필요로 하는 경쟁 · 기술 · 스킬의 개발로 방향이 전환되었으며 이에 따라 유럽에서는 평생교육의 주무부처도 교육부에서 재무부로 이관[24]되는 추세였다.

1990년대 들어 세계화가 본격화되기 시작하고 산업 세계는 지식과 정보를 축으로 하는 탈산업사회로 변모하며 경쟁과 효율을 중시하는 신자유주의 풍조가 거세짐에 따라 이에 부응하기 위한 재교육, 직업교육 중심 평생교육의 필요성은 더욱 증대되었다. 유네스코는 1982년 제4차 특별총회에서 '만인을 위한 교육

Education for all'을 주창하며 평생교육의 중요성을 강조하였다. 이후 1987년 '모든 이를 위한 일반교육General education for all', 1989년 '모든 이를 위한 기초교육Basic education for all'을 관련 총회를 통해 강조하였다. 이러한 분위기 속에 개발도상국에서는 초등교육을 포함한 학교교육의 급속한 팽창이 이루어졌다.

1991년 11월 제26차 유네스코 총회는 '21세기를 위한 국제교육위원회'를 소집하고 프랑스의 정치인이자 오랫동안 유럽위원회European Commission 의장을 맡았던 자크 들로를 위원장으로 임명하며 21세기에 적합한 교육 모형에 관한 연구를 위촉하였다.[25] 21세기 위원회에게 주어진 과제는 다음의 질문에 답하는 것이었다. 즉, "미래에 다가올 사회는 어떠한 사회이며 또한 어떠한 교육이 필요할 것인가?"에 응답하는 평생교육 모형을 산출하는 것이었다.

1996년 들로를 위원장으로 하는 유네스코 '21세기 국제교육위원회'는 21세기를 위한 평생교육의 이념과 목적을 종합적으로 제시하는 보고서, 『학습, 그 안의 보물Learning: The Treasure Within』을 완성하였다. 제목이 암시하듯 들로 보고서는 평생학습을 모든 인간이 잠재적으로 가지고 있는 숨겨진 보물로 간주할 만큼 인간 삶의 핵심 자산으로 제시한다. 이 숨겨진 보물을 발현시키기 위한 교육으로서 들로 보고서는 포르 보고서와 마찬가지로 학교교육이 근본적인 기둥 역할을 한다는 점을 강조한다. 특히 "창의성의 불꽃이 튀어 오르거나 반대로 꺼져 버리는 곳"[26]이 초등교육 혹은 그 이전의 교육임을 강조하고 당시의 학교교육에 대해 비판적인 시각을 드러내고 있다.

들로 보고서는 교육이 개인 및 공동체 발전의 심장부 역할을 한다는 점을 강조한다. "교육의 목적은 누구의 예외도 없이 우리 각자가 자신의 모든 능력talents을 최대한 개발하고 개인의 창의적인 가능성을 실현시켜 자신의 삶과 개인적 목적을 성취하는 데 책임감을 갖도록 도와주는 데 있다"[27]는 것이다. 따라서 학습을 하나의 '숨겨진 보물'로 규정한다. 이를 바탕으로 들로 보고서는 평생교육의 본질을 다음의 네 가지 학습 유형, 즉 앎을 위한 학습, 행함을 위한 학습, 더불어 삶을 위한 학습, 존재를 위한 학습[28]으로 제시한다.

2) 앎을 위한 학습

첫째는 '앎을 위한 학습learning to know'이다. '앎을 위한 학습'은 "폭넓은 일반교양교육을 선택된 과목(주제)에 깊이 있게 연결"[29]시키는 일이다. 연결시키는 목적은 주변 세계의 복합성을 보다 잘 이해하기 위한 인지적 도구를 제공하고, 또한 미래의 학습을 위한 적절한 기초를 제공하기 위해서다. 이러한 학습이 필요한 이유는 과학의 발달로 인한 급속한 사회변화와 끊임없이 이어지는 새로운 형태의 경제적·사회적 활동에 적극적으로 대응하기 위한 요구에 부응해야 하기 때문이다.

앎을 위한 학습은 전통적인 교육과정이나 암기식 수업에서 강조된 것처럼 항목화되고 구조화된, 코드화된 파편적인 지식을 획득하는 것과는 근본적으로 다르다. 오히려 지식을 얻기 위한 도구를 숙달mastering하는 것이다. 따라서 앎을 위한 학습은 일반 기초교육에 내재되어 있는 '학습하는 법에 대한 학습learning to learn'[30]을 전제로 하는 것으로서 기억력, 상상력, 추론 능력, 문제해결 능력, 조화롭고 비판적인 방법으로 생각하는 능력(비판적 사고력)을 개발하는 것이다. 학습하는 법을 배움으로써 학습자는 삶의 전 과정에서 직면하게 되는 배움의 기회를 활용할 수 있다.

앎을 위한 학습은 하나의 발견의 과정으로서 시간을 요하는 것이며 교과목을 배워 익힌 정보와 지식을 더욱 심화시키는 일이다. 지식 획득은 끝이 없는 과정이며 모든 형태의 경험에 의해 배가될 수 있는 것이다. 앎을 위한 학습은 학습 자체 및 삶의 목적인 동시에 수단으로 간주되어야 한다. 수단으로서의 교육은 개인 학습자로 하여금 자연에 대해 그리고 인류와 역사, 환경 및 전체로서의 사회에 대해 최소한의 것을 이해할 수 있게 해 준다.

목적으로서의 교육은 하나의 과정으로서 학습자가 알고 깨달으며 이해하는 일 자체의 즐거움에 그 기반을 둔다. 학습 그 자체에 대한 호기심이 충만한 학습자를 만드는 것이다. '앎을 위한 학습'을 통해 학습자는 인식의 전환transformed을 가져오고 더욱 계몽enlightened되며 더욱 자활감empowered를 갖고 따라서 각자적 인간으로서의 풍요로운 삶을 영위할 수 있다.

3) 행함을 위한 학습

'행함을 위한 학습learning to do'은 우선 학습자가 배운 것이나 알고 있는 것을 실천에 옮기는 것을 의미한다. 이는 직업기술교육이나 훈련을 통해 배운 내용을 현장에 적용할 수 있는 역량과 밀접히 연결된다. 이를 위해 교육 분야와 산업 및 비즈니스 분야가 파트너십을 구축해 교육훈련이 직업 세계와 상호작용할 수 있는 다양한 계획이나 협력을 도모하는 것이 필요하다.

그러나 행함을 위한 학습은 이렇게 좁은 의미로의 전통적 혹은 산업경제에서 요구되는 특정한 일이나 실천적인 과제를 위한 기술 개발을 넘어서는 것이다. 점차 심화되어 가는 지식기반 경제에서는 인간의 일이 점차 비물질적인 것으로 변해 가고 있다. 행함을 위한 학습은 지식보다는 보다 행동적인 새로운 형태의 스킬을 요구한다. 물질적이며 기술적인 것은 인간의 질과 인간 상호 간의 관계보다 부차적인 것으로 밀려나게 된다.

따라서 행함을 위한 학습은 스킬로부터 역량competence으로의 전환을 의미한다. 생산시스템의 요소로서의 지식과 정보의 우월성으로 인해 직업적 기술skill의 개념은 점차 약화되거나 쓸모없어지고 있으며 개인의 역량이 전면으로 요구되고 있다. 또한 예측할 수 없는 미래의 다양한 상황에 적응할 수 있는 능력 및 이를 통해 효율적인 혁신을 할 수 있는 능력을 개발하는 것이 요구된다.

또한 행함을 위한 학습은 다른 무엇에 앞서 타자와의 효율적인 커뮤니케이션 능력을 의미한다. 또한 팀워크 능력,[31] 인간 상호 간에 의미 있는 관계를 맺을 수 있는 사회적 스킬, 직업 세계 및 사회생활에서 변화에 적응할 수 있는 능력, 지식을 혁신과 직업 창출로 전환할 수 있는 역량, 위험을 감수하고 갈등을 조절할 수 있는[32] 준비 능력을 의미한다.

4) 더불어 삶을 위한 학습

'더불어 삶을 위한 학습learning to live together'은 세계화가 더욱 확대되어 가는 21세기 시대 상황에서 들로 위원회가 특별히 강조하는 학습 유형이다. 이 학습 유형은 교육이 지향해야 할 두 가지의 상호 보완적인 통로를 제시한다. 하나는 타인의 발견이며, 다른 하나는 항상 잠복되어 있는 갈등을 피하거나 해결하기 위한 효율적인 방법으로서 '삶 전체를 통해 공유하는 목적shared purpose을 경험하는 것'이다. [33]

특히 자신과 타인에 대한 지식과 이해, 인간 종족의 다양성과 상호 간의 유사성에 대한 이해, 모든 인간의 상호 의존성에 대한 이해, 상호 배려와 나눔을 위한 공감과 협동적인 사회적 행동의 중요성, 타인 및 그들의 문화와 가치 체계, 역사, 전통, 타인의 영성에 대한 존중, 타인을 대면하고 대화를 통해 갈등을 지성적이고 평화로운 방법으로 해소하는 능력, 그리고 공동의 목적을 향해 일하는 역량을 학습하는 것을 말한다.

더불어 삶을 위한 학습을 위해 교육은 학습자에게 인간의 다양성에 대해 가르쳐야 한다. 또한 모든 인간의 유사성과 상호 의존성에 대한 인식을 불어넣어야 한다. 아동 · 청소년이나 성인들은 상대방의 관점에서 사물, 사건을 바라봄으로써 타인의 반응을 이해하는 법을 배워야 한다. 공감의 정신은 학교교육에서 중시되어야 하며 이는 학습자의 사회적 행동에 긍정적인 영향을 끼친다.

학교는 사회적 인식, 수용, 존경의 정신을 증진시키는 역할을 해야 한다. 이러한 이해와 인식을 통해 학습자는 전 세계가 숙명적으로 상호 의존적이며, 지구촌의 위기 및 미래의 도전에 대하여 공동의 대응이 필요하다는 새로운 정신을 갖고, 나아가 불가피하게 발생할 수 있는 세계 내 갈등을 지성적이며 평화로운 방법으로 통제할 수 있는 정신을 갖출 수 있다.

5) 존재를 위한 학습

마지막으로 '존재를 위한 학습learning to be'은 학습의 초석이자 가장 궁극적으로 추구하는 목적이다. 지금까지 제시한 세 가지 학습 유형은 결국 개별자로서의 인간이 자아실현을 통해 인간답게 살기 위한 필수적인 조건이기 때문이다. 존재를 위한 학습은 전술한 바대로 1972년 포르 보고서가 기술발전의 결과로 빚어진 비인간화에 대한 평생교육 차원의 해결책으로서 제시한 가장 핵심적인 학습 유형이다.

포르[34]는 서문에서 "인간성 소외가 심화되고 있는 반면에 기계의 발달(기술의 발전)로 인해 인간들이 과거에는 자신의 방식에 따라 자유롭게 움직이고 자신의 목표를 추구하던 영역들에서 쫓겨나고 있다."라는 점을 지적한 바 있다. 포르가 강조한 점은 교육이 반드시 각 개인으로 하여금 자신의 문제를 해결하고 스스로 결정하며 자신이 책임을 질 수 있도록 해야 한다는 것이었다. 따라서 평생교육의 목적은 인간의 온전한 실현fulfillment으로서 각자의 풍부한 개성personality, 각자의 복합적인 표현 방식, 다양한 헌신과 임무를 실현시키는 것이었다.

21세기 들어 사회는 더욱 급변했고 과학 기술의 발달은 더욱 가속화되었으며 신자유주의 풍조의 심화로 인해 포르 보고서가 제시한 인간의 온전한 실현이란 교육적 요구는 더 확고한 정당성을 확보하게 되었다. 그 어느 때보다 교육의 본질적인 역할은 사람들에게 사고, 판단, 느낌, 상상력, 창의력의 자유를 부여함으로써 자신들의 소질을 개발하고 가능한 한 스스로의 삶을 통제하도록 해 주는 데 역점을 두어야 한다. 한마디로 들로 보고서는 존재를 위한 학습이 각자의 인간성을 온전히 실현시키는 학습이라는 데 역점을 둔다.

이를 위해서 교육은 모든 사람의 정신과 육체, 지성, 감성, 심미적 감상 및 영성 등 개인의 온전한 개발에 기여해야 한다. 모든 사람은 자기 자신의 독립적이며 비판적인 사유 및 판단 방식을 개발할 수 있는 교육을 받아야 하며 이를 통해 각자는 삶의 서로 다른 환경에서 스스로 최선의 행위를 결정할 수 있도록 해 주어야 한다. 개인의 성장은 출생부터 시작되고 삶 전체를 통해 계속되는 것이며 스스로를 인식self-knowledge하고 타인과의 관계를 바탕으로 이루어지는 하나의 변증법적 과정이다.

3. 평생교육의 본질, 존재를 위한 학습

1) 두 보고서의 공통점

유네스코 포르 보고서[35] 및 들로 보고서[36]는 24년의 시대적 차이에도 불구하고 급변하는 사회 속에서 교육이 직면하고 있는 문제에 대해 진단 및 처방을 제시함으로써 세계 각국의 교육전략을 수립하는 데 필요한 평생교육의 철학 및 목표를 제공해 주었다. 그 교육의 철학과 목표는 다음과 같다.

첫째, 학교교육을 중심으로 하는 형식적 교육내용의 한계 및 학습이 학령기로만 제한된다는 생각은 폐기되어야 하며, 교육은 개인의 전 생애에 걸쳐 이뤄지는 평생교육이 되어야 한다는 믿음이다. 둘째, 교육은 학습자의 독립성과 자기주도성을 강화하는 방향으로 나아가야 한다는 신념이다. 셋째, 평생교육의 본질은 '존재를 위한 학습Learning to Be'이란 신념이다. 평생교육의 본질로서의 '존재를 위한 학습'은 포르 보고서와 들로 보고서가 공통적으로 강조하고 있다. 그러나 두 문헌의 기저基底를 이루는 평생교육의 철학 혹은 이념에는 차이가 있음을 간과해서는 안 된다. 그 차이는 전술한 바대로 두 문헌의 시대적 배경의 차이에서 기인한다.

포르 보고서는 프랑스 '68혁명'으로 대표되는 1960년대 후반 및 1970년대 초반의 시대정신[37]을 관통하고 있다. 반反자본, 반反문화, 반전反戰, 포스트모더니즘으로 상징되는 이러한 시대정신은 획일적 · 억압적인 전통교육에 대한 비판과 개혁으로 연결되었다. 국가 아닌 '개인'이 궁극적인 도덕 가치의 주체[38]가 되었으며 개인적 삶의 자율성과 온전한 인간 실현이 교육의 목적으로 강조되었다. 이러한 시대정신 속에 탄생한 포르 보고서는 온전한 인간 실현은 학교교육만이 아닌 평생학습의 과정 속에서 가능하다는 점을 강조한다.

이를 통해 사회발전과 변화의 주체, 민주주의의 촉진자, 세계 시민 그리고 각 자성 완성의 주체author of his own fulfillment [39]를 양성할 수 있다는 신념을 견지하고 있다.[40] 켈렌Kallen[41]의 주장대로 '신인본주의new humanism' 이념이 포르 보고서의 근간을 이루고 있는 것이다. 같은 맥락에서 포르 보고서는 '정치철학적 특성'[42] 을 지닌다. 평생교육을 통해 전반적 사회발전, 평등, 사회 정치체제로서의 민주 주의 발전, 나아가 개발도상국들과의 국제협력을 증진시킬 수 있다는 확신을 견 지하고 있기 때문이다.

들로 보고서는 포르 보고서와 마찬가지로 평생교육의 본질을 명확히 제시하고 있으며, 이를 통해 전 세계 각국의 교육 및 학습의 개념화를 위한 핵심적 준거를 제공하고 있다. 평생교육의 본질은 개인의 가능성의 완전한 실현, 이를 통해 사 회변화의 주체를 만드는 '존재를 위한 학습'이 되어야 한다는 데 일치한다. 그러 나 들로 보고서는 68혁명을 거쳐 동서냉전이 종식되는 1990년대 중반까지의 시 대적 변화를 담아내고 있다는 점에서 포르 보고서와 차이가 있다. 대처리즘, 레 이거노믹스로 대표되는 신자유주의가 심화되고 경쟁과 효율이 교육에 침투하면 서 포르 보고서의 신인본주의에 기초한 평생교육의 본질에 대한 관점은 내용면 에서 수정·보완되었다.

2) 두 보고서의 차이점

들로 보고서는 포르 보고서와 마찬가지로 인본주의의 옹호자 및 유토피아적 교육 비전 제공자로서의 유네스코의 역할을 강조하고 평생학습이 교육의 핵심 개념이며 학습사회 건설이 필수적임을 재차 강조하고 있다. 그러나 급변하는 사 회에 맞춰 들로 보고서는 교육에서의 새로운 공학기술의 역할, 직업과 연계된 지속적인 교육훈련의 필요성에도 관심을 갖게 되었다. 기술변화에 뒤쳐질 때의 인간소외, 지식과 정보의 불평등으로 인한 계층 간 불평등 심화, 포르 보고서가 강조한 것[43]과 마찬가지로 '기술변화의 결과로 인한 비인간화 현상' 등이 '온전한 인간' 혹은 각자성의 실현에 장애가 된다는 점에 주목하게 되었다.

이러한 시대적 배경은 포르 보고서가 '평생교육lifelong education'을 강조한 반면, 들로 보고서는 '평생학습lifelong learning' 단어를 특히 강조하게 된 이유가 되고 있다. 두 용어의 차이에 대한 논의는 다양하다. 그러나 엘퍼트Elfert[44]는 들로 보고서 작성의 일원이었던 로베르토 카르네이로Carneiro의 말을 빌려 포르 보고서의 'lifelong'은 시간적 연속성을 강조하는 수직적인 의미라고 주장한다.

반면, 들로 보고서의 'lifelong'은 공간의 확장을 강조하는 수평적 의미로서 평생학습이 삶의 모든 영역에서 발생한다는 점을 강조한다는 것이다. 삶의 모든 양태가 학습의 기초자료이며 반추reflection이고 경험이란 점이다. 들로 보고서[45]가 평생학습은 경제적 수요에 대응하는 학습 욕구를 충족시킬 필요가 있음을 강조한 것도 바로 여기에 있다.

이에 따라 들로 보고서는 평생교육의 첫 두 가지 기둥으로서 이해의 도구를 획득하기 위한 '앎을 위한 학습'과 개인의 환경에 창조적으로 대응할 수 있는 '행함을 위한 학습'을 먼저 제시한다. 이어 모든 활동에 타인과 함께 참여할 수 있게 하기 위한 '더불어 삶을 위한 학습'을 강조한다. 그러나 포르 보고서와 마찬가지로 들로 보고서는 평생교육의 궁극적인 목적은 '존재를 위한 학습'에 있음을 강조하고 있다. 포르 보고서 『존재를 위한 학습Learning to Be』의 핵심 개념은 바로 '온전한 인간complete man'이다.

'온전한 인간이란 학습을 통해 창의적이 되는 것이며 자유롭게, 비판적으로 사유하게 되고, 결과적으로 개인적·사회적 해방을 의식적으로 추구하는 것'[46]임을 강조한다. 들로 보고서는 포르 보고서가 강조한 '개인의 가능성의 실현'을 그대로 수용하고 '교육의 핵심 목표는 사회적 존재로서의 개인의 완성'[47]이라고 주장한다. 들로 보고서는 포르 보고서의 '개인의 가능성 실현'을 수용하되 가능성 실현을 통한 '온전한 인간'은 타인과 더불어 사는 관계 속에서 이뤄진다는 점을 강조하는 것이다.

따라서 "교육의 고귀한 역할은 각각의 모든 사람이 그들의 전통과 확신에 따라 행동하며 다원주의에 대한 절대적인 존경을 갖도록 촉진시키는 것이며 각자의 마음과 정신을 전 세계적인 관점으로 들어 올리도록 하는 것"[48]이다. 이런 점에서 들로 보고서는 전술한 네 가지 교육의 원리 중 '더불어 사는 학습', 특히 지구촌global village[49] 시대에 다원주의에 대한 신념하에 타인과 더불어 사는 학습을 가장 중요한 요소로 제시하고 있다.

포르 및 들로 보고서는 이러한 전 세계적 관점에 대한 교육, 타인과 더불어 사는 학습을 위해 선진국 및 개발도상국 교육의 새로운 '마스터 개념master concept'[50]이자 교육의 '고귀한 과제noble task'[51]가 바로 평생교육임을 강조하고 있다. 이 같은 맥락에서 볼 때, 두 보고서가 강조하는 평생교육의 본질은 자유롭고 창의적이며 해방적인 학습을 통해 각자의 가능성을 완전히 발현시키고 지구촌 시대에 타인과 더불어 사는 정신을 함양시키는 학습을 통해 온전한 인간을 실현시키는 데 있다고 할 수 있다.

4. 존재를 위한 평생학습의 역동성

포르 및 들로 보고서는 모두 평생교육의 궁극적인 목적은 '존재를 위한 학습'에 있음을 강조하고 있다. 1972년의 포르 보고서가 강조한 '존재를 위한 학습'의 핵심 개념은 바로 학습을 통한 창의성의 양성, 자유롭고 비판적인 사유 능력의 함양을 통해 결과적으로 개인적·사회적 해방을 의식적으로 추구하는 '온전한 인간complete man'이다.[52] 90년대의 들로 보고서는 21세기 '지식 주도 문명knowledge-driven civilization'[53]의 특성인 급속한 커뮤니케이션과 정보의 순환 및 저장, 폭증하는 지식 정보의 습득 및 가공 능력에 대한 평생학습의 필요성이 요구된다는 인식을 전제로 한다.

1) 네 가지 기둥의 핵심

이에 따라 들로 보고서는 평생교육의 첫 두 가지 기둥으로서 먼저, 이해의 도구를 획득하기 위한 '앎을 위한 학습'과 개인의 환경에 창조적으로 대응할 수 있는 '행함을 위한 학습'을 제시한다. 이어 모든 활동에 타인과 함께 참여하게 하는 '더불어 삶을 위한 학습'을 강조한다. 그리고 앞의 세 가지를 바탕으로 하는 궁극적 목표로서 '존재를 위한 학습'을 제시한다.

그러나 들로 보고서가 강조하는 점을 두 가지 측면에서 주목할 필요가 있다. 하나는 과거의 "전통적인 형식적 교육제도에서는 첫 기둥인 앎을 위한 학습에만 중점적으로 초점을 맞추었으며, 그다음으로 두 번째 기둥인 행함을 위한 학습에 초점을 맞추어 왔다는 것"54)이다. 나머지 셋째, 넷째 기둥의 학습은 우연에 맡기거나 혹은 앞의 두 가지 학습의 자연적 부산물로 간주되고 말았다는 지적이다. 들로 보고서는 향후 평생교육은 네 가지 학습 유형 모두가 학습조직에서 동일한 비중을 지녀야만 한다고 강조한다. 이를 통해 교육은 전 생애를 통한 총체적인 경험의 과정, 즉 이해와 적용시키는 것을 모두 학습하며 개인과 사회에서의 개인의 위치 모두에 초점을 맞추는 과정으로 간주되어야 한다는 것이다.

다른 하나는 들로 보고서는 평생교육의 궁극적 목적으로서 네 번째 기둥인 '존재를 위한 학습'을 제시한다는 점이다. 즉, 존재를 위한 학습은 앞의 세 가지 기둥을 바탕으로 하는 궁극적 목표임을 강조하고 있다. 들로 보고서는 학습을 넓게 그리고 포괄적인 관점으로 보면 결국 개인으로 하여금 자신의 창조적인 잠재적 가능성을 발견하고 개발하여 꽃을 피우는 데 목적을 두어야 한다고 강조한다. 이것이 바로 각자에게 숨겨진 보물을 드러내 주는 것이다.

이렇게 볼 때 교육의 궁극적 목적은 기술이나 능력, 경제적 가능성과 같은 특수한 목표를 달성하기 위한 과정으로서의 수단적인 교육의 목적을 넘어서서, 자신을 '온전한 사람'으로 개발하는 과정, 즉 '존재를 위한 학습learning to be'이 되어야만 한다55)는 것을 역설하고 있다. 다시 말해, 포르 보고서가 평생교육의 본질로서 강조한 '개인의 가능성의 실현'을 그대로 수용하고 '교육의 핵심 목표는 사회적 존재로서의 완전한 인간, 개인의 완성'56)임을 강조하는 것이다.

들로 위원회는 네 가지 학습 유형은 서로 간에 빈번한 접촉이나 교차, 교환이 이루어지기 때문에 결국 전체로서의 하나를 이루게 되는 역동적인 관계임을 강조한다. 따라서 외형적으로 보면 네 가지 학습의 기둥이 상호 동일한 비중을 갖고 역동적으로 영향을 주고받는 관계로 해석[57]할 수도 있다. 그러나 이런 해석은 들로 보고서가 평생교육의 본질로서 강조하는 '존재를 위한 학습'의 행간의 의미에 주목한다면 논의의 여지가 있음을 간파하게 된다.

2) 네 가지 기둥의 상호 역동성

들로 보고서는 학습의 네 가지 기둥을 독립적으로 제시하며 네 가지가 모두 학습조직에서 중요하다는 점을 강조하는 것은 사실이다. 그러나 네 가지의 비중이 동일하다는 점은 아니다. 들로 위원회는 네 가지 학습 기둥에 대한 '동일한 관심 equal attention'[58]을 강조했지, 동일한 비중을 말한 것은 아니다. 오히려 앞의 세 가지 학습 기둥은 궁극적으로 네 번째인 '존재를 위한 학습'에 비중이 있음을 명확하게 강조하고 있다.

그렇다면 네 가지 학습 기둥의 상호 역동성은 정사각형이 아닌 피라미드형에서 찾아야 한다. 다시 말해, 네 가지의 학습 기둥을 정사각형의 네 가지의 꼭지점에 각각 위치시키고 상호 영향을 주고받는 역동적 관계가 아니라 피라미드 맨 하단의 '앎을 위한 학습'에서 최상단의 '존재를 위한 학습'으로 올라가는 역동성으로 이해하는 것이 타당하다.[59]

피라미드의 넓은 밑바닥에는 '앎을 위한 학습'이 위치한다. 여기에는 형식적 formal이든 비형식적nonformal, 혹은 무형식적informal이든 삶의 다양한 학습을 통해 일상적으로 이뤄지는 중요한 혹은 긴급하지 않은 학습들이 존재한다. 피라미드의 밑에서 두 번째 계단에는 '행함을 위한 학습'이 위치한다. 이 계단은 단지 지식과 정보를 획득하는 것뿐만 아니라 그 지식과 정보를 적용하고 환경에 창조적으로 대응하는 능력을 학습하는 단계다. 세 번째 계단은 '더불어 삶을 위한 학습'으로서 밑의 두 계단의 학습이 지향해야 할 학습 유형이다. 즉, 알고 행함은 타인과 더불어 살기 위한 학습을 목표로 할 때 의미가 있고 정당화된다. 마지막 피라미드의 정점에는 '존재를 위한 학습'이 위치한다. 최정점에 있다는 것은 가장 궁극적이며 중요하다는 의미다. 존재를 위한 학습은 평생교육의 궁극적인 목표이자 본질이기에 피라미드 정점에 위치해야 한다.

최정점에 있는 궁극적인 목표로서의 '존재를 위한 학습'은 그 밑의 목표인 세 가지 학습 기둥의 기반을 제공한다. 즉, 세 가지 학습 기둥의 목적과 가치를 제공하며 정당화를 제공하는 것이다. 다시 말해, 피라미드 정점에 이를수록 훨씬 더 중요한 평생교육의 본질이 존재하는 것이며 그것은 차례로 아래쪽의 학습의 기반과 정당성을 제공한다.

반대로 아래쪽의 평생학습은 위쪽의 평생학습의 목표와 가치에 의존한다. 이런 식으로 최정점까지 계속된다. 최정점의 '존재를 위한 학습'에서 우리는 평생교육의 가장 의미심장하고 가장 중요한 목표이자 본질에 도달하는 것이다. 피라미드의 넓은 밑바닥에 비해 최정점은 뾰족하고 좁듯이 평생교육의 본질은 간명하고 단순하다. 즉, 그 모든 학습은 결국 '인간 존재'를 위한 학습인 것이다.

그러나 피라미드형의 평생학습의 네 기둥이 반드시 순차적 혹은 위계적인 구조인 것은 아니다. 맨 밑에 위치한 '앎을 위한 학습'이 곧 바로 최정점의 '존재를 위한 학습'까지 나선형으로 그리며 올라갈 수도 있다. 최정점에 도달한 질문은 가장 심오한 학습에 관한 질문이 된다. 즉, 개인의 다양한 일상의 학습 행위가 존재를 위한 학습에 관한 질문으로 전환되는 것이다. 무엇을 위해 지식과 기술을 배우는지에 대한 근본적인 물음은 결국 최정상의 '존재를 위한 학습'이 되어야만 한다는 인식으로 전환될 수 있다. 일상적으로 행해지는 습관적인 '앎을 위한 학습' 행위들이 결국 존재를 위한 학습임을 인식할 때 '앎을 위한 학습'의 가치와 의미, 목표가 설정될 수 있다. 이런 의미에서 본다면, 평생교육의 네 가지 학습의 기둥은 수평적인 역동성이 아니라 수직적인 역동성이 본질인 것이다.

미주 ·

1) Lengrand, P. (1970). *An Introduction to Lifelong Education*. UNESCO, Paris.

2) 에드가 포르 위원회는 포르 본인을 포함해 프랑스, 칠레, 콩고 공화국, 이란, 시리아, 미국, 러시아를 대표로 하는 7인으로 구성되었다.

3) Elfert, M. (2015). UNESCO, the Faure Report, the Delors Report, and the Political. Utopia of Lifelong Learning. *European Journal of Education*, 50(1), 88-100. p. 89.

4) Faure, E. et al. (1972) *Learning to Be: The world of today and tomorrow*. Paris: UNESCO; London: Harrap. p. xxxiii.

5) 김창엽(2005). 'Learning To Be'와 'Learning the Treasure Within' 비교 연구. 평생교육학연구, 11(3), 151-176.

6) Faure, E. et al. (1972). pp. v-vi.

7) Kallen, D. (1996). Lifelong-learning in retrospect. *Vocational Training European Journal, May-December 8/9*, 16-22. p. 19.

8) Moyn, S. (2013). The political origins of global justice. Elfert, M. (2015). UNESCO, the Faure Report, the Delors Report, and the Political Utopia of Lifelong Learning. *European Journal of Education, 50*(1), p. 89에서 재인용.

9) Lee, M., & Friedrich, T. (2011). Continuously reaffirmed, subtly accommodated, obviously missing and fallaciously critiqued: ideologies in UNESCO's lifelong learning policy, *International Journal of Lifelong Education, 30*, 151-169.

10) Wain, K. (1987). *Philosophy of lifelong education*. London: Croom Helm. pp. 118-134.

11) Boshier, R. (2004). Meanings and manifestations of the Anarchist-Utopian ethos in adult education. Prodeedings of the Joint International Conference of the Adult Education Research Conference and the Canadian Association for the Study of Adult Education. University of Victoria, BC. Victoria, pp. 53-58.

12) 같은 논문.

13) Holt. J. (1964). *Why children fail*. Pitman Publishing Company.

14) Goodman. P. (1964). *Compulsory miseducation*. Education in the United States. Horizon Press.

15) Reimer. E. (1971). *School is dead: Alternatives in Education*.

16) Illich, I. (1970). *Deschooling Society*. United States: Harper & Brothers.

17) Boshier, R. (2004).

18) Faure, E. et al. (1972). p. 44.

19) 같은 책. p. 59.

20) Elfert, M. (2015). p. 96.

21) Delors, J. et al. (1996). *Learning: the treasure within*. Report to UNESCO of the international commission on education for the twenty-first century (Paris, UNESCO).

22) Biesta, G. (2006). What's the point of lifelong learning if lifelong learning has no point? On the Democratic deficit of policies for lifelong learning. *European Educational Research Journal*, 5(3&4), 169-180.

23) Boshier, R. (2004). p. 56.

24) 같은 곳.

25) 에드가 포르 위원회는 프랑스를 포함한 7개국 출신의 7인으로 구성되었던 반면에, 들로 위원회는 세계 여러 나라를 대표하는 15명으로 구성되었고 그중 5명이 여성이었다. 각 위원의 임명은 폭넓은 의견 수렴 후에 유네스코 사무총장인 페데리코 마요르가 결정하였다.

26) Delors, J. et al. (1996). p. 115.

27) 같은 책. p. 17.

28) 이 책에서는 이관춘, 최운실(2015)에서 번역한 대로 들로 보고서의 학습의 네 가지 기둥을 앎을 위한 학습, 행함을 위한 학습, 더불어 삶을 위한 학습, 존재를 위한 학습으로 정의한다.

29) Delors, J. et al. (1996). p. 23.

30) 같은 책. p. 21.

31) 같은 책. p. 37.

32) 같은 곳.

33) 같은 책. p. 92.

34) Faure, E. et al. (1972). p. xxiv.

35) 같은 책.

36) Delors, J. et al. (1996).

37) Elfert, M. (2015). p. 89.

38) Moyn, S. (2013).

39) Faure, E. et al. (1972). p. 158.

40) 에드가 포르가 1968년 프랑스 5월 사태 직후에 프랑스 교육부 장관으로 임명되었다는 사실이 포르 보고서에 미친 영향을 가늠하게 해 준다. 실제로 포르는 보고서의 서문(Faure et al., 1972, p. xx)에서 프랑스 1968년 5월 사태에 대해 언급하고 있다.

41) Kallen, D. (1996). p. 19.

42) Elfert, M. (2015). p. 89.

43) Faure, E. et al. (1972). p. 94.

44) Elfert, M. (2015). p. 92.

45) Delors, J. et al. (1996). p. 101.

46) Faure, E. et al. (1972). p. 69.

47) Delors, J. et al. (1996). p. 53.

48) 같은 책. p. 18.

49) 포르 보고서와는 대조적으로 세계화가 가속화되기 시작한 시대적 배경에 따라 들로 보고서는 global village(지구촌) 개념을 강조하고 있다.

50) Faure, E. et al. (1972).

51) Delors, J. et al. (1996). p. 18.

52) Faure, E. et al. (1972). p. 69.

53) Delors, J. et al. (1996). p. 85.

54) 같은 책. p. 86.

55) 같은 곳.

56) 같은 책. p. 53.

57) 예를 들면, 김한별(2019). **평생교육론(3판)**. 서울: 학지사. p. 68의 그림과 비교해 볼 수 있다.

58) Delors, J. et al. (1996). p. 86.

59) 피라미드형으로의 학습의 네 가지 기둥에 대한 아이디어와 통찰은 이관춘(2021). **평생교육철학** (강의록, 근간)에서 저자의 허락을 받아 인용하였음을 밝힌다.

제3부

니체와 평생학습의 네 기둥

21세기 인공지능이 주도하는 4차 산업혁명 시대는 평생교육의 시대다. 평생에 걸쳐 지속적인 교육과 학습이 요구되는 시대다. 언제, 어디서나 삶의 시간과 공간 그리고 형식에 구애 없이 가르치고 배우는 일이 삶 그 자체가 되는 시대다. 정보통신기술ICT과 인공지능AI, 로봇 등이 주도하는 초연결사회에서 요구되는 지식과 기술 습득을 위한 교육이 필요할 것이다. 반면에 세계경제포럼World Economic Forum: WEF이 21세기 새로운 능력으로 제시한 타인과의 관계 능력, 공감 능력Social and Emotional Learning: SEL을 향상시키는 교육에 대한 요구도 증가할 것이다.

이처럼 다양한 사회적 요구에 부응하기 위한 평생학습이란 무엇인가? 21세기 문턱에 들어서기 직전, 유네스코는 수년간의 연구 끝에 향후 평생교육의 핵심이 될 평생학습의 지침을 제시하였다. 이른바 들로Delors 보고서의 네 가지 학습원리pillars다. 첫째, 알기 위한 학습learning to know, 둘째, 행함을 위한 학습learning to do, 셋째, 더불어 살기 위한 학습learning to live together, 넷째, 존재를 위한 학습learning to be이다.

유네스코 보고서는 이들 학습은 과거에도 있어 왔지만 21세기 평생교육은 학습의 방향 전환이 시급함을 강조한다. 특히 지식에 대한 관점의 변화가 필요하다. 지식에 대한 불확정성이 증가하면서 지식 자체의 학습보다는 '학습하는 방법을 학습'하는 것을 중시해야 한다는 점이다. 또한 타인과의 관계 역량이 중시된다. 초연결사회인 21세기는 역설적으로 타인과 더불어 사는 학습이 더욱 요구된다는 점을 지적한다. 결국 평생학습은 개개인이 타자와의 조화로운 관계 속에서 '자신의 고유함'을 발휘하는 존재를 위한 학습이 되어야 한다는 점을 강조하고 있다.

평생학습의 관점에서 니체 철학을 분석해 보면, 유네스코나 세계경제포럼이 강조하는 21세기 평생학습에 대한 철학적 바탕을 니체가 이미 명확하게 제시했음을 포착하게 된다. 지식과 학습의 본질이 무엇이며 문제가 무엇인지, 남과 더불어 살아야 하는 인간 실존의 관계성이 무엇이며 왜 중요한지, 인간을 포함한 존재자의 존재가 무엇이고 자신으로 존재하는 것의 의미가 무엇이며 왜 중요한지 등에 대한 철학적 준거를 니체는 제공하고 있다. 때로는 직설적으로, 때로는 날카로운 비유나 아름다운 은유로 평생학습의 지침이자 방향을 역설하고 있다.

제3부에서는 평생학습의 네 가지 원리에 대한 니체 철학을 살펴보기로 한다. 먼저 앎을 위한 학습을 니체의 관점주의와 힘에의 의지, 교양교육의 관점에서 알아보고, 행함을 위한 학습은 니체의 실용주의, 신체관, 노예도덕의 철학을 바탕으로 접근한다. 이어서 더불어 삶의 학습은 니체의 인간관과 차이 긍정 및 아모르 파티의 관점에서, 그리고 존재를 위한 학습은 위버멘쉬로 나아가는 세 단계 정신 변화를 중심으로 생각해 보기로 한다.

제**7**장

앎의 기쁨, 지식은 발견 아닌 창조

니체는 『선악의 저편』에서 배움의 중요성을 다음과 같이 간명하게 표현한다.

"배운다는 것은 우리를 변화시킨다."[1]

배움 행위의 출발은 무엇을 알기 위해 배우는 것이다. 따라서 들로 보고서는 '앎을 위한 학습learning to know'은 평생학습의 근간을 이루는 학습 유형이라고 말한다. 알기 위한 학습은 단지 항목화된 지식과 정보를 획득하는 것이 아니라 지식을 얻기 위한 도구를 숙달하는 것이며 학습하는 법을 학습하는 것이다. 인간이 알기 위해 배우는 행위는 그 자체로 삶의 목적인 동시에 수단이란 점을 강조한다.

앎과 지식이 무엇인지를 탐구하는 것이 철학의 인식론이다. 인식론은 고대 그리스의 플라톤Plato, BC 427~347 철학으로 거슬러 올라갈 수 있지만, 특히 데카르트Descartes, 1596~1650를 출발로 하는 근대철학의 주된 관심사였다. 당연히 현재의 서양교육은 이러한 전통 인식론적 사유방식에 의해 직접적인 영향을 받고 있음을 알 수 있다.

그러나 19세기에 이르러 지식에 대한 전통적인 관점은 다양한 분야에서 도전에 직면하였다. 그 선봉에 선 철학자가 니체다. 니체는 당연시되어 왔던 지식에 대한 전통적 인식론의 문제점을 날카롭게 파헤치고 해체시킨다. 지식이 객관적이고 보편적이란 관점을 비판하고 지식은 만들어지고 창조하는 것이란 새로운 인식론을 주창한다. 따라서 지식의 오류의 가능성을 늘 염두에 두고 지식을 발견하려 하지 말고 창조할 것을 주문한다. 이를 통해 각자가 학습의 주체가 되고 자유로운 삶의 주인으로 거듭날 수 있다는 점을 촉구하고 있다.

1. 객관주의 인식론과 니체의 관점주의

무엇을 '안다는 것to know'은 특정한 목적이나 대상을 포함한다. 그 대상이자 목적은 일반적으로 '지식'을 의미한다. 그렇다면 그 지식이란 무엇인가? 참된 지식이란 무엇이며, 인간은 참된 지식에 도달할 수 있는가?에 대한 질문이 제기된다. 18세기의 칸트Kant는 이를 '인간은 무엇을 알 수 있는가?'라는 인식론적 질문으로 대체한다.

1) 우리는 자신을 모른다

그러나 니체는 인식의 주체인 인간 스스로에 대한 인식의 한계를 먼저 문제 삼는다. 그는 『도덕의 계보』 첫 문장을 다음과 같이 시작한다.

"우리는 우리 자신을 잘 알지 못한다. 우리 인식자들조차 우리 자신을 잘 알지 못한다. 여기에는 그럴 만한 충분한 이유가 있다. 우리는 한 번도 자신을 탐구해 본 적이 없다. 우리가 어느 날 우리 자신을 찾는 일이 어떻게 일어날 수 있다는 말인가?"[2]

니체는 인간이 무엇을 인식하기 위해서는 먼저 인식 주체인 자신에 대한 인식, 앎이 선행되어야 한다고 말한다. 인식의 행위는 '우리의 보물'[3]임에도 불구하고 인간은 이때까지 인식을 가로막는 서양의 전통 형이상학이라는 장벽으로 인해 인간 스스로에 대한 인식도 못하고 있음을 비판한다. 그러면서도 인간은 매우 특별한 종류의 동물, 즉 "태어나면서 날개 달린 동물이자 정신의 벌꿀을 모으는 자"임을 지적하고 항상 "그 벌통을 찾아가는 중에 있다"[4]는 점을 강조한다. 인식의 행위는 벌꿀이 가득한 벌통과 같으며 인간은 전 생애를 통해 벌꿀을 찾아가듯 인식 행위를 할 수밖에 없는 존재라는 것이다.

인간은 인식 행위를 통해 참 지식, 진리를 발견하려 한다. 그렇다면 지식에 대한 인식론적 정의를 어떻게 내리느냐에 따라 '앎을 위한 학습'의 방향은 달라진다. 따라서 니체 사상에 함축된 '앎을 위한 학습'의 의미를 이해하기 위해서는 먼저 지식에 대한 니체의 인식론에 대한 고찰이 선행적으로 요구된다. 어떠한 인식론이든 그것은 해당 시대의 맥락적 산물이며 그 시대의 사상사적 맥락과 부합하는 발생 배경과 지적 근원을 갖게 된다.

그러나 니체의 인식론은 19세기까지 지속되어 오던 서양 전통의 인식론을 철저히 해체시키고 새로운 지식에 대한 인식의 지평을 열었다는 점에서 '앎을 위한 평생학습'에 시사하는 바가 크다고 할 수 있다. 니체의 인식론을 논의하기 위해서는 먼저 서양 전통 인식론을 고찰해야 한다.

2) 서양 전통 인식론과 교육

데카르트 및 칸트 이전의 서양의 인식론은 전통 형이상학 혹은 존재론의 일부를 이루고 있었다. 플라톤으로 시작되는 서양 형이상학은 영원하고 보편적이며 이상적인 지식, 진리를 추구하는 것을 기본 동력으로 전개되어 왔다. 이상적인 지식 및 진리란 생성·변화하는 현실이 아닌 영원불변의 동일자[5]에게서 연유하는 것이다. 플라톤에 따르면 이 세상의 물질적이며 감각적인 현상들은 이상 세계에 존재하는 완전하고 영원한 형상(이데아)의 불완전한 모방이자 복사물이다. 따라서 실재하는 것은 형상이며, 이는 가상假象과 대립하는 것으로서 인간의 경험을 초월하는 참된 지식이자 진리가 된다.

이러한 지식은 절대적·보편적이며 불변의 것으로서 불완전하고 변화하는 존재는 이데아에 직접 접근할 수는 없으나 인간 이성을 통해 인식 가능한 것이다. 즉, 인간 이성의 정교한 논리적 사고를 통해 연역될 수 있다는 것이다. 플라톤의 이러한 인식론은 저서 『국가』에서 전개한 동굴의 비유를 통해 가장 많이 제시되고 설명되고 있다. 이 비유의 핵심적 주장 중 하나는 보이지 않는 진리, 지식이 사물의 보이는 표면 아래 존재한다는 것[6]이다. 따라서 교육과 학습을 통해 계몽된 자만이 진리를 깨달을 수 있으며, 동굴의 환영으로 타락한 자는 계몽에 저항한다는 의미가 된다.

여기서 주목할 점은, 플라톤은 동굴의 비유 말미에 '앎을 위한 학습'에 적용될 수 있는 의미 있는 말을 강조한다. 즉, 교수 행위는 텅 빈 마음에 지식을 들이붓는 과정이 아니라 학습자들로 하여금 이미 알고 있는 것을 상기시키는 것이라는 말이다. 다시 말해, 평생교육의 '앎을 위한 학습'에서 교수 행위는 학습자가 이미 인식하고 있는 참된 진리, 지식을 끌어내도록 도와주는 것이란 의미로 해석될 수 있다. 학습자는 인간 이성을 통해 당연히 알 수 있는 지식을 잃어버렸거나 잊어버린 상태에 있는 것이기에 새로운 지식을 가르치기보다는 그 지식을 끌어내다시 인식하도록 해 주어야 한다는 것이다.

플라톤의 이러한 '끌어냄'의 인식론은 중세의 그리스도교 신학으로 연계되었고 중세 수도자들의 수행과 교육 방식으로 이어졌다. "라틴어 educare에서 유래한 educate란 단어가 본래 '끌어내다 또는 당겨 내다'의 의미로 나타난 것"[7]은 이러한 존재론적 인식론의 배경에 기인한다. 평생교육에서 '지식을 배운다'는 것은 그것이 무엇이든 간에 본래부터 그 존재에 얽혀 있는, 그곳에 이미 있었다고 여겨지는 절대적인 지식을 끌어내는 것이란 의미다. 이 말은 평생교육에서 학습촉진자가 학습자가 알기 위한 학습의 과정에 어떻게 개입하고 촉진할지에 대한 의미 있는 시사점을 제공하고 있다.

플라톤의 지식에 대한 관점은 중세의 유일신 사상을 거쳐 17세기 계몽주의 시대로 연결된다. 데카르트는 스콜라 철학에 비판적이었지만 그는 진리는 언제나 이상 세계의 영역에 있으며 이에 도달하는 방법은 연역적 사고라는 플라톤의 형이상학적 전제를 지향하였다. 즉, 스스로 자명하고 반박할 수 없는 진리, 지식으로부터 시작해 거기서부터 모든 진리를 합리적으로 추론할 수 있다고 생각하였다. 맥락과 시공을 초월해 그늘에 숨어 있는 보편적 진리를 이성의 빛으로 발견할 수 있다는 것이다.

이 같은 생각은 근본적으로 플라톤과 마찬가지로 인간의 인식과는 무관하게 그 자체의 법칙이 내재하고 있는 객관적인 세계가 존재하고 있다는 것을 가정하는 것이다. 이런 세계는 질적으로 단일하며 내재된 법칙에 의해서만 움직여 가는, 예외성이 유입될 수 없는 폐쇄적이면서도 안정된 세계로 간주된다.[8] 따라서 그 세계를 이해하는 것은 일체의 편견 없이 그 세계의 법칙을 정확히 표상할 때이며 이렇게 표상된 세계는 보편성을 지니게 된다고 보았다.

3) 객관주의, 지식은 발견되는 것

이러한 근대정신은 특히 자연과학적 특성인 위계성, 엄격성, 정밀성 그리고 기계화, 표준화, 효과성이라는 산업 시대의 패러다임과 결부되면서 그 사고 체계를 더욱 공고히 하고 또 시대적 적절성을 갖게 되었다.[9] 이 속에서 '지식은 탈상황적으로 발견되는 것이며 참으로서의 지식은 절대적이고 불변적이어야 한다'는 믿음은 그 시대의 맥락에서는 자연스러운 발상이라 할 수 있다. 결국 '지식은 발견된다.'라는 명제로 특징된 객관주의 인식론[10]이 탄생하게 된 것이다.

객관주의는 진리의 기준을 인간의 경험과는 독립적으로 정확히 구조화되어 있는 객관적 실재에 두고, 인식이 참인지 거짓인지의 기준을 객관적 사실과의 일치에 있다고 본다. 이는 세계에 대한 완전한 지식인 진리가 존재한다고 가정하는 것이며 인간이 추구하는 지식은 이러한 실재와 속성, 원리를 학습하는 것으로 본다. 또한 이런 진리는 본질적인 속성에 있어서는 똑같은 지식을 갖게 되는 것으로서 외부에서 내부로 전달되는 것이며 모든 사람은 똑같은 이해에 도달하게 된다고 가정[11]한다. 따라서 학습의 궁극적인 목표는 이러한 객관적인 지식과 진리를 추구하는 것이 된다.

니체의 인식론은 당시의 주류 사상이었던 플라톤적 인식론에 정면으로 도전한다. 플라톤적 지식관과 유대-그리스도교적 지식관을 반反실재적이며 반反자연적이라 비판하며 해체시킨다. 한마디로 니체의 인식론은 이상이 아닌 실재의 토대 위에 기초해 있다. 니체에게 실재란 경험 세계를 초월해 존재하는 이상이나 이데아가 아닌 생성·변화하는 '삶'을 의미한다.

영원불변의 동일성의 세계란 플라톤 이후 서양 형이상학과 그리스도교가 인위적으로 조작한 허구일 뿐, 참으로 실재하는 것은 생성·변화하는 현실 그 자체라고 본다. 니체는 특히 근대철학의 출발자인 데카르트 및 칸트가 강조한 대로 인간은 이성의 빛의 도움으로 참된 진리, 지식을 발견할 수 있다는 주장을 저서 『비도덕적 의미에서의 진리와 거짓에 관하여』에서 다음과 같이 비판한다.

"수없이 많은 태양계 속을 들여다보면 누군가가 쏟아 부은 별들로 반짝이는 우주가 있고, 그 우주 중심에서 멀리 떨어진 정말 외딴곳 한 구석에 아주 오래전 별 하나가 나타났는데, 바로 이 별에 사는 영리한 동물들이 인식이란 것을 발명해 내었다. 이것은 '우주의 역사'에서 가장 교만하고 동시에 가장 기만적인 순간이었지만, 이마저도 그저 순식간에 불과할 따름이었다. 왜냐하면 자연이 몇 번 더 숨을 쉬고 난 뒤에 그 별은 생기를 잃고 뻣뻣하게 굳어 버렸으니 영리한 동물들도 별과 함께 죽는 것 이외에 다른 길이 없었기 때문이다."[12]

니체는 시적인 텍스트를 통해 인간의 진면목이 무엇인지를 외면하지 말 것을 촉구한다. '인간의 지성이 자연 내에서 차지하는 위치가 얼마나 가련하고 무상하며, 얼마나 무목적적이고 자의적인가'를 예리하게 들춰 낸다. 니체는 인간의 지성이 존재하지 않았던 영겁의 시간이 이미 있었기에, 인간이 더 이상 존재하지 않는 때가 다시 온다 해도 아무런 일도 일어나지 않을 것이라고 말한다. 그럼에도 불구하고 인간은 완전한 객관성을 지닌 인식을 갖추고 있는 것처럼 자기 스스로를 완벽하게 과대평가하는 영리한 동물이다. 인간이 이성이나 오성, 사고력이나 판단력이 있기 때문에 자기 자신과 객관적 실재를 완전히 인식할 수 있다는 생각, 인간의 사고가 동시에 우주적인 보편 이성과 비견된다는 전제를 당연시한다.

이 때문에 플라톤과 데카르트, 칸트로 연결되는 니체 이전의 서양 철학이 '마치 세계의 축이 인간 지성을 중심으로 도는 것처럼 생각하여 이를 숭고하게 받아들이는' 인식 행위를 해 왔다는 것이다. 니체는 이런 인간의 인식 행위의 본질은 모기들의 인식 행위와 차이가 없다고 신랄하게 비판한다. "우리가 만일 모기들과 의사소통을 할 수 있다면, 우리는 그들 역시 이와 같은 파토스를 가지고 공중을 날아다니고 세계의 중심이 같이 날고 있다고 느낀다는 사실을 알게 될 것"[13]이라고 일침을 놓는다.

4) 니체 인식론의 본질

그렇다면 니체의 인식론의 본질은 무엇인가? 니체는 이에 대해 간명하게 답한다. 인간의 지성은 역시 인간적일 뿐이며, 인간을 뛰어넘는 사명을 지니지 않고 있다는 것이다. 따라서 니체의 인식론은 실재에 바탕을 둔다. 니체의 인식은 곧 실재에 대한 긍정이다. 전통 형이상학에서 주장하는 대로 인간 정신에 대해 독립적으로 존재하는, 현실 세계를 초월해 실재하는 어떤 객관적인 대상 세계의 존재를 거부하고, '지금 여기'의 실재를 긍정하는 것이 니체의 인식론이다.

그러나 유념해야 할 점은 니체의 지식, 진리론을 인식론적 회의주의나 반실재론으로 보는 해석으로 받아들여서는 안 된다는 것이다. 반실재론으로 보는 것은 무엇보다 서양의 전통철학에서의 실재 개념과 니체의 실재 개념을 혼동한 데서 기인하는 것으로서 니체 철학의 본질에 대한 오해에서 비롯된다고 본다. 이런 오해는 나아가 니체 철학을 플라톤주의적인 전통 형이상학에 대한 소극적인 안티테제로만 다루는 경향[14]으로 연계된다.

플라톤을 중심으로 한 형이상학에서의 실재란 감각 세계를 초월해 독립적이고 그 자체로 객관적인 대상 세계를 지칭한다. 가상과 대립하는 참으로 존재하는 진정한 세계인 것이다. 반면, 니체의 실재란 "유기체의 삶을 포함한 운동·변화하는 우주 만물, 영원회귀의 세계, 정신적-물질적 경험 세계, 힘에의 의지로서의 존재의 내부와 외부, 자연, 시간과 공간, 의식 세계와 무의식의 세계, 역사, 정치, 문화적 현실을 포함"[15]하는 것이다.

실재는 부단히 변화하며 생성한다. 따라서 실재는 각각의 시대와 공간마다 차이와 특수성을 지니며 구체화된다. 그렇다면 실재에 바탕을 둔 지식, 진리 역시 시대에 따라 차이와 특수성을 지니는 것이다. 따라서 니체에 따르면 참된 지식은 실재, 생명 자체, 삶, 현실, 자연에 근거하고 있으며 인간은 이성을 통해 실재에 근거한 지식과 진리를 발견할 수 있다. 이를 위해서는 전통 형이상학에서 신성시하는 초월적인 불변의 동일자로서의 이상Ideal들이 이 세계, 삶을 부정하기 위해 고안된 허구라는 것을 인식해야 한다고 주장한다.

> "우상('이상'을 표현하는 내 단어)의 파괴, 이것은 이미 내 작업의 일부다. 이상적 세계가 날조되었던 바로 그 정도만큼, 실재의 가치와 의미와 진실성은 사라져 버렸다……. '참된 세계'와 '가상 세계', 사실대로 말하자면 날조된 세계와 실재…… 이상이라는 거짓말은 이제껏 실재에 대한 저주였고, 이 거짓에 의해 인류의 가장 심층적인 본능마저도 부정직해지고 그릇되어 버려, 인류는 그들의 성장과 미래와 미래에 대한 고도의 권리를 보장해 줄 수 있는 가치와는 정반대되는 가치를 숭배하기에 이르렀다."[16]

니체의 인식론에 따르면 인간이 이때까지 전통 형이상학에 의해 학습된 '이상'이란 결국 '우상'이다. 이 우상의 지식으로 인해 인간은 '지금 여기'의 현실 세계의 가치를 부정하고 날조된 지식과 진리를 추구하게끔 학습화되어 왔다는 것이다. 이러한 니체의 인식론은 지식에 대한 관점주의로 귀결되며, 나아가 평생교육에서의 '앎을 위한 학습'에서의 지식에 대한 전통적인 개념의 반성과 새로운 지식창조에의 길을 열어 주고 있다.

2. 나를 넘어서려는 학습의지

1) 유전적인 학습 욕구

들로 보고서는 평생교육의 목적으로서의 '앎을 위한 학습'은 삶의 목적인 동시에 수단[17]임을 강조한다. 학습은 삶의 수단으로서 자기에게 주어진 환경에서 존엄성을 지키며 살기 위해 직업기술을 개발하고 의사소통 기술을 배우기 위해 필요하다는 점을 명시한다. 그러나 학습은 수단 이상의 학습 그 자체로서의 의미를 지닌다는 점을 아울러 강조하고 있다. 교육이나 학습은 이해하고 깨닫는 일 그 자체의 즐거움에 기반을 둔다[18]는 것이다.

들로 보고서는 평균수명이 늘어나고 그에 따른 교육기간의 확장되며 자유시간이 더 많아짐에 따라 개인적인 연구로부터 즐거움을 누리고자 하는 성인들의 수가 또한 점차 증가하고 있음을 지적한다. 이들은 지식의 분야가 확대됨에 따라 더 많은 지적 호기심을 갖고 비판 능력을 고양시키길 원하며 또한 독립적인 판단력을 갖추어 현실을 보다 잘 이해할 수 있게 되길 원한다는 것이다. 이렇게 볼 때 평생학습은 삶의 도구적 성격을 넘어 학습 자체가 삶의 원동력이자 힘이라는 사실을 알 수 있다.

피터 자비스Jarvis[19]는 이러한 학습의 욕구는 인간의 본래적 특질이라고 주장한다. 따라서 에이브러햄 매슬로Maslow, 1908~1970의 다섯 단계 위계 욕구, 즉 생존의 욕구, 안전의 욕구, 사랑과 소속의 욕구, 자존감의 욕구, 자아실현의 욕구에 학습의 욕구가 추가되어야 한다고 강조한다. 그러나 매슬로 이후 윌리엄 글래서Glasser, 1925~2013[20]는 학습은 인간이 즐거움의 욕구를 충족시키기 위해 행하는 핵심 행위임을 강조하고 있다.

글래서는 인간은 유전적으로 다섯 가지의 욕구, 즉 생존의 욕구, 즐거움의 욕구, 자유의 욕구, 힘/자존감의 욕구, 소속/애정의 욕구를 갖고 있으며, 그중 즐거움fun의 욕구를 충족시키기 위해 인간이 하는 주된 행위는 학습learning과 놀이playing라는 것이다. 이렇게 볼 때 학습은 인간의 유전적인 특질 혹은 본질에 속한다고 할 수 있다.

특히 평생학습 과정에서 학습자는 숨겨진 자아, 자신의 정체성을 발견하게 될 때 학습의 즐거움이 극대화되는 것으로 드러나고 있다. 한 예로 한국방송통신대학교 성인학생들의 학습 동기를 연구[21]한 바에 따르면, 이들의 학습 동기는 '감추어진 나를 찾아보고 싶어', '오직 아내와 엄마라는 존재만이 덩그러니 내 속에 자리 잡고 있어. 나를 되찾고 싶어', '나 자신을 잃어버리고 있는 건 아닌지' 등으로 나타나고 있다. 또한 이들은 학습을 통해 '감추어진 나', '또 다른 나'를 발견할 때 가장 큰 보람과 기쁨을 느끼는 것으로 나타나고 있다. 그렇다면 '나'를 찾고 싶은 욕구, 알고 싶은 욕구는 어디서 기인하는 것이며 그 욕구가 충족되었을 때 학습자가 느끼는 기쁨은 또 어디서 기인하는 것일까?

2) 힘에의 의지인 학습의지

니체에 따르면 학습의 의지는 곧 힘에의 의지다. 앞에서 언급한 대로 힘에의 의지란 개념은 물론 세속적인 의미에서의 타자에 대한 지배욕이나 권력을 추구하거나 욕망하는 의지와 동의어가 아니다. 인간은 고정된 완료형의 존재가 아닌 끊임없이 '생성'하는 진행형의 존재다. 인간에게 생성이란 끊임없는 변화의 흐름 속에 있는 상태만을 의미하는 것이 아니라 '힘에의 의지'의 투쟁으로부터 결과된 '어떤 것으로부터 다른 것으로의 건너뛰기[22]'다. 이 '건너뛰기'는 다양한 형태로 발현되는데 학습은 그중 대표적인 행위다. 즉, 힘에의 의지의 한 형태로서 학습에의 의지가 발현되는 것이다.

따라서 생성은 곧 힘에의 의지이고 힘에의 의지는 학습에의 의지이자 삶의 근본적 성격이 된다. 니체에게 힘에의 의지는 생성이자 삶이며 인간 존재인 것이다. 니체는 『차라투스트라는 이렇게 말했다』에서 힘에의 의지가 모든 살아 있는 존재의 근본적 현상임을 다음과 같이 역설한다.

> "더없이 지혜롭다는 자들이여! 내가 과연 생명 자체의 심장부 속으로 그리고 그 심장의 뿌리에까지 기어들어 가 보았는지, 진지하게 살펴보아라!
> 생명체를 발견하면서 나 힘에의 의지도 함께 발견했다. 심지어 누군가를 모시고 있는 자의 의지에서조차 나는 주인이 되고자 하는 의지를 발견할 수 있었다."[23]

여기서 무언가에 의지한다는 것은 무언가 결여된 것을 위한 투쟁[24]이다. 따라서 힘에의 의지란 힘의 발휘의 결여를 야기시키는 무언가에 대한 투쟁이듯 평생

학습에의 의지 역시 인간의 힘의 발휘의 결여를 야기시키는 무언가에 대한 투쟁
이다. 그렇다면 평생학습에서 힘의 발휘의 결여를 야기시키는 것은 무엇보다 자
기충족, 자기개발의 목표라 할 수 있다.

  그러나 인간은 어떤 다른 목적, 자신의 생존이나 도덕적 가치의 실현을 위해서
자신의 힘을 고양시키는 것이 아니라 자신의 힘의 고양 자체를 위해서 자신을
고양하고자 한다. 인간은 동물적이면서 동시에 동물성을 초월하려는 존재이기
때문이다. 따라서 인간은 자신의 생존에 유리한 것보다는 자신의 힘이 고양되었
다는 느낌을 주는 것을 더욱 중시한다. 인간의 관심이 이렇게 힘의 고양에 존재
하는 한 인간에게 전쟁은 불가피하고 또한 필요한 것이다.[25]

  들뢰즈Deleuze[26]의 말대로 힘은 의지가 원하는 것이 아니라 그와는 반대로 의지
속에서 원하는 어떤 것이다. 마찬가지로 평생학습은 학습자가 원해서 하는 게
아니라 '그 무엇이 원해서 하는 것'이 된다. 의지가 원해서 학습하고 의지가 원하
지 않는다고 해서 학습하지 않을 수 있는 것이 아니라는 의미다. 학습은 인간으
로 태어난 이상, 할 수밖에 없는 그 무엇이다. '그 무엇'이란 니체가 말하는 힘에
의 의지로서의 '학습의지'다. 이 학습의지는 한국방송통신대학교 성인학생들에
게는 '감추어진 나'를 찾고 싶은 의지이며, 니체의 자기극복 의지이기도 하다. 그
의지가 발현될 때 학습자는 충만감과 기쁨을 느끼는 것이다.

3) 니체의 삶은 학습의지

  니체는 스스로 힘에의 의지로서 학문에 대한 열정, 앎과 학습에의 의지가 어린
시절부터 강렬했음을 보여 주고 있다. 니체의 첫 자전 기록인 『나의 삶』에는 중
등학교 시절 그의 강한 학습의지가 잘 드러나 있다. 그는 "어쨌든 작은 책을 쓰
고 그것을 스스로 읽어 보는 것이 언제나 나의 소망이었다."[27]라고 말하며 자신
의 삶을 한 권의 책으로 써 내는 학습에의 의지를 강하게 표현하고 있다. 그는
이어 "이런 책을 여러 권 쓸 수 있다면 얼마나 좋을까?"라고 말한 것을 보면 자신
의 삶에 대한 학습, 그 학습의 결실을 책으로 발간하는 일에 대한 열정과 의지가

얼마나 강했는지를 짐작할 수 있다. 실제로 그는 학창시절(1858~1868) 동안 무려 아홉 편의 자서전을 쓴 것[28]으로 드러난다.

니체의 치열한 '앎의 의지'는 가공할 폭력성으로 그의 삶 전체를 관통하게 된다. 그는 초기에 쓴 단편 『분위기들에 대하여』에서 자신의 앎의 의지를 명확하게 표현하고 있다.

"투쟁은 영혼의 영속적인 양식이다. 영혼은 투쟁에서 달콤함을 추출하는 법을 잘 알고 있다. 영혼은 파괴하는 동시에 새로운 것을 산출한다. 영혼은 성城 안 싸움꾼이다. 그러나 상대편을 내밀한 동맹자로서 부드럽게 자신의 편으로 끌어들인다. 가장 놀라운 것은 영혼이 외적 형태에 구애받지 않는다는 점이다…… 영혼이 가치를 두는 것은 내면에 놓여 있는 것이다……. 나는 지금 내가 사랑하는 것들을 생각해 보고 있다. 이름과 인물들은 바뀌었고, 그 바뀐 모습이 그 본성에서 항상 더 깊고 아름답게 변한 것은 아니다. 그러나 분명 이들의 분위기는 내게 일보 전진을 의미하며, 정신은 이미 자신이 지나온 계단을 다시 밟는 것을 견디지 못한다. 정신은 더욱 높이 올라가기를 원하며 더욱 깊어지기를 원한다."[29]

이 글에서 니체는 자신의 힘에의 의지로서의 앎에의 의지의 치열함을 '투쟁'으로까지 묘사하고 있다. 앎의 의지가 지향하는 것은 끊임없는 정신의 상승, 상승 의지였다. 니체는 인간의 삶을 '심연 위에 걸친 밧줄', 즉 과정적 존재로서 보고 그 과정에서 인간이 취해야 할 실존적 태도는 자신의 삶을 끝없이 상승 혹은 도약시키는 것이라 생각했다.

니체는 "우리 모두는 우리 안에 숨겨진 정원과 식물을 가지고 있다. 달리 비유하면 우리 모두는 언젠가 분출하게 될 활화산"[30]이다. 이러한 활화산 같은 가능성이 "얼마나 가까운 시간에 혹은 먼 미래에 이루어질지는 아무도 모른다."[31] 자기 자신을 극복하고 진정한 강자로 나아갈 것을 제시한다. 삶의 상승이 곧 삶의 극복이기에 니체는 앎의 의지가 곧 자신을 극복하기 위한 의지임을 말해 주고 있다. 니체는 여기서 앎의 의지를 갖고 최대한 높이 상승하기 위해서는 먼저 강자가 되기 위한, 깊어지기 위한 학습이 필요함을 강조한다.

"그들은 모두 하나의 커다란 전체를 만드는 일을 감행하기 전에, 우선 부분을 완전히 만드는 것을 배우는 숙련된 장인의 성실성을 가지고 있었다……. 가장 함축적이고 가장 효과적인 일화의 형식을 배울 때까지 매일 일화를 쓰도록 하라……. 특히 주위의 다른 사람들에게 미치는 효과를 유심히 바라보고, 가능한 한 모든 사람에게 말을 자주 하고 남이 말하는 것을 귀를 쫑긋 세워 듣도록 하라. 풍경화가와 의상 디자이너처럼 여행하도록 하라. 잘 표현된 예술적 효과를 줄 수 있는 모든 것을 개개의 학문에서 발췌하도록 하라. 끝으로 인간 행위의 동기에 대해서 잘 생각하고 이 점에서 가르침을 주게 될 어떤 지침도 냉대하지 말고 밤낮으로 이런 것들의 수집가가 돼라. 이와 같은 다양한 훈련으로 2, 30년을 보내라……. 그런데 대부분의 사람은 어떻게 하고 있는가?"[32]

니체는 앎의 의지를 갖고 최대한 높이 상승하기 위해서는 자기 자신을 "운명과 필요가 그 자리를 물려받아 미래의 거장으로 한 걸음 한 걸음 인도"[33]하고 단계적으로 삶을 이끌어 갈 것을 강조한다.

3. 전체로서의 삶을 보는 인문학

1) 유네스코가 강조하는 교양교육

들로[34] 보고서는 지식이 복합적이고 지속적으로 변하고 있기에 모든 것을 알려고 하는 시도는 점차 의미가 없어지고 있다는 점을 언급한다. 특정한 분야의 전문적인 지식이 요구된다는 것이다. 그러나 들로 위원회는 전문적 지식을 갖추기 위해서는 교양교육을 포함해 광범위한 지적 배경을 필수적으로 갖추어야 한다는 점을 강조한다. 기초교육만으로 전 학문 분야에 통달하게 한다는 것도 환상이지만, 전문가는 소수의 몇 분야만 심도 있게 연구하면 된다는 것 역시 잘못된 생각이라는 것이다. 따라서 "오늘날에 있어서 참으로 잘 훈련된 지식이라 함은 광범위한 지적 배경을 가지고 소수의 몇 분야를 심도 있게 연구할 수 있는 사

람을 의미"한다.[35]

이러한 시대적 배경하에 들로 위원회는 일반교육general education 혹은 교양교육의 중요성을 강조한다. 교양교육이 없이는 개인은 다른 언어와 지식 분야에 접촉할 수 없게 되며, 무엇보다 타인과의 커뮤니케이션의 어려움을 겪게 된다고 강조한다. 자기만의 분야에 묻혀 버린 전문가들은 소위 '전문가의 덫'에 빠져 다른 사람들이 하는 일에 대한 관심으로부터 멀어지기 쉬우며 타인과의 협력에 있어서 다양한 종류의 문제를 안게 된다. 교양교육의 중요한 특징은 사회를 시공간적으로 연대할 수 있고 다른 분야의 지식에 대한 '감응력receptiveness'을 높임으로서 학문 간의 상승적인 발전 작용을 가져온다는 점[36]이다. 우리나라의 평생교육 분야에서 인문교양교육을 평생교육의 중요한 부분으로 간주하고 있는 것도 이러한 이유 때문일 것이다.

2) 전체로서의 삶을 보라

니체는 19세기 후반의 독일사회에서도 교육이 특정한 전문 분야나 생활에 필요한 지식에 편중되고 있음을 날카롭게 지적하고 있다. "하나의 전체로서의 삶의 그림과 마주쳐야 한다. 그렇지만 학계는 그림을 이해하려는 것이 아니라 저 캔버스와 물감을 알려고 혈안이 되어 있다. 삶과 현존재의 보편적인 그림을 확실하게 눈에 새겨 둔 사람만이 스스로 다치지 않고 개별적인 학문을 사용할 것이라는 점만은 우리가 분명히 말할 수 있다. 조정하는 역할의 전체상이 없다면 개별 학문은 가도 가도 끝이 없는, 우리 인생을 더 혼란스럽게 만드는, 미로같이 만드는 실에 불과할 것이기 때문이다."[37] 어떠한 분야의 전문교육이든 교육은 항상 교육의 본질을 지향해야 하며, 그렇지 못할 경우 학문은 오히려 우리의 삶을 혼란스럽게 만드는 도구가 될 것이라는 경고다. 이는 형식적 학교교육이나 성인 대상의 교육이나 모두 해당되는 말일 것이다.

니체는 불과 29세의 나이인 1872년 바젤대학에서 『우리 교육기관의 미래에 대하여』라는 주제로 다섯 차례의 공개강연을 하였다.[38] 강연 전체를 통해 그가 강조하는 주요 내용 중 하나는 삶의 본질을 추구하는 교양교육의 중요성이다. 물론 그 당시에도 교양교육은 있었으나 니체가 보기에는 주로 고전적 지식을 쌓는 데만 치우치고 '전체로서의 삶의 그림'을 보거나 그리는 교양교육은 아니었다.

  니체는 교육의 장場에서 캔버스와 물감을 향한 도구적 목적에만 관심을 집중하거나, 실용적 감각이나 직업 활동에만 가치를 두게 될 때, 교육은 "미래 없이 살고 싶었고 현재의 문턱 위에 편안히 발을 뻗고 있는 건달"[39]만을 양성하게 될 수밖에 없다고 신랄하게 비판한다. 니체는 교육이란, 그리고 같은 맥락에서 평생교육이란, 두 가지 목적을 추구하며, 교육기관 역시 두 부류로 구분된다고 주장한다.

"내가 알고 있는 진정한 대립이란 교양기관과 생활고의 기관이라네."[40]

  다시 말해, '전체로서의 삶의 그림'인 교양과 문화를 위한 교육기관과 다른 한편으로 생활의 필요를 충족시키는 것을 목적으로 하는 교육기관이 대립하고 있다는 것이다. 그러나 니체는 "우리에게 한 종의 교육기관이 전적으로 결여되어 있다네. 즉, 교양을 위한 교육기관의 종말! ……우리에게 교양기관이 없어, 우리에게는 교양기관이 없어!"[41]라고 한탄을 거듭하고 있다.

  여기서 우리는 니체가 왜 이렇게 교양교육의 중요성을 강조하는지 의문이 들 수 있다. 그는 그 이유를 먼저 생존을 위한 교육은 교육의 본질과 거리가 멀기 때문이라고 설명한다.

"친구야, 두 가지를 혼동하면 안 된다는 점을 반드시 명심하게. 사람은 살기 위해, 생존투쟁을 하기 위해 무척 많은 것을 배워야 해. 그러나 그가 이런 의도를 가지고 개인으로서 배우고 행위하는 것이 아직 교양을 만들지는 못하네. 교양은 그 반대로 고난과 생존투쟁, 궁핍의 세계 위에 존재하는 공기층에서 시작된다네."[42]

  니체에 의하면, 과거나 지금이나 '사람은 생존을 위해 지속적으로 학습해야 하는' 존재다. 현실적으로 '대부분의 사람에게 가장 중요하고 당면한 과제'가 관직이나 생계 수단을 약속하는 생존경쟁의 교육임을 니체 역시 인정한다. 그러나 중요한 점은 학습의 의도가 생존을 위한 수단으로 그친다면 진정한 교양은 되지 못한다는 것이다. '생존경쟁'을 독력하고 그것을 위한 능력을 키워 주는 그런 기관들이 아무리 공무원이나 상인, 장교나 도매상 또는 농부나 의사, 기술자를 교육시킨다고 약속해도 그들은 단지 생활고를 극복하기 위한 제도들일 뿐이라고 단정한다.

3) 교양교육의 잘못된 이해

니체에 따르면 교육이 지향해야 할 방향은 '생존경쟁을 위한 투쟁, 생활의 필요 충족을 목적으로 하는' 교육이 아니라 인간, 인간성을 탐구하는 교양교육이 되어야 한다. 그렇다면 현실의 교육은 어떠한가? 니체의 비판을 보면 그 당시의 교육이나 지금의 학교교육, 나아가 평생교육이나 교육의 관심은 차이가 없는 것처럼 보인다. 즉, 생계 수단을 목적으로 하는 교육이다. 니체는 『우리 교육기관의 미래에 대하여』에서 중년의 학교교사가 교직에서 느끼는 환멸을 토로하는 방식으로 당시의 교육기관의 관심사항을 지적하고 있다.

"우선 두 가지 주된 방향을 구분해야 할 것 같습니다. 서로 정반대인 것처럼 보이지만, 그 영향은 똑같이 부정적이며, 그 결과에서는 결국 합류하는 두 가지 경향이 우리 교육기관의 현재를 지배하고 있습니다. 즉, 가능하면 교양을 확대하고 전파하려는 충동이라는 하나의 경향이 있는 반면, 다른 한편에서는 교양 자체를 축소하고 약화하려는 욕망이 있습니다……. 교양에게 가장 고상하고 숭고한 요구 사항을 포기하고 다른 생활양식, 예컨대 국가를 위한 봉사로 만족하라고 강요합니다."[43]

니체는 교양에 대한 당시의 교육계의 인식과 정책을 교양 확대와 교양 축소의 두 가지 방향으로 지적하고 있다. 그는 교양의 확대와 전파를 주장하는 사람들은 인간 및 인간성의 탐구라는 교양 본래의 목적을 확대시키려는 것이 아님을 지적한다. 그들이 교양의 확대를 주장하는 이유는 '가능한 한 많은 지식과 교양'이 '가능한 한 많은 생산과 욕구' 나아가 '가능한 한 많은 행복'의 공식으로 나아간다는 믿음 때문이라는 것이다. 니체는 구체적으로 덧붙여 말한다. 이들이 교양을 확대시키려는 이유는 "소득과 가능한 한 최대의 화폐 수입이 교양의 목적이고 목표"[44]이기 때문이라는 것이다.

여기서 주목할 점은 니체의 이런 지적은 현재의 우리나라 평생교육 분야에서 관심이 폭증하고 있는 대중인문교육의 문제점과 직결된다는 점이다. 우리나라의 교육계 역시 교양으로서의 인문학을 확대 및 축소시키려는 두 가지 움직임이 혼재해 있는 상황이다. 대학입학정원 축소를 추진하는 교육부의 정책은 결국 대학의 인문학을 고사시킬 것이라는 우려가 지배적이다. 실제로 많은 대학에서 취업상의 불리함을 이유로 인문교양 강좌가 대폭 축소되고 있다. 니체가 비유하듯 '가장 고상하고 숭고한 교양의' 정신을 포기하고 공무원이 되어 '국가를 위한 봉사로 만족'하는 것이 보다 현실적이라는 인식이다.

다른 한편으로 정부는 인문학이 국가경제발전의 창의적 토대가 된다는 인식하에 인문학에 적극적인 관심을 보이고 있다. 과거에 영어나 컴퓨터 능력이 개인의 경쟁력이었듯이 21세기는 인문학이 그 자리에 들어선다는 인식이다. 니체가 지적한 것과 동일하게 '소득과 화폐 수입을 인문학의 목적'으로 보는 인식이다. 가능한 한 많은 인문적 지식과 소양이 창의성을 개발시켜 가능한 한 많은 생산과 발전으로 연계될 것이라는 기대가 바탕이 되고 있는 것이다. 이와 같은 맥락에서 대중인문교육에 대한 관심이 전 사회적으로 확대되고 있다. 각종 시민 강좌, 기업체 연수, 소외계층 대상 무료 인문학 강좌에 이르기까지 대중인문교육은 평생교육 분야에서 그 영역을 확대해 나가고 있다.

그러나 현재의 교양을 위한 평생교육으로서의 대중인문교육은 니체가 지적한 대로 교양의 본질을 왜곡시키고 있다. 그렇다면 니체가 교육의 토대로서 보는 교양교육이란 무엇인가? 니체는 『아침놀』에서 교양교육의 원형으로서 고대 그리스 문화의 교육을 제시한다.

"과연 우리는 바로 그 고대인이 자신들의 청년에게 가르친 것 중에서 어떤 것이라도 배웠는가? 우리는 고대인들처럼 말하고 쓰는 것을 배웠는가? 우리는 대화의 검술(논쟁법), 즉 변증법을 끊임없이 실습했는가? 우리는 그들처럼 아름답고 당당하게 행동하고 그들처럼 격투하고 던지고 권투하는 것을 배웠는가? 우리는 모든 그리스 철학자의 금욕주의적인 삶에 대해 어떤 것이라도 배웠는가? 우리는 과연 단 하나의 고대의 덕이라도 고대인이 그것을 익혔던 방식으로 익혔는가?"[45]

4) 교양교육의 원형은 고대 그리스

여기서 니체가 주장하는 교양교육이란 고대 그리스 시대의 교육내용을 의미하는 것은 아닐 것이다. 과거의 그들처럼 말하고 쓰는 법, 논쟁법, 격투하고 권투하거나 그리스 철학자들의 금욕주의를 배우라는 말은 아니다. 저자는 니체가 의미하는 것은 고대 그리스인들이 생활의 방편으로서의 교양교육이 아닌, 자유로운 시민 개개인의 시민성 혹은 인간성 그 자체를 고양시키고 극복하기 위한 순수한 열정과 치열한 노력이 교양교육의 전범典範이라는 의미라고 해석한다. 니체가 말하는 자유교육으로서의 교양의 강조는 그의 저작 곳곳에서 강조되고 있다.

그렇다면 평생교육으로서의 대중인문교육에 대한 우리의 논의는 바로 니체가 강조하는 자유정신을 고양시키느냐에 초점이 맞춰져야 할 것이다. 니체가 교양교육의 전형으로 제시한 고대 그리스인의 삶과 교육정신에 가장 근접한 것이 얼 쇼리스Earl Shorris[46]의 '클레멘트 코스'다. 쇼리스의 클레멘트 인문교양교육의 목적은 자립과 자유에 있다. 고대 그리스인이 그러했듯, "민주적인 공동체의 일원으로 자유롭고 당당하게 살 수 있는 개인[47]이 되도록 하는 것이다.

이를 위한 교육과정은 매우 고전적이어서 도덕철학, 역사, 문학, 예술, 논리학 등의 교육과정의 기본 틀을 이루고 있다. 인문학 교육의 방법으로 '소크라테스적 방법'을 내세워 논리적 사고와 역사 이해, 예술 감상을 통한 예술적 감수성 등에 초점을 맞추고 있다. 이를 통해 스스로 생각하고 자신을 표현하며 타인을 이해하고 책임 있는 행동을 하도록 유도한다.

그러나 현재 평생교육으로서 우리나라의 대중인문교육은 무엇보다 강의 중심이다. 강의를 통해 인문학 지식을 이해, 획득하는 데 초점을 두다 보니 소크라테스적 방법과는 거리가 멀다. 스스로 생각하고 논증하고 그것을 자기 말로 표현하고 글로 담아내는 힘을 키우는 교육과는 동떨어질 수밖에 없는 것이다. 이러한 인문적 힘이 생기지 않는다면 타인의 의견, 타인이 만들어 놓은 사유나 판단에 의존할 수밖에 없고, 결과적으로 교양교육의 목적인 자립과 자유정신을 달성하기 어렵다. 오히려 "인문학적 지식의 소유는 사람을 더욱 오만하게 만들 수 있다"[48]는 데 문제가 있다.

니체가 당시의 독일 교육계가 교양교육을 확대시키거나 축소시키는 두 가지 방향이 있음을 지적하고, 두 가지 방향이 모두 교육을 파멸의 길로 내몰고 있다고 주장한 것은 교양의 본질을 왜곡한 교양교육의 폐해를 질타한 것이라 할 수 있다. 우리의 대중인문교육은 '표면상으로는 두 물줄기가 정반대로 흐르고 있는 것처럼 보이지만' 두 물줄기 모두 평생교육 본연의 기능과 역할을 왜곡하고 있다는 것이 니체의 지적이다.

4. 니체의 자유정신과 학습의 자활감

'앎을 위한 평생학습'은 지식을 습득하기 위한 도구적 목적과 학습 그 자체의 즐거움에 기반을 두는 목적으로서의 교육을 포함한다. 삶의 문화적 주기가 확장되고 지식정보화가 심화됨에 따라 지식의 외연은 더욱 확장되고 지식의 전문성은 더욱 깊어지고 있다. 이제는 언제 어디서든 삶의 수단이자 목적으로서 지식에 대한 학습이 개개인의 삶이 되어야 한다. 이러한 평생학습 시대에 요청되는 요소이자 전제는 학습에서의 자유, 학습자가 주체가 되는 학습의 자활감 empowerment이다.

1) 평생학습의 생명, 자활감

학습자에게 자활감이란 "정치적인 권력으로 남을 지배하거나 억제하는 그런 물리적인 힘을 의미하지는 않는다. 그것보다는 학습자 개인의 심리적인 자율감각이나 자신의 삶 살이를 위해 주변의 환경이나 조건을 교육적으로 활용함으로서 학습자 스스로 그 무엇인가를 해낼 수 있다는 자신감과 정신적인 상태"[49]를 지칭한다. 학습자의 자활감은 평생학습 시대의 학습인간의 새로운 모습인 동시에 배우는 행위를 스스럼없이 즐기게 만드는 배움에로 이끄는 힘이다.[50] 이를 위해서는 학습 현장에서의 '자유'정신, 정형화된 학습의 환경 및 지식으로부터의 해방이 선행적으로 요구될 수밖에 없다.

니체의 저서 『인간적인 너무나 인간적인』이라는 제목이 암시하듯, 그리고 '자유정신을 위한 책'이란 부제가 말해 주듯, 이런 자유정신은 너무도 인간적이며 당위적으로 요청되는 것임을 강조한다. 니체는 "모든 인간은 모든 시대가 그랬던 것처럼 지금도 여전히 노예와 자유인으로 나뉘어 있다. 왜냐하면 하루의 3분의 2를 자신을 위해 가지고 있지 않는 사람은 노예이기 때문이다."[51]라고 말한다.

자유정신을 강조한 이유는 니체가 살았던 19세기 후반의 독일을 포함한 유럽 사회의 정신적 지주가 되고 있었던 전통 형이상학과 그리스도교 문화가 인간의 의식을 지배하고, 이를 통해 삶을 억압하고 왜소화시킨다는 점을 간파했기 때문이었을 것이다. 그는 먼저 무엇으로부터 '자유'인지를 인식할 것을 주문한다.

"무엇으로부터의 자유지? 그것이 차라투스트라와 무슨 상관이란 말인가! 이제 너의 눈은 분명히 내게 말해 주어야 한다. 무엇을 향한 자유지?"[52]

니체는 무엇보다 허구적인 서양 문화전통으로부터의 인간 정신이 해방되어야 한다고 주장한다. 또한 서양 문화전통에 기초한 교육이 암묵적으로 길러 낸 제약된 정신으로부터의 해방을 강조하는 것이다. 전통적인 학교교육을 통해 사회화된 이념과 제도, 헤게모니로부터의 해방인 것이다. 니체는 자유로운 인간에 대해 이렇게 말한다.

> "자유로운 인간은 전사다. 개인에게서나 대중에게서나 자유는 무엇에 의해 측정되는가? 극복되어야 할 저항에 의해서, 위에 머무르기 위해서 치르는 노력에 의해서. 최고로 자유로운 인간 유형은 최고의 저항이 끊임없이 극복되는 곳에서 발견될 수 있을 것이다."[53]

따라서 평생교육은 학습자로 하여금 권력과 자본에 대한 '자동적인 순응automation conformity'[54]에서 해방되도록 도와주는 기능을 수행해야 한다. 스스로가 자신의 주체가 되고자 노력하는 것이 아니라 익명의 대중의 일부로서 생각하고 행동하거나 다수의 생각을 파악하고 따르면서도 자신을 주체적이라고 확신하는 의식과 행동에서 해방시키는 것이다.

2) 자주적인 인간이 니체의 해방

이런 의미에서 해방이란 자신의 창조력을 회피하지 않고 또한 미래의 희망에 매달리지 않은 채, "바로 지금 이 순간, 한 뼘도 채 안 되는 오늘을 소유한 우리가 자기 고유의 철도와 법칙에 따라 살려는 용기"를 뜻한다. 다시 말해, "전승의 가치덕목에 맹종하지 않는 자주적인 인간", 자기입법Selbstgesetzgebung, 즉 자신의 삶의 질서를 스스로 제정할 수 있는 역량을 갖춘 인간"[55]이 되는 것이 니체의 해방이다.

> "우리는 현재의 우리 자신이 되고자 한다! 새롭고 일회적이고 비교 불가능하고, 자기 스스로가 입법자이고, 자기 스스로를 창조하는 인간이 되고자 한다."[56]

니체의 간명한 이 말은 모든 사람으로 하여금 자신의 존재의 주인이 되게 하고 존재에 대한 전적인 책임을 지게 하는 평생교육에서의 실존주의 입장을 극명하게 피력하고 있다. 따라서 유아기와 아동기 동안 생물학적 존재들이 사회적 존재가 되기 위해 열심히 제도를 학습했다면, 성인기에는 제도가 요구하는 집단성에서 벗어나 개인적인 삶의 의미를 복원[57]하기 위해 자유정신을 갖출 것을 촉구하는 것이다.

이를 위해서는 '자유' 개념이 평생학습의 전 과정에 침투되어야 한다. 먼저, 학습의 자활감, 즉 임파워먼트empowerment가 학습자에게 주어져야 한다. 성인들은 스스로 학습하고자 하는 욕구를 지니고 학습을 수행할 때 비로소 자기 자신을 발견할 수 있기 때문이다. 에드워드 기번Edward Gibbon[58]이 오래전에 지적한 대로, 사람은 두 가지 교육 활동에 의해 인간의 모습을 갖추게 되는데, 첫째는 누군가로부터 가르침을 받는 길이고, 다른 하나는 자기 자신이 스스로 배우는 것이다. 그런데 이 중에서 더 중요한 것은 자기 자신의 배움이다. 한준상[59]의 말대로 학습의 자활감을 갖춘 "학습은 인간학습에 있어서 삶의 질을 담보하고 있는 핵심 방법"인 것이다.

성인학습자들이 학습의 임파워먼트를 가질 때 학습을 통한 활기와 열정, 꿈을 얻는다. 자활감을 가질 때만이 학교교육을 통해 무비판적으로 수용된 지식과 규범, 지배 이데올로기가 자신을 지배하고 있다는 사실을 깨닫게 된다. 세상을 학문의 기득권 세력의 눈으로 보기보다는 자신의 눈으로 보면서 새로운 지식, 새로운 자신을 생성해 나가게 된다. 신자유주의란 종속적인 의식에서 해방되면서 학습자는 새로운 존재로 거듭나는 것이다. 그리고 이를 통해 성인들은 비로소 학습된 무기력에서 해방될 수 있다.

3) 쥐상스 학습과 플레시 학습

평생학습에서 학습의 자활감을 갖기 위한 구체적인 방법으로 한준상[60]은 롤랑 바르트Barthes[61]의 '쥐상스Jouissance'적 학습 방법을 제시한다. 쥐상스와 구분되는 '플레시Plaisir'적 학습은 "습관적으로 경험하는 배움의 즐거움이나 일상적인 독서학습으로부터 얻는 것 같은 즐거움이다. 문자를 해독함으로써 얻어 내는 지식의 획득, 예측치 못했던 새로운 상황에로의 반전, 읽는 행위에로의 탐닉과 그런 과정 속에서 맛보는 깨달음, 모르던 것을 새롭게 제대로 이해하기, 전체 상황을 완전히 파악함으로써 갖게 되는 안정감 같은 것"[62]을 말한다. 서양의 전통 형이상학을 바탕으로 하는 학교교육에서 장려했던 학습법이다.

이런 전통 학습방법에서는 학습에서 개인의 자유가 극히 제한된다. 학습의 대상인 지식의 본질, 지식의 종류, 지식의 이해 등에 있어서 학습자는 미리 정해진 학습 틀에 좌우될 수밖에 없다. 지식에 대한 질문이나 비판, 도전은 허용되지 않거나 의미 없는 행위가 되어 버린다. 교수―학습 방법에도 정형화된 원리가 적용되며 학습자는 수동적인 의미의 수용자로 머무른다.

반면, 쥐상스적인 학습은 보다 자연스러운 배움의 본질에 접근된 학습쾌락으로 학습자 스스로 기대한 것 이상으로 얻을 수 있는 충격적인 감흥이나 지적인 쾌락을 말한다.[63] 쥐상스적인 배움은 학습자들이 미리 단순하게 기대하고 영위하려던 안락함이나 편안함을 여지없이 부수어 버린다. 동시에 학습을 촉진시키는 수많은 텍스트와 그런 텍스트 속의 문자들이 의도했던 식의 고정된 의미도 가차 없이 바꾸어 놓기에 학습자에게 주는 지적인 배움의 쾌락이 더욱 더 확대된다.[64] 한준상은 학습자 스스로 그런 텍스트들에게서 배움의 의미를 찾아낼 때 배움의 즐거움은 기존의 학습이나 가르침의 형식을 넘어서는 실험예술적인 새로운 경험으로까지 확산된다고 강조한다.

니체는 학습의 구체적인 방법을 제시하지는 않는다. 그러나 니체는 기존의 전통 인식론에 근거한 지식 및 진리를 비판적으로 성찰하고 나아가 지식의 허구성을 파악해 해체시킬 것을 지속적으로 강조하고 있다. 실제로 니체는 본인 스스로가 쥐상스적 학습의 모델임을 스스로의 사상적 변천 과정을 통해 입증하고 있다. 특히 계보학Genealogie 방법을 통해 본인의 의식과 정신 세계를 지배해 왔던 지식과 가치 체계를 분석하고 가차 없이 해체시켰다. 그리고 2천 년간 독일의 대성당처럼 엄숙하고 군건하게 자신과 사회를 지배해 왔던 신과 전통 형이상학의 죽음을 선언하였다. 쥐상스적인 학습에서 '저자의 죽임' 현상을 통해 독자가 학습의 주체가 되듯, 니체는 전통적 지식과 진리의 죽임을 통해 스스로 지식을 창조하는 삶의 주인이 되었다.

미주 · -

1) Nietzsche, F. W. (1886~1887). *(Zur) Genealogie der Moral 1886–1887*. 김정현 역(2015). 니체 전집 14권. 선악의 저편 · 도덕의 계보. 서울: 책세상. p. 221.

2) 같은 책. p. 337.

3) Delors, J. et al. (1996). *Learning: the treasure within*. Report to UNESCO of the international commission on education for the twenty-first century (Paris, UNESCO). p. 86.

4) Nietzsche, F. W. (1886~1887). p. 337.

5) 동일자(the Same)란 휘둘리지 않고 그 자체를 보존하는 것, 그 '동일(同一)'함을 보존하는 것으로서 서양 형이상학이 추구했던 '실체'는 바로 이 동일성이다. 이데아, 신 등이 대표적이다. 맥락에 따라서는 '동일성'이라고도 한다(참고: 진태원, 한정헌, 2015, p. 71.).

6) Davis, B. (2004). *Inventions of Teaching: A Genealogy*. 심임섭 역(2014). 구성주의를 넘어선 복잡성 교육과 생태주의 교육의 계보학. 서울: 도서출판 씨아이알. p. 278.

7) 같은 책. p. 65.

8) 이종원(1999). 급진적 구성주의와 Piaget의 재발견. 초등교육연구논총, 13, 대구교육대학교 초등 교육연구소.

9) 송언근(2003). 존재론적 구성주의와 지리 교육. 서울: 교육과학사. p. 18.

10) 같은 책. p. 19.

11) 오인경, 최정임(2012). 교육 프로그램 개발 방법론. 서울: 학지사. p. 127.

12) Precht, R. D. (2008). *wer bin ich und wenn ja, wie weile?* 백종유 역(2008). 나는 누구인가?. 서울: 21세기북스. p. 27에서 재인용.

13) 같은 책. p. 28에서 재인용.

14) 손경민(2015). 니체 철학에서 실재의 문제. 서울대학교 박사학위논문. p. 9.

15) 같은 논문. p. 16,

16) Nietzsche, F. W. (1886~1889). *Nietzsche contra wagner*. 백승영 역(2015). 니체전집 15권. 바그너의 경우 · 우상의 황혼 · 안티크리스트 · 이 사람을 보라 · 디오니소스 송가 · 니체 대 바그너. 서울: 책세상. p. 324.

17) Delors, J. et al. (1996). p. 86.

18) 같은 책. p. 87.

19) Jarvis, P. (1995). *Adult Education and Lifelong Learning: Theory and Practice*. p. 14.

20) Glasser, W. (2003). Warning: Psychiatry can be hazardous to your mental health.

HarperCollins Publishers.

21) 이기연(2006). 주부학생이 학습체험에 나타난 학습의 의미. 평생학습사회, 2(1), 63-94.

22) Schrift, A. D. (1990). *Nietzsche and Question of Interpretation. Routledge Inc.* 박규현 역 (1997). 니체와 해석의 문제. 서울: 푸른숲. p. 56.

23) Nietzsche, F. W. (1883~1885). *Nietzsche Werke, Kritische Gesamtausgabe, vol. VI-1: Also sprach Zara.* 정동호 역(2015). 니체전집 13권. 차라투스트라는 이렇게 말했다. 서울: 책세상. p. 192.

24) Schrift, A. D. (1990). p. 57.

25) 박찬국(2007). 현대철학의 거장들: 마르크스, 니체, 키에르케고르, 하이데거, 하버마스, 푸코, 비트겐슈타인, 포퍼. 서울: 철학과 현실사.

26) Deleuze, G. (1962a). *Nietzsche et la Philosophie. Press Universitaires de France.* 신병순, 조영복 역(1996). 니체, 철학의 주사위. 서울: 인간사랑. p. 14.

27) Hollingdale, R. J. (1965b). *Nietzsche: The man and his philosophy.* 김기복. 이원진 역(2004). 니체, 그의 삶과 철학. 서울: 이제이북스. p. 33.

28) 고명섭(2012). 니체극장: 영원회귀와 권력의지의 드라마. 경기: 김영사. p. 45.

29) Hollingdale, R. J. (1965b). pp. 46-47.

30) Nietzsche, F. W. (1881~1882). *Nietzsche werke. kritische gesamtausgabe: vol. 2.* 안성찬, 홍사현 역(2014). 니체전집 12권. 즐거운 학문 · 메시나에서의 전원시 유고. 서울: 책세상. p. 79.

31) 같은 곳.

32) Nietzsche, F. W. (1878a). *Nietzsche Werke, Kritische Gesamtausgabe, vol. IV-2: Menschliches, Al.* 김미기 역(2013). 니체전집 7권. 인간적인 너무나 인간적인 I. 서울: 책세상. pp. 181-182.

33) 같은 책. p. 182.

34) Delors, J. et al. (1996).

35) 같은 책. p. 87.

36) 같은 곳.

37) Nietzsche, F. W. (1872). *Die Geburt der Tragödie & Unzeitgemäße Betrachtungen.* 이진우 역(2015). 니체전집 2권. 비극의 탄생 · 반시대적 고찰. 서울: 책세상. pp. 413-414.

38) 니체는 1872년 1월에서 3월 사이에 바젤대학 박물관 강당에서 다섯 차례의 공개강연을 하였다. 이 해는 니체의 처녀작인 『비극의 탄생』이 출판된 해로서 니체 작품의 초기에 해당된다. 본래 이 강연은 6회로 실시될 예정이었으나 실제로는 5회를 하였으며 니체 자신이 강연 원고를 정식으로 출판할 계획을 세웠지만 완성도를 더 높인다는 이유로 출판을 미루었던 것으로 전해

진다(참고: 박상철, 2014, p. 169). 비록 이 강연들은 당시 독일의 김나지움 교육을 대상으로 하였지만 교육은 곧 평생교육이란 점에서 볼 때 니체의 교육철학은 현재의 평생교육에도 가감 없이 적용된다고 본다.

39) Nietzsche, F. W. (1870~1873). *Nietzsche Werke, Kritische Gesamtausgabe, vol. Ⅲ-2: Nachgelassene Sc.* 이진우 역(2013). 니체전집 3권. 유고(1870년~1873년). 서울: 책세상. p. 191.

40) 같은 책. p. 251.

41) 같은 책. pp. 250-252.

42) 같은 책. p. 247.

43) 같은 책. p. 194.

44) 같은 곳.

45) Nietzsche, F. W. (1881). *Morgenrothe.* 박찬국 역(2008). 니체전집 10권. 아침놀: 제2의 계몽시대를 여는 책. 서울: 책세상. p. 194.

46) Shorris, E. (2013). *The Art of Freedom.* 박우정 역(2014). 인문학은 자유다. 서울: 현암사.

47) 같은 책. p. 8.

48) 같은 책. p. 9.

49) 한준상(2002). 학습학. 서울: 학지사. p. 25.

50) 같은 곳.

51) Nietzsche, F. W. (1878a). p. 278.

52) Nietzsche, F. W. (1883~1885). p. 104.

53) Nietzsche, F. W. (1886~1889). p. 178.

54) 정민승(2010). 성인학습의 이해. 서울: 에피스테메. p. 7.

55) 강선보, 김영래(2012). 니체 자유정신과 교육적 의미. 한국교육학연구, 18(3), 25-47. p. 27.

56) Nietzsche, F. W. (1881~1882). p. 307.

57) 정민승(2010). p. 7.

58) Gibbon, E. (1923). *Autobiography of Edward Gibbon.* Humphry Milford.

59) 한준상(2002).

60) 같은 책.

61) Barthes, R. (1973). *The Pleasure of the Text.* Éditions du Seuil.

62) 한준상(2002). p. 25.

63) 한준상(2002). p. 26.

64) 같은 곳.

제**8**장

행함의 학습, 쓰임새와 비판적 학습

실천이 없는 이론은 공허하며 이론이 없는 실천은 맹목적이다. 성인교육학자인 메리암Merriam은 "실천이 없는 이론은 공허한 관념론으로 나아갈 뿐이며, 철학적 반성이 없는 행동은 무의미한 행동주의를 초래할 뿐"이라고 말한다.[1] 18세기 계몽주의 철학자인 이마누엘 칸트Kant는 이론이 없는 경험은 맹목적이며, 경험이 없는 이론은 단순한 지적 유희에 불과하다는 점을 지적했다. 많은 학자는 공통적으로 이론과 실천이 불가분의 관계에 있음을 지적한다.

유네스코 들로 보고서는 21세기 평생학습의 중요한 원리로써 행함을 위한 학습learning to do을 제시한다. 행동하기 위한 학습을 통해 개인은 환경에 대해 창조적으로 대응할 수 있게 된다는 것이다. 들로 위원회는 이를 두 개의 질문으로 대신한다. 즉, 어떻게 하면 학습자들이 배운 내용을 실천할 수 있게 가르칠 수 있는가? 그리고 어떻게 하면 교육이 예측하지 못한 가운데 생겨나는 미래의 직업을 준비할 수 있는가?다.

니체 철학의 관점에서 볼 때 행함을 위한 평생학습에는 다음 네 가지의 철학적 논의가 가능하다. 첫째, 쓰임새가 있는 평생학습이 되기 위해서는 먼저 지식에 대한 탄력적인 이해가 필요하다는 것이며, 둘째, 행동과 실천은 곧 경험학습이며 경험의 주체는 신체다. 따라서 신체에 대한 새로운 이해가 필요하다. 셋째, 미래를 위한 예측학습이 되기 위해서는 학습의 자기주도성이 중요하며, 넷째, 학습한 내용의 실천은 궁극적으로 학습자의 해방을 목표로 한다는 점이다.

이 장에서는 니체의 관점주의와 교육에 관한 비판적 성찰을 통해 '행함을 위한 평생학습'의 철학적 바탕을 살펴보기로 한다.

1. 니체의 교육비판과 '쓰임새' 평생학습

1) 쓰임새 위주의 평생학습

'행함을 위한 평생학습'은 '앎을 위한 학습'과 명확히 구분되는 것은 아니다. 그러나 들로 보고서는 행동하기 위한 학습은 현실적인 측면에서 볼 때 직업훈련 vocational training 문제에 보다 밀접하게 관련되어 있다[2]는 점을 언급한다. 또한 이 문제는 '어떻게 하면 학습자들이 배운 바를 실천할 수 있도록 가르칠 수 있는가?'의 질문과, '어떻게 하면 교육이 예측하지 못한 가운데 생겨나는 미래의 직업을 준비할 수 있을 것인가?'의 질문에 대답을 해야 하는 문제라고 강조한다.

들로 보고서는 이 두 가지 질문 중, 특히 두 번째 질문이 더욱 중요하다고 강조한다. 두 번째 질문은 전통적인 페다고지가 아닌 성인교육에서 강조하는 안드라고지적 관점을 필연적으로 요청한다. 여기에는 지식의 효용주기가 점차 짧아지고 있으며, 나아가 지식이란 절대적 · 보편적인 것이 아니라 변화하는 직업의 속성에 맞추어 지속적으로 변화되고 창출되어야 하는 것이란 인식이 전제되어 있음을 알 수 있다.

성인을 대상으로 하는 평생교육에서 가장 중요한 특징 중 하나는 학습의 쓰임새다. 다시 말해, 평생학습이 학습자 개인의 삶에 쓰임새가 있는 실용주의 학습[3]이 될 때 평생학습의 의미가 강화된다는 것이다. 물론 학습의 쓰임새가 성인학습에만 해당되는 것은 아니다.

그러나 사회화 위주의 청소년기 학습을 벗어나 자신의 삶의 질을 고양시키는 데 관심을 갖는 성인평생교육에서는 개인적으로나 사회적으로 쓰임새 있는, 실천성이 높은 학습의 실천과 내용이 더욱 중요시될 수밖에 없다. 따라서 평생교육 측면에서도 학습 내용 혹은 직업훈련 내용이 현장 적용에 유의미하고 실효성을 갖도록 학습의 내용이나 교수 방법을 선정해야 함은 물론이다.

2) 니체, 지식 아닌 능력의 학습

니체는 서양 전통 형이상학에 바탕을 둔 교육의 선험적인 그리고 형식적인 목적에 대해 비판을 가한다. 결론부터 말하면 교육은 이해하기 위한 것이 아니라 살아가기 위함이라는 것이다. 물론 '살아가기 위함'이라는 것은 단지 삶의 도구적이며 수단적인 특성만을 의미하지는 않는다. 앞에서 살펴본 바와 같이 니체는 학습 혹은 배움은 그 자체로서 힘에의 의지이기 때문에 배움 자체가 즐거움을 주는 목적이 된다는 점을 강조한다. 니체는 학습을 통한 인식 활동이 인간에게 주는 기쁨의 이유를 다음과 같이 설명한다.

"인식에서의 쾌감: 첫째, 무엇보다도 그때 사람은 자기의 힘을 의식하기 때문이다. 그것은 체조 연습이 구경꾼 없이도 즐거운 것과 같은 근거에서다. 둘째, 사람들은 인식의 과정에서 과거의 표상들과 그 옹호자를 능가하여 승리자가 되거나, 적어도 그렇게 되리라고 믿기 때문이다. 셋째, 우리는 아주 사소한 새로운 인식을 통해서도 자신을 모든 것 위에 있는 숭고한 사람으로 느끼고, 이 점에서 올바른 것을 알고 있는 유일한 사람으로 느끼기 때문이다.[4]

그러나 니체는 저서 『인간적인 너무나 인간적인』 곳곳에서, 교육은 삶과 연관이 있어야 하며 그렇지 못한 교육은 사이비교육이란 점을 강조하고 있다. 학습을 통한 지식이 '지금 여기'의 개개인의 실존적인 삶에 도움이 되어야 한다는 것이다.

"재능: 오늘날의 인류처럼 고도로 발달한 인류에게는, 누구나 자연에서 많은 재능을 가질 가능성이 있다. 누구나 타고난 재능을 가지고 있다. 그러나 소수의 사람만이 강인함, 인내심, 활력을 타고나며 또 습득한다. 그래서 그는 실제로 재능 있는 사람이 된다. 즉, 있는 그대로의 그가 되는 것이다. 이것은 재능을 작품과 행동에서 발휘하는 것을 의미한다."[5]

니체는 학습을 통해 얻게 되는 지식의 양이란 극히 제한적인 것이며, 더욱이 그 지식이란 것이 절대적이거나 시대를 아우르는 보편성을 지니는 것이 아님을 강조한다. 따라서 학습의 효과는 지식의 축적이 아닌 지식을 통한 문제해결력에 있음을 강조하는 것이다.

니체의 이러한 주장은 들로 보고서가 '행함을 위한 학습'에서 가장 중요하다고 강조한 "어떻게 하면 교육이 예측하지 못한 가운데 생겨나는 미래의 직업을 준비할 수 있을 것인가?"[6]란 물음에 해답을 제공하고 있다. 들로 보고서 역시 니체의 지적과 마찬가지로 지식의 효용주기는 점차 짧아지고 일과 직업의 미래는 예측할 수 없을 정도로 변하고 있는 상황에서 그에 대처하는 능력과 역량competence을 키워 주는 일이 교육의 과제이란 점을 강조하는 것이다. 니체는 그 능력과 역량이 무엇인지를 다음과 같이 강조한다.

"학문을 통해서 훈련되는 것은 **지식이 아니라 능력**이다. 인간이 어느 일정한 시간 동안 엄밀한 학문을 철저히 해 왔다는 것의 가치는 그 성과들을 근거로 하지 않는다. 왜냐하면 그 성과들은 알 만한 가치가 있는 것들로 이루어진 바다에 비교한다면 사라져 없어질 만큼 작은 물방울에 지나지 않기 때문이다. 그러나 그것은 활력, 추진력, 인내력의 강인함을 증대시킨다. 인간은 어떤 목적을 합목적적으로 달성하는 것을 배우게 되었다. 그러한 한에서, 언젠가 학문적인 인간이었다는 사실은 그 뒤에 하게 될 모든 일에서 볼 때 대단히 높이 평가받을 만하다."[7]

니체의 이 같은 말은 들로 보고서가 가장 중요하게 제기한 문제, 즉 '변화하는 미래의 직업에 대처하는 역량'이 어떠해야 하는가를 명확하게 보여 주고 있다. 니체에 따르면 그 역량이란 "올바르게 읽는 기술, 추리 혹은 추론하는 힘, 지구력이나 인내력, 다면적으로 바라보는 힘, 가설을 세워 보는 힘"이다. "추론하는 기술, 인간이 이루었던 가장 위대한 진보는 올바르게 추론하는 것을 배운다는 데 있다."[8]

여기서 주목해야 할 점은, 니체가 제시한 학습의 결과로서의 이러한 역량들은 학습을 통해 추구하는 지식의 실용주의적 관점을 강조한다는 점이다. 같은 맥락에서 들로 보고서가 강조한 '교육이 학습자를 예측할 수 없게 변화하는 직업에 준비시켜야' 한다는 말이 내포하는 의미 역시 존 듀이Dewey, 1859~1952의 실용주의나 리처드 로티Rorty의 신실용주의의 지식에 대한 관점을 전제로 할 수밖에 없다. 지식 혹은 진리의 절대성·보편성을 고수할 경우 변화하는 직업 환경에 대처하는 것은 불가능하기 때문이다. 따라서 지식에 대한 니체의 관점주의나 실용주의자들의 지식관을 고찰하는 것이 필수적으로 요청된다.

3) 니체의 관점주의와 지식의 창조

니체의 관점주의perspectivism에 따르면 하나의 보편적이거나 절대적인 지식이나 진리는 없고 오직 관점만이 존재한다. 지식이나 진리의 절대성·보편성이 없기 때문에 해석이 중요해진다. 따라서 지식은 발견하는 것이 아니라 특정한 관점을 취하고 해석하며 만들어지는 것이다. 니체의 관점주의는 다음의 문장에서 명료하게 드러난다.

> "철학자 여러분, 이제부터 우리는 '순수하고 의지가 없고 고통이 없고 무시간적인 인식주관'을 설정하는 저 위험하고 낡은 개념의 허구를 좀 더 잘 경계해야 할 것이다. 우리는 '순수이성'이나 '절대정신'이나 '인식 자체'와 같은 모순된 개념의 촉수를 경계해야 할 것이다. 여기에서는 항상 도저히 생각할 수 없는 하나의 눈이 있다는 것을 생각하도록 요구하고 있는데, 이는 전혀 어떤 방향도 가져서는 안 되는 하나의 눈이며, 이러한 눈에서 본다면 본다는 것이 또한 어떤 무엇을 본다는 것이 되는 능동적이고 해석적인 힘을 저지해야만 하고 결여시켜야만 한다. 따라서 여기에서 눈이 요구하는 바는 언제나 불합리와 이해할 수 없는 것이다. 오직 관점주의적으로 보는 것만이, 오직 관점주의적인 '인식'만이 존재한다."[9]

주목할 점은 니체의 관점주의는 절대불변의 진리를 부정하고 어떤 지식도 영원히 완전하고 보편적일 수 없다고 보지만, 보다 객관적인 인식에로의 발전을 부정하는 것은 아니라는 점이다. 관점주의가 절대적 진리·지식을 부정하기는 하지만 그렇다고 상대주의나 주관주의와 같은 입장은 아니다. 왜냐하면 관점주의는 모든 관점이 동일한 가치를 갖는 것이 아니라 어떤 관점은 다른 관점보다 더 나을 수 있다는 점을 강조[10]하기 때문이다.

'진리는 발견하는 것이 아니고 만들어진다'는 관점은 니체보다 한 세기 이상이나 앞서 18세기 초반 이탈리아의 잠바티스타 비코Vico, 1668~1744가 주장하였다. 그는 1725년에 발간(1948년에 영역)한 저서『새로운 과학』을 통해 철학, 역사, 법, 관습, 종교, 언어 등 모든 지식의 새로운 종합을 주장하면서 인간의 삶에 영원한 진리나 지식은 있을 수 없다고 단정하였다. 그런 진리는 존재할 수 없기에 그것을 탐구해 내는 학습 또한 영원할 수가 없다는 것이다. 진리나 지식은 실재를 있는 그대로 파악하는 것이 아니라 만들어지는 것이며, 그런 진리는 궁극적으로 인간생활의 쓰임새를 높여 주기 위한 것[11]이란 주장이다.

비코의 주장은 니체를 거쳐 듀이의 실용주의와 로티의 신실용주의로 연계된다. 실용주의는 기본적으로 니체의 인식론과 맥을 같이한다. 즉, 존재하는 모든 사물 이면에 초감성적이고 불변하는 본질이나 토대가 있다는 본질주의essentialism나 정초주의定礎主義foundationalism를 배격한다. 니체가 서구 전통 형이상학의 존재론을 인간이 만들어 낸 허구라고 본 것처럼 실용주의자들도 인간이나 사물의 본질을 주장하는 것은 인간들이 허전함을 달래기 위한 믿음에 불과하다고 주장한다.

특히 실용주의 학습의 선구자인 듀이는 지식이나 진리는 항구불변의 상태로 존재하는 그 어떤 초자연적인 것이 아니란 점을 강조한다. 진리나 지식은 현재의 인간의 삶에 직면하는 문제해결에 도움이 될 때 비로소 인간에게 진리로 존재한다는 것이다. 그래서 듀이는 진리라는 말 대신에, 문제해결을 위한 '보장된 쓰임새'라는 말을 더 즐긴다.[12] 이렇게 볼 때 니체의 관점주의나 실용주의자들의 반본질주의, 반정초주의는 성격에 있어서 포스트모던적이며 동시에 방법론적으로는 해체주의적[13]이라 할 수 있다.

정리하면, '행함을 위한 학습'은 무엇보다 학습을 통한 지식의 쓰임새가 중요하다는 점을 강조한다. 그러나 이 보고서가 더욱 관심을 갖는 문제는 예측을 불허

하는 미래의 직업 세계의 변화에 어떻게 준비할 것인지 교육이 고민해야 한다는 것이다. 니체의 관점주의와 실용주의적 지식관은 이에 대한 중요한 철학적 바탕을 제공한다. 니체의 지식관은 실용주의에 의해 더욱 구체화되듯이, 무엇보다 지식이 '지금 여기'의 삶과 직결되어야 하는 쓰임새를 강조하고 있는 것이다.

　또한 지식의 본질이 발견이 아닌 해석이자 창조라는 관점에서 지식에 대한 개방적이며 다원적인 인식론을 강조하고 있다. 따라서 이러한 개방적이며 다원론적인 지식에 대한 관점을 바탕으로 할 때 급변하는 직업 세계가 요구하는 지식에 대한 준비는 물론 새로운 지식의 창조가 가능할 것이기 때문이다.

2. 신체로서의 인간과 경험학습의 중요성

1) 정신을 우선시하는 전통교육

　'행함을 위한 학습'은 무엇보다 학습자가 배운 지식을 직접 실천practice하는 데 초점을 맞추고 있다. 들로 보고서는 그 지식을 실천하는 장場이 자영형태의 독립적이고 비공식적인 노동 위주의 경제에서 임금노동 위주의 산업경제로 전환[14] 되고 있음을 지적하고 있다. 임금노동사회에서는 인간노동은 기계로 대체되었고 그 결과 인간노동은 점차 실체가 없는 비물질적인 것으로 취급되기에 이르렀다는 것이다. 실제로 선진국에서는 이미 육체적인 일은 보다 지적이며 정신적인 노동, 예를 들면 기계를 제어하고 관리 및 감독하는 작업들로 대체되고 있는 현상이 일반적이다. 지능적인 인간의 영역이 기계의 발달로 점차 침식되어 가면서 육체적 노동에 대한 사회적 요구는 감소되고 있는 것이다.

　'힘에서 머리로from brawn to brain'로의 산업구조의 전환이 가속화되어 감에 따라 교육 분야에서도 인간의 몸 혹은 육체보다는 지식과 정신의 가치를 우선시하는 경향이 심화되고 있다. 초 · 중등학교 교육과정에서는 지식교육에 압도당해 신체교육의 가치나 실천이 활성화되지 못하고 있는 것이 현실이다. 평생교육 분야에서도 일work의 '탈물질화dematerialization'[15]를 기반으로 하는 산업경제구조의 변화에 맞추어 각 분야의 전문가 양성을 위한 지식, 인간적 자질, 인간관계 능력, 팀워크 능력 등을 개발하는 데 초점을 맞추고 있다. 들로 보고서 역시 서비스 부문의 성장 및 첨단기술 조직의 부상에 따른 평생학습 유형의 변화에 대해서만 강조하고 있다.

들로 보고서가 말하는 지적 · 정신적 노동과 육체노동의 구분은 전통 형이상학에서 인간을 정신과 신체로 구분하는 이원론적 사고에 기초하고 있다. 이 경우 정신 혹은 영혼은 불멸하고 완전한 반면 신체는 일시적이며 불완전한 가상일 뿐이다. 교육은 정신, 영혼의 활동을 통한 지식의 습득이기에 정신이 중요하며 육체는 정신을 위한 단지 보조적 도구로서 도외시되곤 하였다.

2) 니체, 인간은 몸이다

니체는 이러한 정신-육체의 이분법적 접근을 해체시킨다. 인간을 이성과 육체, 의지를 포괄하는 통일체로서의 '신체'로 보는 것이다. 이 경우 학습은 이성과 정신만의 영역이 아닌 육체적 활동을 통한 감각적이고 경험에 기반한 학습이 중요시된다. 학습은 정신과 육체의 총체적인 경험이 된다. 따라서 니체의 논리에 따르면 정신 혹은 이성의 사유 작용에 기초한 지식에 대한 학습은 신체 혹은 몸에 대한 학습과 균형을 이룰 때 비로소 바람직한 평생학습이 된다.

니체에게 '존재'란 영원불멸하는 초월적 이상이나 영혼이 아닌 '지금 여기'의 끊임없이 운동 · 변화하고 생성하는 '몸'과 이성의 통일체이기 때문이다. 따라서 정신의 작용으로서의 지식, 학습의 정당성은 그 행위가 하나의 전체로서의 '신체'의 선善에 기여하고 있느냐의 여부에 따라 확보된다. 다시 말하면, 인간 존재를 곧 신체로 이해하는 니체에게 신체를 경시 혹은 배제하는 평생학습은 '하나의 전체로서의 그림'인 인간 '존재를 위한 학습'을 경시 혹은 배제하는 것과 같다.

니체는 『차라투스트라는 이렇게 말했다』의 〈머리말〉에서 신체에 대한 전통적 견해를 지적한다. "지난날에는 영혼이 신체를 경멸하여 깔보았다. 그때만 해도 그런 경멸이 가장 가치 있는 것으로 받아들여졌다. 영혼은 신체가 야위고 몰골이 말이 아니기를, 그리고 허기져 있기를 바랐다. 이렇게 함으로써 그는 신체와 이 대지에서 벗어날 수 있다고 생각했던 것이다."[16] 그러나 니체는 "야위고 몰골이 말이 아닌데다 허기져 있는 것은 (신체가 아니라) 바로 영혼 그 자체"[17]임을 지적하며 다음과 같이 단언한다.

> "나는 신체이자 영혼이다. 어린아이는 이렇게 말한다. 어찌하여 사람들은 어린아이처럼 이야기하지 못하는가? 그러나 깨어난 자, 깨달은 자는 말한다.
> '**나는 전적으로 신체일 뿐**, 그 밖의 아무것도 아니며, 영혼이란 것도 신체 속에 있는 그 어떤 것에 붙인 말에 불과하다'고."[18]

3) 정신과 몸을 구분하는 전통철학

이러한 니체의 정신 신체관은 서양 전통철학사상의 이분법적 인간관과 대척점에 있음을 극명하게 보여 준다. 전통적으로 서양 철학에서는 인간을 영혼(정신)과 신체로 구분해 왔다. 영혼은 불멸하고 완전한 반면, 신체는 일시적이며 불완전한 가상일 뿐이었다. 플라톤의 『파이드로스Phaidros』에 등장하는 '마부와 마차를 끄는 두 마리의 말'에 관한 이야기는 영혼과 신체와의 관계를 잘 설명하고 있다.[19]

두 마리 말 중 한 마리는 마부에게 고분고분 순응하는 아름답고 기품 있는 말이고, 다른 한 마리는 성격이 사나워 다루기가 쉽지 않은 말이다. 한 마리는 이성의 세계를 구현함으로써 영혼과 신적인 세계를 나타내는 반면, 다른 한 마리는 욕망과 충동의 세계를 구현함으로써 신체, 인간, 지상의 세계를 나타내고 있다. 이런 비유를 통해 플라톤은 이성이 인간의 자연적 본성보다 우위에 있음을 말하고 있다.

인간에 대한 이분법적 사고는 근대철학자 데카르트에 와서 더 한층 심화된다. 그에게 영혼과 신체는 전혀 다른 실체를 의미했다. '정신mens'은 정신의 '지적 능력'을 나타내는 말이었으며 신체는 스스로 움직이지 못하는 아무런 능력도 없는 육체일 뿐이다. 신체와 정신을 명확히 구분하여 정신만이 앎의 문제, 지식, 학습을 관장하는 것으로 제한함으로써, 후에 감각으로부터 분리된 순수한 인식을 얻고자 했던 많은 철학자에게 영향[20]을 미쳤다.

4) 니체, 이분법적 사고에 도전하다

니체는 이러한 신체에 관한 서양 전통에 정면으로 도전한다. 신체는 정신의 결단에 전적으로 의존하는 수동적인 기계가 아니라 오히려 영혼이 신체 속에 있는 그 어떤 것에 불과하다는 것이다.

> **"신체는 커다란 이성**이며, 하나의 의미를 지닌 다양성이고, 전쟁이자 평화, 가축 떼이자 목자다. 형제여, 네가 '정신'이라고 부르는 너의 작은 이성, 그것 또한 너의 신체의 도구, 이를테면 너의 커다란 이성의 작은 도구이자 놀잇감에 불과하다."[21]

니체는 신체라는 개념으로 서양 전통에 대한 대결을 선언하는 것이다. 그에 의하면 순수한 이성의 동일성으로 결정되는 나라는 것은 존재하지 않는다. 그리고 이성은 인간인 '나'의 주인 역할을 할 수 없다.[22]

니체는 차라투스트라의 말을 빌려 이성 중심의 이원론을 배격하고 새로운 인간관을 제시한다. 앞에서 인용한 차라투스트라의 말로 다시 돌아가 보면, 니체는 "나는 신체이고 영혼"이라고 생각하는 어린아이의 말을 전한다. 기존의 자명성에서 자유로운 상태인 어린아이도 신체를 육체로만 보고 영혼과 분리된 상태로 이해하고 있음을 지적하는 것이다. 어린아이의 인간관에 대해 차라투스트라는 "나는 전적으로 신체일 뿐, 그 밖의 아무것도 아니며, 영혼이란 것도 신체 속에 있는 그 어떤 것에 불과하다"고[23] 잘라 말한다.

인간은 신체이며 영혼은 신체의 어떤 한 부분을 가리키는 명칭에 불과하기에 신체는 영혼과 육체를 포괄하고 있는 그 무엇[24]인 것이다. 니체는 이 신체의 본성은 힘에의 의지이기에 항상 더 많은 것을 추구하고 경쟁하며 투쟁한다고 하였다. 따라서 신체는 "하나의 의미를 지닌 다양성이고, 전쟁이자, 평화, 가축 떼이자 목자"인 것이다. 결국 신체로서의 인간은 이성과 육체 그리고 힘에의 의지가 합해져 이루어진 통일적 존재가 된다.

니체는 이성과 육체, 의지의 통일체로서의 신체를 다음과 같이 '큰 이성Die grobße Vernunft'이라고 부른다. "너희는 '자아Ich' 운운하고는 그 말에 긍지를 느낀다. 믿기지 않겠지만 그 자아보다 더 큰 것이 있으니 너의 신체와 그 신체의 커다란 이성이 바로 그것이다. 커다란 이성, 그것은 자아 운운하는 대신에 그 자아를 실행한다."[25] 그렇다면 데카르트가 이성이라고 불렀던 순수 사유를 본질로 하는 정신은 '작은 이성Die kleine Vernunft'인 것이다.

이런 데카르트적 이성은 니체는 큰 이성의 '전령', '메아리', '놀잇감', '도구'에 불과하며 큰 이성에 비하면 '두 번째로 중요한' 것이라고 말한다. 다시 말해, 니체는 이성, 생각하는 나, 지성보다 더 높은 이성성을 큰 이성에 부여하는 것이다. 그렇다면 신체로서의 이성이 왜 이렇게 큰 지위를 갖는가? 니체의 답변은 간단하다. 신체는 총체적 존재이자 관점적 존재이기 때문[26]이다. 우리가 순수한 사유 행위라고 부르는 것은 힘에의 의지 혹은 관점을 설정하는 의지의 힘으로부터 자유로울 수 없다는 말이다.

5) 평생학습과 니체의 신체관

평생학습의 관점에서 볼 때 니체의 신체로서의 인간은 두 가지 측면에서 학습의 시사점을 제공하고 있다. 첫째는 평생학습에서 신체를 통한 학습의 중요성을 재해석할 필요가 있다. 학교교육은 물론이고 평생학습에서도 신체는 영혼이나 정신 혹은 이성과 분리된 것으로 이해하는 경향이 일반적이다. 신체를 통일적 존재로 이해하기보다는 신체를 육체의 의미로만 생각하는 것이다.

따라서 이성이 육체보다 우위에 있다는 이성 중심의 형이상학적 이원론을 암묵적으로 수용하고 있다. 그 결과, 학습 행위의 주체는 이성이며 신체는 학습과는 관계없이 학습 행위의 결과나 이성의 지시에 따른 행동만을 하는 소극적인 육체에 불과하다는 생각을 하기 쉽다.

특히 들로 보고서[27]가 강조하듯, 일work의 '탈물질화'를 기반으로 하는 산업경제구조로의 변화가 심화됨에 따라 각 분야의 전문가 양성을 위한 지식이나 인간적 자질의 개발의 중요성이 강조되는 평생교육 분야에서 신체에 대한 교육적 의미는 더욱 간과될 수가 있다. 그렇다고 니체가 정신이나 이성이 중요치 않다고 말하는 것은 아니다. "정신적인 것을 신체의 기호로서 다시 확정하자."[28]라고 말하는 것이다. "신체를 보다 제대로 알게 되면서 나는 정신이라는 것이 그저 정신처럼 보이는 것에 지나지 않으며, '불멸의 것'이란 것도 하나같이 비유에 불과하다는 것을 알게 되었다."[29]

니체의 신체적 인간이 평생학습에 주는 두 번째 시사점은 경험을 통한 학습의 중요성이다. 앞서 논의한 대로 신체는 이성과 육체 및 힘에의 의지의 총체다. 따라서 신체는 성장하는 것이고 싸우는 것이며 스스로를 증대시키는 활동을 통해 끊임없이 자기를 극복해야 하며 또 할 수밖에 없는 것이다.

신체의 이런 활동의 목적은 궁극적으로 위버멘쉬적 삶을 지향[30]하는 것이다. 신체는 바로 이런 자기극복적인 삶을 위해 이성과 감각기관을 사용한다. 니체의 논리에 따르면 개인의 자기고양, 자기극복을 위한 평생학습에서도 이성은 물론 감각기관을 사용한 체험 위주의 경험학습의 중요성이 강조되어야 한다. 이 점은 특히 듀이 철학에서도 강조되고 있다.

듀이[31]는 성인들의 경험에 기반한 학습을 강조한다. 듀이는 니체와 같은 맥락에서 인간의 삶을 지속적인 성장의 과정으로 인식한다. 듀이는 한마디로 '교육의 목적은 성장'[32]이라고 단정한다. 성장은 니체가 강조하는 자기극복의 과정이며 이를 위해 학습이 필수적이다. 성장과 관계 있는 교육은 평생에 걸쳐 이루어지는 것이다.

듀이는 니체와 마찬가지로 교육 혹은 학습에서의 절대적인 것, 선험적 원리, 플라톤적 형상이나 종류, 관념의 확실성 등을 믿지 않았다.[33] 듀이가 강조하는 것은 지식의 경험적 토대다. 모든 진정한 교육은 학습자의 구체적인 경험을 통해서 이루어진다는 것이다. 니체적 논리에 따르면 지식경제 시대의 지식의 학습은 이성이나 정신 작용만이 아닌 신체적 존재로서의 인간의 감각기관을 총 동원한 구체적 경험을 통해 이루어질 때 진정한 평생교육이 된다는 것이다.

린드만Lindeman[34] 역시 "성인교육에서 최고의 가치를 가진 자원은 학습자의 경험"이라고 강조한다. 경험은 "성인학습자의 살아 있는 교과서…… 이미 그 자리에 위치해서 활용되기를 기다리고 있다"[35]는 것이다. 놀스Knowles[36]는 린드만의 사상을 이어받아 성인학습자의 경험을 특히 중시해야 한다고 강조한다. "성인들은 젊은이들에 비해서 더 많은 경험 그리고 다른 품질의 경험을 함께 갖고 교육활동에 참가한다."라는 것이며, 따라서 성인들은 자신들의 경험에 의해서 스스로를 정의하려는 경향이 있다.

니체가 강조하는 신체로서의 인간은 들로 보고서[37]가 강조하는 전문 분야의 지식학습에 대한 관점이 전통 형이상학의 이성 중심의 접근방식에서 탈피할 것을 제안하고 있다. 지식의 획득이나 새로운 창조는 단지 이성 혹은 정신의 행위가 아니라 이들을 포함한 총체적 신체의 활동이란 점이다. 이런 점에서 니체는 인간의 감각과 오관을 포함하는 구체적 경험에 의한 신체적 활동이 평생학습에서 이루어져야 한다는 점을 시사하고 있다.

3. 노예도덕과 자기주도 학습

들로 보고서[38]는 앎과 실천, 즉 알고 행하는 것은 필연적으로 '불가분indissociable의 관계'에 놓여 있다는 점을 강조한다. 또한 보고서는 앎과 행함을 위한 학습은 과거의 학습처럼 단순히 무엇인가를 만드는 데 도움이 될 수 있도록 상세하게 규정해 놓은 작업 목표를 준비하는 일과는 더 이상 관련이 없다는 점을 강조한다. 지식정보화 사회로의 변화에 따라 평생학습 역시 변화해 가야 한다. 과거처럼 단순반복적인 작업요령에 관한 지식을 습득하거나 전달해 주는 평생학습은 더 이상 설 자리가 없게 된다.

1) 예측학습과 자기주도성

들로 위원회가 강조하는 점은 앞으로의 평생학습은 무언가를 배우고, 배운 지식을 현장에 적용하는 데 그쳐서는 안 되며, 직업 현장에서 보다 잠재력 있는 개인으로 자활하도록 해 주어야 한다는 것이다. 보다 잠재력 있는 개인이 되기 위해서는 현장에 적용할 수 있는 문제해결 학습 역량을 갖추어야 할 뿐만 아니라 미래를 위한 예측학습anticipatory learning 역량을 개발해야 함을 의미한다. 예측학습이란 지금 당장은 그 무엇이 일어날 수 있는지 알 수 없는 새로운 상황을 인지하고 대면하는 능력을 기르는 학습[39]을 의미한다.

이런 학습을 통해 평생학습자는 문제해결을 위한 대안을 마련해 낼 수 있고, 동시에 미래에 닥칠 문제와 새로운 환경에 대처하는 적절한 적응 방법을 모색해 낼 수 있기 때문이다. 이렇게 볼 때 평생학습에서는 어떻게 가르치느냐보다는 어떻게 학습할 것인가가 보다 더 중요한 과제로 등장[40]한다. 여기서 학습의 자기주도성이나 자활감 혹은 자기관리의 중요성이 부각된다. 어떻게 배우고 익히느냐의 주체는 학습자 그 자신이어야 하기 때문이다. 평생학습자가 학습 환경을 자기 자신에게 최적화시키면서 자기학습의 발전을 자기 스스로 갱신해 나가는 주도적인 학습이 요구될 수밖에 없다.

놀스[41]는 평생학습자로서의 성인들의 특징이 자기주도성에 있음을 강조한다. 사람들은 성숙해 가면서 자연적으로 자아 개념이 의존적에서 자기주도적으로 변하기 때문이라는 것이다. 따라서 평생학습자들이 모든 교육적인 결정에서 통제권을 갖는 것이 자기주도 학습의 중요한 요소가 되어야 한다. 그러나 놀스가 말하는 자기주도 학습은 단지 개인 학습자들이 자신에게 주어진 것 혹은 부과된 내용을 무조건 수용하도록 조건화하는 기술이 아니다.

메지로Mezirow[42]는 놀스가 말하는 자기주도성의 핵심적인 '열쇠'는 바로 "자신의 학습에 관해 당연하게 생각해 왔던 것에 대해 비판적으로 의식하게 되는 것"임을 강조한다. 그러나 누구보다도 지금까지의 학습을 통해 당연하게 생각해 왔던 지식이나 도덕 규범에 대한 비판적인 의식을 강조한 철학자가 바로 니체다.

2) 학습화된 학습의 성찰

니체는 지식에 대한 학습이든 도덕 가치 규범의 채택이든, 중요한 점은 행위의 주체인 '나'가 중심이 되어야 한다는 점을 강조한다. 평생학습자가 자기주도적 학습을 위해서는 당연시되고 있는 지식과 규범을 비판적으로 접근해야 하듯 니체는 개인이 자기주도적 삶을 살기 위해서는 당연시되어 온 지식과 도덕을 '나'가 주체가 되어 비판할 것을 촉구한다. '무엇이 좋다'라는 평가가 있다면 그 평가는 좋은 행위를 받은 사람이 아니라 그런 행위를 한 '나'에 의해 수행되어야 한다는 것이다. 니체는 서양 철학에서 자명한 것으로 당연시되어 온 것들 중 가장 핵심적인 것으로 도덕적 해석을 든다. 그는『도덕의 계보학』의 서문을 다음과 같은 의미심장한 구절로 시작한다.

> "우리는 자기 자신을 잘 알지 못한다. 우리 인식하는 자들조차 우리 자신을 잘 알지 못한다. 여기에는 그럴만한 충분한 이유가 있다. 우리는 한 번도 자신을 탐구해 본 적이 없다……. 우리는 필연적으로 우리 자신에게 이방인이다……. '모든 사람은 자기 자신에게 가장 먼 존재다.'라는 명제는 우리에게 영원히 의미를 지닌다."[43]

니체는 우리가 우리 자신에게 이방인인 이유는 우리를 잘 모르기 때문이라고 말한다. 우리의 정신을 지배하는 도덕 가치의 근거를 알지 못하기 때문이다. 같은 논리로 평생학습자가 학습을 지배하는 지식의 근거, 가치의 근거를 알지 못한다면 학습자는 스스로에게 이방인이 된다는 것이다. 학습자들이 그런 지식이나 가치를 그냥 본래부터 있는 것으로, 변경할 수 없는 하나의 보편적 명령으로, 모든 문제제기를 넘어선 것으로 받아들일 뿐 그 지식이나 가치 자체에 대해 질문하지 않는다면 학습자는 스스로에게 '가장 먼 존재'가 되는 것이다. 니체의 이같은 말은 도덕의 계보에 대한 비판적 성찰이 근본적으로 평생학습자의 자기주도적 학습과 맥락을 같이 함을 보여 주고 있다.

3) 강자의 도덕과 약자의 도덕

평생학습에서 자기주도적이냐 아니냐의 구분은 니체의 주인도덕이냐 노예도
덕이냐, 강자의 도덕이냐 약자의 도덕이냐의 차이와 그 성격이 비교될 수 있을
것이다. 니체가 무엇보다 도덕적 해석에 관심을 갖는 이유는 철학의 역사는 도
덕의 지배 아래 놓여 있다는 믿음 때문이다. 실제로 플라톤 이래로 서양 철학은
선과 악의 본질적 대립 관계를 강조하는 이분법적 도덕의 지배 아래 있어 왔다
고 해도 과언이 아닐 것이다. 니체는 도덕 가치들 사이의 본질적 대립 관계는 서
양 철학의 이분법적 사고의 한 부분이며, 플라톤이 고안해 낸 순수 정신과 선 그
자체에서 출발점을 갖는 편견일 뿐이라는 입장을 취한다.[44]

니체는 강자의 도덕과 약자의 도덕을 구분한다. 이 중 근원적인 것은 강자의
도덕이며 약자의 도덕은 강자의 도덕에 대한 '원한감정', 즉 르상티망ressentiment
에서 출발한다고 본다. 그는 '선함'과 '좋음'이라는 두 가지 개념의 기원을 추적해
본 결과, 이들 개념이 강자와 약자 혹은 귀족과 노예의 평가방식에 의해 정의가
되었음을 밝히는 데 초점을 맞춘다. '좋음gut'과 '나쁨schlecht'은 귀족이나 강자, 주
인의 평가방식이고 '선함'과 '악함'은 노예나 약자의 평가방식이라는 것이다.

> "여러 가지 언어로 표현된 '좋음'이라는 명칭이 어원학적인 관점에서 본디 무엇을 의미하는
> 가 하는 물음이 나에게 올바른 길을 제시해 주었다. 여기에서 나는 이 모든 것이 동일한 개
> 념 변화에서 기인함을 발견했다. 즉, 어느 언어에서나 '좋음'은 '고귀한', '귀족적인'이라는
> 신분을 나타내는 의미가 기본이며, 여기에서 '정신적으로 고귀한', '귀족적인', '정신적으로
> 고귀한 기질의', '정신적으로 특권을 지닌'이라는 의미가 필연적으로 발전해 나오는 것이
> 다. 언제나 저 다른 발전과 평행해 진행되는 또 하나의 발전이 있는데, 이는 '비속한', '천민
> 의', '저급한'이라는 개념을 결국 '나쁨'이라는 개념으로 이행하도록 만든다."[45]

본래 '좋음'이란 말은 귀족의 '고귀함'을 나타내는 말로 쓰인 반면, '나쁨'이란 말
은 천민적인 혹은 평민적인 '비속함'을 나타내는 말로 쓰였다는 것이다. 다시 말

해, 귀족 혹은 강자는 좋음과 나쁨을 판단하는 주체가 그들이며 그들과 다른 '저급한' 것을 나쁨으로 단정했다. 좋고 나쁨의 판단 주체가 그들 스스로인 것이다. 반면에 귀족이나 강자와 달리 약자의 도덕의 경우, 고귀한 자의 좋음과 나쁨은 악과 선으로 변했다는 것이다. 이러한 가치전도의 이유는 원한감정ressentiment 때문이다.

> "도덕에서의 노예 반란은 원한 자체가 창조적이 되고 가치를 낳게 될 때 시작된다. 이 원한은 실제적인 반응, 행위에 의한 반응을 포기하고, 오로지 상상의 복수를 통해서만 스스로 해가 없는 존재라고 여기는 사람들의 원한이다. 고귀한 모든 도덕이 자기 자신을 의기양양하게 긍정하는 것에서 생겨나는 것이라면, 노예도덕은 처음부터 '밖에 있는 것', '다른 것', '자기가 아닌 것'을 부정한다. 그리고 이러한 부정이야말로 노예도덕의 창조적인 행위인 것이다."46)

니체에 따르면 노예의 평가방식은 귀족과는 다르다. 귀족에게 억눌려 원한怨恨 감정에 사로잡힌 노예는 세상을 선함과 악함으로 구분하고 자신을 억누르고 고통에 빠뜨리는 '밖에 있는' 어떤 힘을 부정하여 이를 '악함'이라고 규정한다. 그리고 그 반대의 모습인 자신을 '선함'으로 생각하는 것이다. 약자인 자신은 강자를 이기고 싶지만 이길 수 없기 때문에 자신의 무력함을 선이라는 도덕적 가치로 끌어올리는 것이다. 니체는 "이렇게 시선을 자기 자신에게 되돌리는 대신 반드시 밖을 향하게 하는 것"은 실은 복수심이나 원한감정에 의한 가치전도라고 말한다. 노예도덕이 생기기 위해서는 귀족 혹은 주인과 같은 대립하는 외부 세계가 필요하기 때문에 "노예도덕의 활동은 근본적으로 반작용"인 것이다.

4) 세상에 대한 긍정과 부정

강자와 약자의 도덕은 필연적으로 이 세상과 저 세상, 즉 차안此岸과 피안彼岸에 대한 긍정과 부정으로 연결된다. 니체는 약자의 도덕, 노예도덕의 전형적 예를 그리스도교 도덕에서 찾는다. 그리스도교 도덕은 근본적으로 지금 여기의 차안의 궁극적 가치를 부정한다. 세상이나 육체, 감각의 가치는 부정되고 거부된다. 따라서 그리스도교 도덕을 중심으로 하는 약자의 도덕을 니체는 "병든 자와 죽어 가는 자들이야말로 신체와 대지를 경멸하고 하늘나라와 구원의 핏방울을 생각해 낸 자"[47]로 표현한다.

반면에 강자의 도덕은 대지와 신체라는 감각적 쾌락을 긍정한다. 강자는 이러한 쾌락에 휩쓸리지 않고 오히려 그것을 주체적으로 지배한다. 이렇게 볼 때 노예도덕은 신체와 대지를 경멸하는 반자연적 도덕으로서 힘 있는 외부 세계에 대한 무기력한 복수심, 원한감정의 소산인 것이다. 이와 대립되는 개념으로서 '귀족적 인간Der aristokratische Mensch' 혹은 '주인Herr'은 자연적 도덕을 삶의 조건으로 한다. 주인도덕은 삶을 자기극복을 통해서 조형하려는 강한 의지의 소유자이며 자신의 힘에의 의지로부터 자발적이고 자기충족적이며 자기지배적으로 가치를 평가할 수 있는 가치설정자들의 도덕이다. 즉, 위버멘쉬적 삶을 살아가는 자들의 도덕이다.[48]

평생학습에서의 자기주도적 학습의 철학적 함의는 니체의 노예도덕에서 찾을 수 있다. 니체가 말하는 귀족과 노예, 주인이나 천민, 강자와 약자 구분은 사회적 신분을 의미하지 않는다는 것은 물론이다. 도덕의 가치평가를 주체적으로 하느냐 아니냐, 새로운 가치를 창조해 내려는 의지가 있느냐 없느냐의 차이다. 마찬가지로 자기주도적 학습의 관건은 학습 방법의 주체가 학습자가 되어야 함은 물론 지식과 앎의 가치평가를 학습자가 주체적으로 하느냐의 여부에 달려 있다고 할 수 있다.

힘 있는 외부 세계에 대해 무기력한 노예들처럼 지식의 헤게모니를 장악한 외부 세계에 대해 무기력하고 당연시되어 오는 지식에 대한 비판적 성찰을 포기할 때 자기주도적 학습의 의미는 실종될 수밖에 없다. 삶이 곧 평생학습이라는 전제를 받아들인다면 자기주도적 학습은 곧 자기주도적 삶의 양태와 연계된다는 점에서 니체의 노예도덕이 자기주도 학습에 주는 철학적 함의는 크다고 할 수 있다.

4. 학습자의 해방과 비판적 평생학습

들로 보고서[49]는 평생교육의 목적인 '존재를 위한 학습'을 위해서는 '행함을 위한 학습'이 선행적으로 요구된다는 점을 강조한다. 이를 위해 학습을 통해 배운 바를 '실천put into practice'하는 것, 그리고 급변하는 직업 환경에서 예측하지 못하는 미래의 직업 변화에 실천적으로 대응하는 것이 중요하다고 강조한다. 그러나 니체 철학의 관점에서 볼 때 '행함을 위한 학습'은 단지 직업훈련의 문제라는 좁은 의미로 국한되지 않는다. 행함이란 실천성은 니체 철학의 궁극적 목적인 학습자의 해방을 위한 수단이자 전제가 되기 때문이다.

1) 실천과 비판적 평생학습

성인교육의 목적은 접근 이론에 따라 강조점이 달라지지만, 특히 비판적 성인교육이론에서 강조하는 교육의 목적은 무엇보다 해방emancipation에 있다는 점에서 니체의 사상과 맥을 같이한다. 해방을 위해 요구되는 조건이 학습 내용의 실천성이다. 실천을 통해 개인적·사회적 상황을 개선할 수 있을 때 진정한 해방이 가능하기 때문이다.

니체의 교육적 사상은 비판적 성인교육이론[50]과 같은 맥락에서 개인의 '해방'에 절대적 가치를 부여한다. 오히려 계몽을 통한 변화와 해방을 목표로 한다는 점에서 볼 때 니체의 사상은 프랑크푸르트 학파보다 이미 반세기 앞서 비판이론의 철학적 준거를 제시했다고 볼 수 있다. 니체는 비판이론과 마찬가지로 해방을 위해서는 비판이 앞서야 한다는 점을 강조한다. 독일어에서 말하는 '비판kritik'은 공격이나 부정否定의 동의어가 아니다.[51] 비판이란 논의되는 대상의 어떠한 특질을 냉정하게 판단하고 가치를 평가하는 것을 말한다. 그렇다면 무엇을 냉정하게 검토하고 평가해야 하는가?

킬고르Kilgore[52]에 따르면 우리가 아는 개념과 그것을 아는 방법을 비판하고 도전하며 상식적으로 받아들이면서 억압을 강화하는 가정들을 비판하는 것이다. 다시 말해, 비판이란 인간 이성의 능동성과 창조성을 지배하거나 억압하는 지배적 이념이나 문화, 인간을 노예화하는 환경을 해체적으로 성찰하는 것이다.

이를 평생학습의 관점에서 보면 이때까지 당위적으로 수용되어 왔던 지식, 당연시되어 온 도덕 규범을 비판적으로 성찰하여 특정한 지식이나 가치구조에 스스로를 묶는 것에서 자유로워지는 것이다. 지식이란 '저기'에 이미 존재하는 현존하는 실재로부터 얻어지는 것이 아니라, 니체가 말하는 관점주의perspectivism적으로 그리고 사회적으로 구성되고 인식하는 사람의 시각에서 그 형태를 이룬다고 생각하는 것이다. 성인교육의 비판이론의 관점이 바로 그것이다.

니체에 따르면 무엇보다 개인에게 당연시되어 오면서 개인의 현재적 삶을 억압하고 있는 서양의 인식문화 및 도덕문화의 본질과 헤게모니를 질문하고 비판하는 것이다. 니체는 이를 위해 인간의 생을 그것을 초월한 모든 가정을 물리치고 그 자체로부터 이해하려고 시도한다. 다시 말해, 생을 모든 철학적 인식과 인간 활동이 그 뿌리를 박고 있는 마지막 거점으로 보고 그것을 밖에 있는 관점으로부터 파악 및 평가하려는 모든 시도에 반대한다. 그 '밖에 있는 관점'이란 인간의 생을 왜곡하고 억압하는 플라톤적이며 그리스도교적인 이원론과 목적론[53]이다. 따라서 니체에 따르면 비판적 평생학습은 인간을 억압하고 유린하는 초월적 이념이 사실은 인간이 만든 허구적 가상임을 비판하는 것이고 이를 통해 학습자를 해방시키는 데 목적을 두어야 한다.

2) 해방을 위한 계몽학습

이렇게 볼 때 비판적 평생학습은 성인이 자신의 일상적 사고와 행동, 그리고 시민사회의 제도 속에서 당연시되면서 자신을 지배하는 이데올로기를 인식하도록 하는 계몽 활동인 것이다. 계몽enlightenment이란 문자 그대로 빛을 비추어 분명하게 밝혀준다는 뜻이다. 비판이론가인 아도르노Adorno와 호르크하이머Horkheimer에 따르면 계몽은 신화와 마법의 전제로부터 인간을 해방시켜서 자연을 통제하고 지배할 수 있도록 하는 '이성적으로 각성된 사유양식'을 지칭[54]한다. 이렇게 본다면 교육은 그 자체로 계몽의 성격을 내포한다. 학교교육이나 다양한 형태의 평생교육에서는 명시적으로 혹은 암묵적으로 기존의 질서나 지배방식에 익숙해지도록 학생이나 성인들을 교육이란 명목으로 계몽한다.

니체 역시 계몽주의에 기반한 교육자의 모습이 역력히 드러나고 있다. 특히 『즐거운 학문』이나 『아침놀』에는 계몽주의자로서의 그의 면모가 명확하게 드러난다. 그러나 니체의 계몽은 기존의 학교교육이나 평생교육에서의 계몽과는 본질적으로 차이가 있다. 교육기관에서의 계몽은 기존의 질서나 지배방식의 사회화에 초점을 맞추기에 특정한 지식이나 도덕 규범을 무차별적으로 전달하는 방법을 택하게 된다. 그러나 특정한 지식이나 도덕에 대한 맹목적인 수용에 그치는 한 학습자로서의 주체의 자주성은 사라질 수밖에 없다.

이에 반해, 니체는 교육기관에서 전수하는 그 지식이나 도덕의 본질을 학습자들에게 계몽하는 데 초점을 맞춘다. 지식이나 도덕에 대한 편견으로 인해 사람들이 사로잡혀 있는 몽매한 상태를 깨뜨림으로써 인간의 이성적이며 지성적인 능력을 자율적으로 사용할 수 있는 용기와 힘을 갖게 하는 것이며, 나아가 인간이 자신의 운명의 주인이 되게 하려는 것이다. 이 점이 니체 계몽과 전통적인 계몽주의에서의 계몽과의 차이점이자 특징이다. 비판이론 역시 지식을 초월적인 실재로부터 얻어지는 것이 아니라 사회적인 구성이며 인식자의 시각에 따라 형태를 달리하는 것으로 본다는 점에서 니체와 맥락을 같이한다.

3) 계몽의 방법인 관점주의

니체는 계몽의 방법으로 계보학Genealogie과 관점주의Perspektivismus를 사용한다. 계보학은 어떤 지식이나 도덕이 생성·변화되어 온 과정을 거꾸로 소급해 올라가서 그 본래적 의미나 동기, 원인 등을 밝히고, 이러한 최초의 원인의 입장에서 지식이나 도덕이 형성되는 과정을 이해하고자 하는 입장이다. 관점주의란 책의 앞부분에서 논의한 바와 같이 절대적이고 보편타당한 인식이 있다는 입장을 비판하고 인식자의 시각에 따라 인식이 달라진다는 입장을 말한다. 니체는 관점

변화의 중요성을 다음과 같이 간명하게 제시한다.

> "허물을 벗을 수 없는 뱀은 파멸한다. 의견을 바꾸는 것을 방해하는 정신들도 이와 마찬가
> 지다. 그들은 정신이기를 그친다."[55]

뱀에게 허물을 벗는 일을 생존을 위한 필연적 과정이자 성장의 단계다. 인간도
마찬가지다. 니체는 기존의 생각의 틀을 벗어던지고 새롭게 바꾸는 환골탈태를
주저하지 말 것을 강조한다. 새로운 것을 받아들이지 못하는 정신은 '정신이기를
그치는' 퇴화의 길로 접어들 수밖에 없다는 것이다. 그렇다면 정신을 환골탈태하
는 가장 효과적인 방법은 무엇인가? 메지로[56]에 따르면 평생학습의 역할이 바로
관점 변화의 학습이 되어야 한다.

비판적 평생학습이론에서 지식과 도덕에 대한 왜곡된 견해와 그로 인해 형성
된 잘못된 인식이나 가정을 비판적으로 성찰하고 관점의 전환을 촉구한 학자가
메지로[57]다. 메지로에 따르면 성인은 아동 · 청소년기를 거쳐 성장해 오면서 다
양한 학습경로를 통해 왜곡된 관점을 갖게 됨으로써 왜곡된 인식을 형성하게 된
다. 따라서 성인을 위한 평생학습에서는 지속적인 성찰학습을 통해 관점을 수정
해야 하며, 이러한 관점의 전환학습을 통해 성인은 진정한 해방학습으로 나아갈
수 있다는 것이다.

메지로[58]는 전환학습은 개인의 신념 혹은 태도 중의 하나에 전환이 있거나 또
는 관점 전체 혹은 생각 습관에 전환이 있을 때 일어난다고 말한다. 그는 학습자
가 지각한 것을 걸러 내는 가정과 기대의 구조인 준거 틀에는 두 가지 차원이 있
다고 말한다. 하나는 생각 습관이고 다른 하나는 관점이다.

생각 습관이란 학습자가 갖고 있는 어떤 가정의 묶음으로서 경험의 의미를 해
석하는 필터 역할을 한다. 도덕적 혹은 철학적 · 미적으로 일반화된 경향 등이
이에 속한다. 관점은 의미 체계meaning schemes로 이루어져 있으며, 의미 체계란
"즉각적이고 구체적인 신념이나 감정, 태도 및 가치판단의 묶음"[59]이다. 따라서
전환학습이란 "우리가 당연하게 생각해왔던 준거 틀, 즉 의미 체계meaning schemes

나 생각 습관 혹은 태도 등을 보다 진실하고 정당한 행동 선택이 되도록 변화에 대해 더 포괄적이고 분별력이 있으며 개방된 능력을 갖도록 하는 프로세스"[60]라고 할 수 있다. 전환학습을 통해 학습자는 기존의 지식이나 도덕, 가치 혹은 신념을 무비판적으로 수용하는 것으로부터 해방될 수 있다.[61]

메지로[62]의 전환학습이론은 다른 비판주의 이론과 더불어 니체의 해방학습 철학을 방법론적으로 보다 구체적으로 뒷받침하고 있다. 니체는 계보학적 접근을 통해 성인들을 지배하고 억압하는 지식과 진리, 도덕의 허구성을 밝혀내고 관점의 전환을 촉구한다. 다시 말해, 니체는 메지로가 말하는 기존의 전통 형이상학과 그리스도교적 가치에 대한 학습자의 의미 체계를 비판적으로 성찰하고 전환할 때 인간은 자신의 운명을 스스로 짊어질 수 있을 정도로 건강하고 강인한 존재로 전환할 수 있다는 것이다.

미주 •

1) Elias, J. L., & Merriam, S. (1994). *Philosophical foundations of adult education*. Malabar, FL: Robert E. Krieger. 기영화 역(2002). 성인교육의 철학적 기초. 서울: 학지사. p. 26.

2) Delors, J. et al. (1996). *Learning: the treasure within*. Report to UNESCO of the international commission on education for the twenty-first century (Paris, UNESCO). p. 88.

3) 한준상(1999). 호모 에루디티오. 서울: 학지사. p. 229.

4) Nietzsche, F. W. (1878a). *Nietzsche Werke, Kritische Gesamtausgabe, vol. IV−2: Menschliches, Al.* 김미기 역(2013). 니체전집 7권. 인간적인 너무나 인간적인 I. 서울: 책세상. p. 251.

5) 같은 책. p. 262.

6) Delors, J. et al. (1996). p. 88.

7) Nietzsche, F. W. (1878a). p. 254.

8) 같은 책. p. 268.

9) Nietzsche, F. W. (1886~1887). *(Zur) Genealogie der Moral 1886−1887*. 김정현 역(2015). 니체전집 14권. 선악의 저편 · 도덕의 계보. 서울: 책세상. p. 483.

10) Jonas, M., & Nakazawa, Y. (2008). Finding truth in 'Lies': Nietzsche's perspectivism and its relation to education. *Journal of Philosophy of Education, 42*(2), 269-285. p. 277.

11) 한준상(2002). 학습학. 서울: 학지사. p. 192.

12) 같은 책. p. 169.

13) 같은 책. p. 167.

14) Delors, J. et al. (1996). p. 88.

15) 같은 책. p. 90.

16) Nietzsche, F. W. (1883~1885). *Nietzsche Werke, Kritische Gesamtausgabe, vol. VI-1: Also sprach Zara*. 정동호 역(2015). 니체전집 13권. 차라투스트라는 이렇게 말했다. 서울: 책세상. p. 18.

17) 같은 곳.

18) 같은 책. p. 51.

19) Nettleship, R. L. (2012). *Lectures on the Republic of Plato*. 김안중, 홍윤경 역(2010). 플라톤의 국가론 강의. 서울: 교육과학사.

20) 고병권(2014a). 니체의 위험한 책: 차라투스트라는 이렇게 말했다. 서울: 그린비.

21) Nietzsche, F. W. (1883~1885). p. 51.

22) 백승영(2009a). 니체, 디오니소스적 긍정의 철학. 서울: 책세상. p. 437.

23) Nietzsche, F. W. (1883~1885). p. 51.

24) 백승영(2009a). p. 439.

25) Nietzsche, F. W. (1883~1885). p. 51.

26) 백승영(2009a). p. 440.

27) Delors, J. et al. (1996).

28) 고병권(2014a). p. 166.

29) Nietzsche, F. W. (1883~1885). p. 215.

30) 백승영(2009a).

31) Dewey, J. (1916). *Democracy and Education*. 이홍우 역(2006). 민주주의와 교육. 경기: 교육과학사.

32) Dewey, J. (1916).

33) Bailey, R. et al. (2010). *The Sage Handbook of Philosophy of Education*. 이지헌 역(2013). 교육철학1: 이론과 역사. 서울: 학지사. p. 167.

34) Lindeman, E. C. (1961). *The meaning of adult education*. Montreal: Harvest House. p. 6.

35) 같은 책. p. 58.

36) Knowles, M. S. (1989). The making of an adult educator: An autobiographical journey. San Francisco: Jossey-Bass.

37) Delors, J. et al. (1996).

38) 같은 책. p. 88.

39) 한준상(2002). p. 164.

40) 같은 곳.

41) Knowles, M. S. (1980). *The modern practice of adult education: From pedagogy to andragogy*. New York: Association.

42) Mezirow, J. (1985). A critical theory of self-directed learning. In S. Brookfield(Ed.), *Self-directed learning: From theory to practice*(pp. 17-30). New directions for continuing education, No. 25, San Francisco: Jossey-Bass. p. 27.

43) Nietzsche, F. W. (1886~1887). pp. 337-338.

44) 백승영(2009a). p. 588.

45) Nietzsche, F. W. (1886~1887). p. 356.

46) 같은 책. p. 367.

47) 같은 책. pp. 48-49.

48) 백승영(2009a). p. 590.

49) Delors, J. et al. (1996).

50) 일반적으로 비판이론이란 1930년대 프랑크푸르트의 사회철학자, 사회과학자, 문화과학자들의 모임이 발전시킨 일련의 이론으로 소위 프랑크푸르트 학파로 특징지어지는 철학적 사조를 의미한다. 프랑크푸르트 학파는 호르크하이머와 아도르노 및 벤자민, 프롬, 마르쿠제 등을 중심으로 마르크시즘을 비판적으로 수용하면서 당대의 중요한 사회 정치적 문제들에 대한 전방위적 비판을 통해 사회발전을 위한 포괄적인 대안이론을 구축하고자 했다. 비판이론이라는 말은 호르크하이머의 저서 『전통적 이론과 비판이론』에서 유해하였으며 계몽을 통한 변화와 해방을 목표로 하는 이론이다(참고: 정민승, 2010, p. 225).

51) 강선보, 김영래(2012). 니체 자유정신과 교육적 의미. 한국교육학연구, 18(3), 25-47. p. 32.

52) Kilgore, D. W. (2001). Critical and postmodern perspectives on adult learning. *New Directions for Adult and Continuing Education, 89*, 53-61.

53) Nietzsche, F. W. (1883~1885). p. 547.

54) 신혜경(2013). 벤야민과 아도르노: 대중문화의 기만 혹은 해방. 서울: 김영사. p. 52.

55) Nietzsche, F. W. (1881). *Morgenrothe*. 박찬국 역(2008). 니체전집 10권. 아침놀: 제2의 계몽시대를 여는 책. 서울: 책세상. p. 422.

56) Mezirow, J. (2000). Learning to think like an adult: Core concepts of transformation theory. In J. Mezirow & Associates, *Learning as transformation: Critical perspectives on a theory in*

progress(pp. 3–33). San Francisco: Jossey-Bass.

57) 같은 책.

58) 같은 책. p. 17.

59) 같은 책. p. 18.

60) 같은 책. p. 8.

61) Merriam, S. B., Caffarella, R. S., & Baumgartner, L. M. (2007). *Learning in Adulthood: A Comprehensive Guide*. 기영화, 홍성화, 조윤경, 김선주 역(2009). 성인학습론(제3판). 서울: 아카데미프레스.

62) Mezirow, J. (2000).

제**9**장

'아모르 파티'와 더불어 삶의 학습

　더불어 삶을 위한 학습, 타인과 함께 살아가는 학습은 오늘날 가장 중요한 문제 중 하나[1]라는 것이 들로Delors 보고서의 내용이다. 그럼에도 불구하고 전통적으로 학교교육에서는 이를 등한시해 왔다. 알기 위한 학습과 행동하기 위한 학습만을 대체로 강조해 왔을 뿐, 남과 함께 살기 위한 학습은 우연에 맡기거나 혹은 이 두 학습의 결과로 자연스럽게 이루어질 것으로 생각해 왔다고 보고서는 분석하고 있다.

　들로 위원회는 인류 역사는 곧 갈등의 역사였으며, 특히 20세기를 거쳐 오면서 갈등의 위험은 인류를 자멸시킬 수 있을 정도로 극대화되었음을 지적한다. 반면, 교육은 그런 사태 완화에 아무런 역할도 하지 못하는 무기력함을 보여 왔다. 21세기 들어 신자유주의 사조가 심화됨에 따라 경쟁과 효용이 중시되면서 개인과 집단, 국가 간의 갈등과 불평등 문제는 더욱 확대되고 있다.

　들로 보고서는 이를 위한 교육의 역할로 두 가지 차원의 상호 보완적 접근을 제시한다. 즉, 타인의 발견을 위한 학습과 목적을 공유하는 경험 교육이다. 타인을 발견하기 위한 학습이란 인간으로서의 동등성과 아울러 나와의 '차이'에 대한 수용과 긍정에 대한 학습이다. 또한 타인은 누구인가에 대한 물음은 나는 누구인가에 대한 성찰을 전제로 한다. 결국, 더불어 살기 위한 학습의 철학적 바탕은 실존적 존재로서의 너와 나에 대한 철학이라 할 수 있다.

　니체는 남과 더불어 살아가는 것의 중요성을 현재의 삶에 대한 적극적인 긍정과 아모르 파티Amor Fati, 즉 운명애運命愛의 관점에서 강조하고 있다. 다시 말해,

현실을 긍정하고 자신의 실존적인 운명을 사랑하는 것은 필연적으로 나와 다른 타인을 인정하고 존중하는 것을 의미한다는 것이다. 나아가 니체가 제시하는 영원회귀 사유는 남과의 조화로운 관계의 중요성을 역설적으로 보여 준다.

1. 니체의 인간관과 자아인식의 중요성

"교육의 과제는 항상 인류의 다양성을 가르침과 동시에 그들 간의 유사성과 상호 의존성에 대한 인식을 가르치는 데 있다."[2] 그러나 들로 위원회는 인간의 다양성과 다름을 이해하기 위해서는 먼저 자신을 알아야 한다는 점을 강조한다. 타인과 세상에 대한 올바른 관점을 갖게 하기 위해서 교육은 먼저 학습자 개개인이 누구인지를 발견하는 자아인식의 학습 기회를 제공해야 한다는 것이다.

1) 자신을 아는 것이 먼저

니체만큼 자주 '나'를 이야기하고 자기 자신에 대한 관심과 사랑이 컸던 철학자도 드물다. 그의 첫 저서가 학창시절에 쓴 자전 기록인 『나의 삶』이었다는 점, 학창시절 동안 무려 아홉 편에 달하는 자서전 쓰기를 했다는 사실[3]이 이를 극명하게 보여 준다. 니체에게 '나'는 철학의 주제였고 목표였다. 그는 『아침놀』에서 "'너 자신을 알라'는 학문의 전부"[4]라고 간명하게 단언한다. 평생교육의 중요한 목적을 자아인식 학습에 두어야 함을 강하게 시사하고 있는 것이다. 니체는 자신의 사상이 한층 깊어 가는 세 번째 단계[5]에 이르러 인간 자신이 누구인지를 계보학적으로 밝혀내는 대작업을 수행한다. 그는 이 작업의 결과를 제시하는 『도덕의 계보』 첫 문장을 다음과 같이 시작한다.

"우리는 자기 자신을 잘 알지 못한다. 우리 인식자들조차 우리 자신을 잘 알지 못한다. 여기에는 그럴 만한 충분한 이유가 있다. 우리는 한 번도 자신을 탐구해 본 적이 없다."[6]

니체의 말은 들로 보고서의 내용을 역설적으로 뒷받침한다. 들로 보고서[7]는 타인과 세상을 이해하기 위해서는 먼저 '나' 자신의 이해가 선행되어야 한다고 강조한다. 그렇다면 오늘날 타인에 대한 몰이해에서 비롯되는 갈등과 반목은 니체의 말대로 먼저 우리 자신에 대한 몰이해, 그리고 자신을 이해하는 학습 부족에서 기인한다고 볼 수 있다. 더 나아가 평생교육에서 강조하는 타자와의 유의미한 관계 형성을 위해서는 먼저 나 자신에 대한 학습이 필요하다는 점을 시사하고 있다.

니체가 탐구한 '나' 자신에 대한 철학은 크게 두 가지 측면에서 접근해 볼 수 있다. 즉, 주체적 존재로서의 '나'와 실존적 존재로서의 '나'다. 먼저 주체적 존재로서의 '나'의 본질은 사고하는 인간이나 선험적 주체가 아니다. 니체는 『우상의 황혼』에서 개개인으로서의 '나'의 본질에 대한 이때까지의 이해방식을 비판한다.

"이제껏 대중과 철학자가 이해하는 바대로의 개개인, '개인'은 정말 하나의 오류다. 개인이란 존재는 홀로는 아무것도 아니다. 원자도 아니고 '사슬의 고리'도 아니며, 단순히 기존의 것을 물려받은 자도 아니다. 개인이란 그에게까지 이르는 인간이라는 하나의 연속선 전체인 것이다."[8]

2) 근대철학의 주체성은 환상

니체는 서양 근대철학이 주창하는 유아론唯我論적 주체성에 입각한 실체론적 철학을 부정하고 해체한다. 그에 따르면 주체라는 것은 "어떤 결과를 야기하는 것이 아니고, 하나의 허구에 지나지 않는다는 것을 알아 버리면 잇달아 다양한 것을 알게 된다. 우리는 주체를 모형으로서 사물성事物性을 날조하고, 그것을 잡다한 감각 속에로 해석해 넣어 온 것"[9]에 불과하다. 니체는 근대철학의 창시자로서 주체의 자명성을 입증했다고 주장하는 데카르트를 정면으로 비판한다. 데카르트Descartes는 "나는 생각한다. 고로 존재한다."가 자명하고 확실하다고 주장한다. 그러나 니체는 이것은 '문법의 환상'이라고 지적하며 비판한다.

"'생각된다. 따라서 생각하는 것이 있다.' 데카르트의 논변은 이렇게 귀결된다. 하지만 이것은 실체 개념에 대한 우리의 믿음을 미리 '선험적 참wahr a priori'이라고 설정하는 것이다. 그렇지만 생각된다면 '생각하는' 무엇인가가 있어야만 한다는 것은, 어떤 행위에 행위자를 덧붙이는 우리의 문법적 습관을 공식화한 것에 불과하다. 요약하면 여기서는 이미 논리적─형이상학적 요청이 행해지고 있다. 그리고 이런 요청은 확인되고 있을 뿐만이 아니다……. 데카르트가 취한 방식으로는 절대적으로 확실한 어떤 것에 이르지 않고, 아주 강한 어떤 믿음의 사실에만 이를 뿐이다."[10]

니체에 따르면 '나는 생각한다'고 하려면 '생각한다'라는 동사의 주어가 있어야 한다. 따라서 '생각한다'의 주어인 '나'는 존재해야만 한다는 생각이 거기에 깔려 있다는 것이다. 다시 말해, 데카르트는 생각하기 위해서는 내가 현존해야 한다는 전제하에 현존과 사고 사이의 필연적 연결을 직관의 형태로 이해한다는 것이다. 이는 동사가 있으면 반드시 주어가 있어야 한다는 문법이 만들어 낸 환상이다.

니체는 "저 문장을 '생각된다. 그러므로 생각된 것이 있다'는 명제로 환원시켜 보면, 단순한 동어 반복만을 우리는 얻을 뿐"이라고 말한다. 그리고 문제가 되었던 바로 그것, 즉 생각된 것의 '실재성'은 건드려지지도 않는다. 말하자면 이런 형식으로는 생각된 것의 '가상성'을 물리칠 수 없는 것이다. 그렇지만 데카르트가 원했던 것은 생각된 것이 단지 가상적인 실재성뿐 아니라, 실재성 그 자체를 갖는다는 점이었다."[11] 니체는 이런 명제는 실체 개념을 '선험적 참'으로 설정해 놓기에 행위자는 곧 실체라는 믿음을 전제로 한다고 지적한다.

다시 말해, '나'를 행위로부터 독립해서도 존재할 수 있고, 따라서 생각 작용이 없이도 존재할 수 있으며, 행위를 일으키는 원인이 되는 자존적 존재자로 상정하고 있는 것[12]이다. 그러나 니체는 이런 논리는 문법적 환상에 불과하며 실체적 존재로서의 '나'는 우리의 필요에 의해 만들어진 해석 도구일 뿐이라고 주장한다. 따라서 데카르트가 말하는 '생각하는 자아'라든가 실체로서의 주체는 문법적 허구라는 것이다. 주체라는 표현은 인간 안에서 벌어지는 다양한 작용을 통일하는 통제소와 같은 의미로 요구된 허구[13]인 것이다.

3) 이성, 육체, 욕구의 통일체

니체는 행위로부터 분리되어 독립적으로 존재할 수 있는 실체는 없다고 단언한다. 여기서 니체는 인간은 이성 능력과 육체적 능력 그리고 욕구하는 부분이 통일체를 형성하는 존재라고 주장하고 인간을 그의 '총체성'에서 파악할 것[14]을 강조한다. 니체는 이런 총체적 존재로서의 인간을 '신체Leib' 혹은 '자기das Selbst'라고 부른다.

"감각과 정신은 한낱 도구이자 놀잇감이다. 그것들 뒤에는 자기das Selbst라는 것이 버티고 있다. 이 자기가 감각의 눈을 도구로 하여 탐색하며 역시 정신의 귀를 도구로 하여 경청하는 것이다……. 형제여, 너의 생각과 느낌 배후에는 더욱 강력한 명령자, 알려지지 않은 현자가 있다. 이름하여, 자기가 그것이다. 이 자기는 너의 신체Leib 속에 살고 있다. 너의 신체가 자기인 것이다."[15]

여기서 신체 혹은 자기는 형이상학이 긍정해 왔던 정신(마음)과 부정해 왔던 육체(몸)를 아우르는 표현으로서, 인식뿐 아니라 정서와 느낌, 흥분, 욕망을 두루 포함한다.[16]

평생학습의 측면에서 볼 때, 니체의 '신체' 혹은 '자기'는 인간의 몸과 마음의 일체성을 의미하는 '몪'으로 표현할 수도 있을 것이다. '몪'은 몸과 마음이 하나로 묶어져 늚의 여백을 넓혀 가는 활동이며 그 구조물을 의미[17]한다. 몸이 아프면 마음도 아프게 되며, 마음이 아파도 몸 역시 따라 아프게 되는 것처럼 몸과 마음은 분리되지 않는다. 형이상학은 이러한 '몪' 중 일부인 자아 혹은 이성을 주체라고 불러 왔던 것이다. 그러나 이 주체 혹은 자아는 몪이 명령하는 것을 따르는 수행자에 불과하다. 자아는 몪에 비해 위계질서에서 하위에 속한다.[18]

니체가 탐구한 '나' 자신에 대한 두 번째 측면은 실존적 존재로서의 '나'다. 니체는 변화의 뒤에 존재하는 어떤 실체도 거부하였기에 항상 고정적이고 지속하는 자아의 존재도 받아들이지 않는다. 인간은 고정된 존재Being가 아니라 고정될 수 없는, 끊임없이 되어 가는 생성Becoming의 존재이며 과정적 존재다. 되어 가는 생성의 존재, 과정적 존재로서의 인간은 지속적인 자기극복을 하는 인간이란 의미다. 인간이 지속적인 자기극복을 하게끔 규제적 기능을 하는 것이 '힘에의 의지'이며, 힘에의 의지는 삶의 방향을 지시하는 것이다.

힘에의 의지에 대해서는 앞서 논의했지만, 로저 트리그Trigg[19]는 힘에의 의지는 무엇보다 개인은 타인의 이익에 종속되어서는 안 된다는 의미를 지닌다고 강조한다. 니체의 이상형은 사회 규범이나 전통적 도덕에 의해 제한받기를 거부하는 자기극복의 인간이며, 우리의 목적은 외부 세계에서 주어지지 않고 우리 자신의 의지가 명령하는 것[20]이기 때문이다. 각자가 스스로의 기준을 창조해야 하는 것은 도덕 기준의 객관적 원천이 없기 때문이다. 트리그[21]는 힘에의 의지는 타인을 지배하려는 단순한 욕구 이상의 폭넓은 개념으로서, 힘에의 의지를 통한 충동의 발산과 아울러 충동의 억제를 포함한다고 말한다. 강자의 특징은 자기통제에 매우 충실하다는 것이다.

힘에의 의지를 기반으로 개인은 끊임없이 자기극복을 하며 인간의 이상인 위버멘쉬를 향해 나아가는 실존적 존재다. 니체의 말대로 "사람은 짐승과 위버멘쉬 사이를 잇는 밧줄"이며 "심연 위에 걸쳐 있는 하나의 밧줄"[22]이다. 실존적으로 개인은 자유로운 선택에 의해 짐승으로 살아갈 수도 있고 위버멘쉬를 향해 나아갈 수도 있는 존재다. 그렇다면 개인은 어떤 목적에서 위버멘쉬를 지향해야 하는가? 니체는 이런 목적 지향적 질문을 거부하겠지만, 위버멘쉬의 제시는 결국 서양 전통 형이상학이나 그리스도교 신학에서 삶의 목적을 강조하는 것과 같이, "삶의 목적을 완전히 제거하지는 못한 것"[23]으로 보인다.

4) 자아를 창조하는 평생학습

평생학습의 관점에서 볼 때, 니체의 실존적 존재로서의 '나'의 철학은 평생학습의 의미와 목적 혹은 필요성에 대한 철학적 준거를 명확하게 제시하고 있다. 니체는 "너의 의지로 하여금 위버멘쉬가 이 세상의 의미가 될 것이다."라고 말하며 삶의 의미는 위버멘쉬로 제시한다. 삶의 의미가 곧 평생학습의 의미가 될 수 있다면 니체는 평생학습의 의미로서 위버멘쉬를 제시하는 것이다. 평생학습에서는 학습이 일생 동안 지속되어야 한다는 당위성을 강조하지만, 니체는 그 당위성의 이유를 실존적 차원에서 명확히 제시한다. 평생학습에서는 노년기까지 지속되는 인간발달의 특성상, 그리고 지속적 학습이 요구되는 급변하는 사회적 환경 등을 이유로 평생에 걸친 학습을 강조한다.

반면, 니체의 논리에 따르면 개인은 힘에의 의지의 다의성多義性의 표현인 학습의지를 기반으로 하는 존재이기에 지속적인 학습을 할 수밖에 없으며, 그 학습의지를 통해 지속적인 자기극복을 통한 상승을 해야 하는 존재이기 때문에 평생학습이 요청된다. 더욱이 개인은 평생에 걸쳐 동물과 위버멘쉬 사이에서 선택과 학습을 해야 하는 과정적 존재란 점에 초점을 맞춘다면, 니체는 교육은 학교교육을 포함한 평생교육이 되어야 함을 시사하고 있다는 것을 알 수 있다.

그러나 평생학습이 지향하는 이상적 인간상을 위한 교육 방법에서는 본질적인 차이를 보인다. 학교교육은 물론 평생교육에서도 자아실현 혹은 완전한 인간 개발을 당연한 전제로 삼는다. 아동기는 물론 성인기에도 교육의 궁극적 목적으로 학습자 개개인의 자아실현을 상정한다. 그러나 니체의 철학은 우리에게 자기개발 혹은 자아실현이라는 말이 상당히 허구적 관념이란 것을 성찰하게 해 준다. 니체는 자아는 과연 '실현'하고 '개발'해야 할 어떤 본질이 있는가를 질문한다. 그는 자아는 본질적으로 구비하고 있는 어떤 특질이 아니라 끊임없는 생성ㆍ소멸을 통해 창조해 가는 과정 그 자체임을 강조한다. 개인은 힘에의 의지의 발현인 학습의지를 통해 '어떤 자아'를 의지할 것인지를 선택하고 노력하면, 그 '어떤 자아'가 되는 것이다.

따라서 니체에 따르면 평생학습에서의 궁극적 목적은 개인의 완전한 개발 혹은 실현이 아니라 개인의 '창조' 혹은 '자아의 창조'가 되어야 한다. 개인에게 미리 주어진 본질이란 없기에 각자가 자신의 본질을 만들고 창조해야 한다는 것이다. 또한 이러한 '창조'는 완성이 아닌 평생에 걸친 지속적인 '되어 감'의 과정이다. 니체는 평생학습의 목표가 자아의 창조가 될 때 개인은 비로소 진정한 의미에서 자신의 법을 창조할 수 있으며, 진정한 의미의 삶의 주인이 될 수 있음을 강조하고 있다.

2. 타인을 끌어안는 '차이 긍정'

1) 차이를 긍정하는 철학

니체는 '나' 자신을 사랑하고 긍정하는 것만큼 타자에 대한 인정과 수용을 강조한다. 그는 『아침놀』에서 자신과 견해 혹은 관점이 다른 사람에 대한 편견이나 그런 편견을 교육하는 교육자의 위험성을 지적한다. 그런 차별이나 편견이 사람을 망치는 첩경이라는 것이다.

> "[청년을] 망치는 것. [자신과] 똑같이 생각하는 사람을 [자신과] 다르게 생각하는 사람보다 더 많이 존경하라고 청년을 지도하는 것은 그 청년을 가장 확실하게 망치는 길이다."[24]

니체는 들로 보고서가 강조하는 '타인과 함께 살기 위한 학습'에서 평생학습자가 어떤 태도를 지녀야 할 것인지를 명확하게 제시하는 것이다. 특히 니체의 말은 사회 각 분야에서의 다양한 차별과 배제, 다문화 사회로서의 한국사회가 겪고 있는 갈등을 해소시킬 수 있는 철학적 준거를 제시한다. 나아가 들로 보고서가 지적한 대로 국가 간의 경쟁과 소통이 일상화되어 가고 있는 세계화 시대에 글로벌 시민의식의 함양을 위한 평생학습에 주는 시사점이 크다고 할 수 있다.

니체의 타인 이해 철학은 앞서 논의한 '나'의 이해 철학과 같은 맥락에서 접근할 수가 있다. 즉, '나는 어떤 자인가?'에 대한 해답이 '나와의 관계에 있어서 타인은 어떤 자인가?'에 대한 해답을 제공한다는 것이다. 나와 타인 간의 차이 혹은 다름을 수용해야 하는 이유에 대한 니체의 관점은 크게 세 가지로 구분하여 논의할 수가 있다.

2) 차이 긍정의 세 가지 이유

■ 주체의 다양성

첫째, 나와의 '다름'은 주체의 다양성에서 기인한다. 타인은 나와 다른 다양성을 지닌 주체이기에 그 자체로서 인정 및 존중되어야 하는 존재다. 특히 주체의 다양성인 힘에의 의지와 여기서 비롯되는 가치평가 행위의 다양성이 개인 간의 차이를 수용하고 인정해야 하는 근거가 된다. 니체는 철학 전체를 통해 주체를 중심에 놓는 형이상학이나 인식론을 비판한다. 앞서 논의한 대로 플라톤은 이성을 인간의 고유한 본성으로 추상화시켜 놓고 인간과 세계의 관계를 형이상학적으로 고착시켰다. 이러한 존재의 이원론은 이성을 현실 세계 너머에 존재하는 초월적 세계이면서 현실 세계의 영원불변한 본질로 정초시킨다. 그 결과 현실 세계는 허구적 세계로서 가치가 부정되고 초월적 세계는 인간의 지향이며 숭배의 대상이 된다. 중세에 들어서도 플라톤의 이데아 철학은 선의 이데아를 신으로 대체함으로써 초월적 본질의 철학이 계승된다. 데카르트를 출발로 하는 근대 철학에 와서 본질 중심의 전통철학은 주체 중심의 형이상학으로 자리바꿈을 할 뿐 형태는 그대로 유지된다.

니체는 근대철학까지의 형이상학적 주체 개념을 단호히 거부하고 "주체란 다양성을 띤 차이 전체를 나타나는 개념일 뿐"[25]이라는 점을 강조한다. 다시 말해, 이성은 물론 육체 및 유기체 전체가 주체의 활동성에 참여하는 다양성을 특징으로 한다. 이러한 다양성은 주체가 가진, ① 힘에의 의지의 다양성과 이에 기반한, ② 가치평가의 다양성을 핵심적 바탕으로 한다. 각각의 주체가 지닌 고유한 힘에의 의지 및 가치평가가 그 주체를 그것이게끔 해 주는 성질[26]이 되는 것이다. 또한 힘에의 의지와 가치평가는 니체가 제시하는 타인 인정 및 수용의 근거가 된다.

■ 각자의 힘에의 의지

둘째, 모든 인간의 본질적 특성은 힘에의 의지를 지닌다는 점이다. 타인이 지

닌 힘에의 의지는 타인의 현존재를 가능케 하는 기본 원리인 동시에 '나'와 '타인'
의 존재 내용인 차이 그 자체다. 니체는 힘에의 의지를 '존재의 가장 내적인 본
성'으로 상정하며, 힘에의 의지를 통해 비교할 수 없는 차이 속의 개인을 참된 실
재로서 그리고 절대적인 가치로서 확립[27]시키는 것이다.

　니체에 따르면 살아 있는 모든 것은 변화하는 것이고, 이 변화와 생성을 가능
하게 해 주는 것이 바로 힘이며, 그것도 지배를 원하고, 더 많이 원하며, 더 강해
지기를 원하는 의지의 힘[28]인 것이다. 이렇게 해서 나 자신과 타인의 의지의 힘
은 바로 나와 타인을 구성하는 요소가 되는 것이다. 사람마다 가지고 있는 힘에
의 의지의 다양성은 힘에의 의지의 발현인 가치평가의 다양성과 필연적으로 연
계된다.

■ 서로 다른 가치평가

　셋째, 타인은 나와 다른 가치평가를 하는 존재다. 인간은 누구나 힘에의 의지
를 지닌다는 말은 힘에의 의지로 사물에 가치평가를 한다는 말과 연계된다. 자
신이 사물을 평가하고 거기에 맞게 가치를 부여하는 것이야말로 힘에의 의지가
표출되는 강력한 방식이다. 어떤 것을 선이라고 평가하고 어떤 것을 악이라고
평가하는 것 자체가 힘에의 의지의 발현이라는 것이 니체의 통찰[29]이다. 따라서
타인이 특정한 사물이나 현상에 대해 가치평가를 하는 것이 나와 다른 것은 '차
이'일 뿐 '틀림'이 될 수 없는 것이다. 여기에는 개인은 물론이고 집단, 국가, 문화
등이 모두 포함된다.

"차라투스트라는 많은 나라와 많은 민족을 둘러보았다. 그리하여 그는 그 많은 민족이 저
마다 무엇을 선으로, 그리고 무엇을 악으로 간주하고 있는지 확인할 수 있었다.
여기 이 민족에게 선한 것으로 간주되고 있는 것 가운데 많은 것이 다른 민족에게는 웃음거
리와 모욕으로 폄훼되고 있는 것을 나는 보았다. 이곳에서는 악한 것으로 불리는 많은 것이
저곳에서는 존귀한 영예로 장식되는 경우도 나 발견했고."[30]

이렇게 민족마다 가치평가가 다른 이유를 니체는 "그것은 저마다의 민족이 지닌 힘에의 의지의 음성"[31] 때문이라고 단정한다.

3) 차이 긍정과 평생학습

■ 가치평가의 다양성과 창조 행위

평생학습의 관점에서 볼 때 각자의 힘에의 의지에 따른 가치평가의 다양성은 그 자체로 창조 행위가 된다는 점에 주목할 필요가 있다. 니체는 이 가치평가 행위 자체가 창조 행위라고 말한다. "사람들은 그 자신을 보존하기 위해 무엇보다도 먼저 사물들에 가치를 부여해 왔다. 먼저 사물들에 그 의미를, 일종의 인간적 의미를 부여했던 것이다! 그들 자신을 '사람', 다시 말해 '가치를 평가하는 존재'라고 부르는 이유가 여기에 있다. 가치평가, 그것이 곧 창조 행위다."[32]

이와 같이 사물의 가치에 대한 평가를 바꾼다는 것, 다시 말해 학습자가 이제까지 학습해 온 내용에 대한 가치평가를 전환한다는 것 자체가 자신을 위한 창조 행위인 것이다. 전환학습이 바로 여기에 해당된다. 창조하기 위해서는 기존의 척도를 해체시키는 파괴, 이른바 '창조적 파괴'가 선행되어야 한다. 평생학습에서의 이러한 파괴 행위와 전환학습을 통한 창조 행위의 동인動人이 힘에의 의지인 것이다.

■ 가치평가와 관점주의

이렇게 힘에의 의지의 발현인 가치평가는 니체의 관점주의로 연결된다. 관점주의perspectivismus는 우리가 어떤 것을 아는 것은 어떤 관점에서 아는 것이며 그러한 관점은 우리의 생리학적 체질, 조사하고 해석하는 기술, 문화, 언어 등에 의존[33]한다. 따라서 모든 진리는 특정한 관점에서의 해석일 뿐이다. 그렇다면 니체의 관점주의는 상대주의와 본질적으로 다르지 않을 것이란 비판이 제기될 수 있다.

그러나 관점주의가 상대주의와 결정적으로 다른 점은 관점주의는 고귀한 인간과 비천한 인간의 관점의 차이의 우열을 인정한다는 점이다. 니체는 고귀한 인간의 관점은 진리로, 혹은 진리가 아니라면 최소한 더 나은 것, 인간 삶의 향상에 더 유용한 것으로 채택함으로써 해석 주체, 인식 주체 사이에 등급을 매겨 더 높은 인간, 더 고귀한 인간, 다시 말해 강자와 주인의 관점을 채택하는 것이 니체의 관점주의[34]인 것이다.

■ 평생시민교육의 당위성

평생학습의 차원에서 본다면 니체가 타인 인정의 준거로서 제시하는 힘에의 의지와 가치평가 및 관점주의는 21세기 세계화 시대의 시민의식교육을 위한 중요한 준거를 제시하고 있다. 들로 보고서는 전 세계 인류를 자멸시킬 수 있는 국가 간의 폭력과 갈등을 지적[35]하면서 국가 간 갈등을 피하고 해결하기 위한 교육의 역할을 강조하고 있다. 니체는 국가 간 갈등의 원인이 힘에의 의지와 그에 기반한 가치평가에 있음을 먼저 이해할 것을 촉구하는 것이다.

> "어떤 민족으로 하여금 지배자로 군림케 하고 승리를 쟁취케 하며 영예를 누리게 하는 것, 그리하여 이웃 민족에게 전율과 질투심을 불러일으키는 것, 이와 같은 것이 그 민족에게는 고한 것, 첫 번째의 것, 척도, 만물의 존재 의미로 간주되고 있다."[36]

여기서 니체는 힘에의 의지의 본래적 속성을 지적한다. 힘에의 의지의 본 모습은 한 민족이 타민족을 패배시켜 지배하고 그 민족에게 두려움과 질투심을 불러일으키는 데서 드러난다. 즉, 힘에의 의지의 속성은 국가나 민족이든 개인이든 타자를 정복하고 지배하는 것에 있다. 니체는 『즐거운 학문』에서도 권력 감정에 대해 재차 강조하고 있다. "기쁨을 주거나 고통을 줌으로써 우리는 타인에 대한 자신의 권력을 행사한다. 그 이상의 것을 원하는 경우는 없다. 우리의 권력을 느끼게 만들어야 하는 사람들에게 우리는 우선 고통을 가한다. 왜냐하면 기쁨보다 고통이 권력을 느끼게 하는 데 훨씬 강한 느낌을 주는 수단이기 때문이다."[37]

그렇다면 니체는 평생학습 차원에서 글로벌 시대의 국가 간 갈등을 피하고 협력을 강화시키기 위한 교육적 처방을 이미 제시하고 있다고 본다. 즉, 개인과 국가를 포함한 집단의 힘에의 의지의 특성을 이해하고 생산적인 방법으로 승화시키는 글로벌 시민교육부터 출발해야 한다는 것이다. 학교에서의 따돌림, 직장을 포함한 조직에서의 차별, 다문화 시대의 타민족에 대한 차별과 배제 등 '타인과 같이 살기 위한 학습'에 니체의 힘에의 의지, 관점주의는 타자 이해를 위한 또 다른 준거를 제공한다고 볼 수 있다. 니체는 타인과의 차이를 수용하고 긍정하지 못하는 학습자는 자신의 삶을 '망치는'[38] 것이며, 나아가 평생교육자의 중요한 역할은 바로 '더불어 삶'을 위한 타자의 '차이'의 교육에 있음을 강조하고 있다.

■ 타인과 차이가 없는 이유

학교교육은 물론, 평생교육에서도 나와 타인은 실존적 존재라는 점에서 본질적 차이가 없다는 점을 강조하고 있다. 그러나 니체는 그 실존의 본질과 양태를 보다 구체화시켜 제시하는 점이 다르다. 니체의 인간은 '때로는 서로 싸우면서, 때로는 서로 상하로 관계가 설정되는' 살아 있는 것들의 장 혹은 '성장하는 것이고 싸우는 것이며, 스스로를 증대시키고 다시 사멸하는 것'이다. 따라서 인간은 다른 존재자와 본질적 차이에 의해 구분될 수 있는 존재가 아니다.[39] 니체는 타인과의 차이에 대한 긍정 및 수용을 넘어 타인과의 공감, '함께하는 기쁨'의 정신이 중요하다는 점을 강조한다.

> "함께하는 기쁨, 우리를 무는 뱀은 우리에게 고통을 주었다고 생각하며 기뻐한다. 가장 하등한 동물도 남의 고통을 상상할 수 있다. 그러나 남의 기쁨을 상상하고 게다가 기뻐하는 것은 가장 고등한 동물의 특권이며 그들 중에서도 가장 특별한 본보기가 되는 자들에게만 가능한 것이다."[40]

■ 자신에 대한 이해와 사랑이 먼저

그러나 주목할 점은 들로 보고서에서도 강조하는 바와 같이, 니체는 인간이 타자를 진정으로 이해하고 사랑할 수 있으려면 자기 자신에 대한 이해와 사랑이 선행되어야 함을 강조한다. 이타심은 진정한 이기심에서 나온다는 것이다. 자신에 대한 사랑이 없는 이타적 사랑은 오래전부터 주어지고 강요된 가치를 따르는 수동적 행위이거나 자신에 대한 도피에 불과[41]하기 때문이다. 이런 의미에서 니체는 진정한 의미의 이타적 사랑은 '자기 자신'이 그런 사랑을 '스스로 원할 때' 가능하다고 말한다. 한 예로, 니체는 타인에 대한 동정심은 진정한 이기심에서 기인함을 예를 들어 설명한다.

"'더 이상 자신을 생각하지 않는다.' 정말 철저하게 다음과 같은 사실에 대해 숙고해 보라. 우리가 어떤 사람에 대해 전혀 애착이 없다고 하더라도 그가 우리 눈앞에서 물에 빠질 경우 왜 우리는 그를 따라 뛰어드는 것일까? '동정 때문이다. 이 경우 사람들은 오직 다른 사람만을 생각한다.'라고 사려 없는 사람들은 말한다. 우리가 어떤 사람에게 악의와 적의마저 느끼는데도 그가 피를 토할 경우 왜 우리는 고통과 불안을 느끼는 것일까? '동정 때문이다. 이 경우 사람들은 오직 다른 사람만을 생각한다.'라고 사려 없는 사람들은 말한다. 진실은 오히려 다음과 같다⋯⋯. 이러한 동정에서 우리는 물론 우리 자신을 의식적으로 생각하지는 않지만 무의식적으로는 극히 강하게 생각한다⋯⋯. 다른 사람들의 불행은 우리에게 모욕감을 준다. 우리가 그를 이러한 불행에서 벗어나도록 도와줄 수 없다면, 그것으로 인해 우리는 아마도 자신의 무력감과 비겁함을 깨닫게 될 것이다."[42]

니체에 따르면 타인의 어려움이나 고통을 보고 동정심을 품는 것은, 그들의 상황 안에서 나 자신의 어려움이나 고통을 발견하고 느끼기 때문이다. 따라서 동정의 행위를 통해 그런 어려움이나 고통을 거부하는 것이며, 니체에 따르면 그런 동정적인 행위 속에는 심지어 세련된 자기방어 혹은 복수심마저 존재할 수 있는 것이다. 이렇게 볼 때 니체의 우선적 관심은 '나' 자신에게 있다. 자신을 진정으로 사랑하고 진정한 '자기'가 되어야 비로소 타인을 수용하고 사랑할 수 있다는 것이다.

3. 나로서의 삶이 남과 함께하는 삶

'더불어 삶'을 위한 평생학습의 전제 조건으로 들로 위원회는 학습자의 자신에 대한 이해를 바탕으로 한 타자의 이해와 차이에 대한 인정을 강조하고 있다. 더욱이 세계화가 심화됨에 따라 국가 간 경쟁적인 경제 활동이 격화되는 분위기 속에서 경쟁심과 개인적 성공이 최우선시되고 있음을 지적한다. 나아가 이러한 경쟁은 무차별적인 경제전쟁과, 국가들과 세계를 분할하고 역사적인 적대자들을 부추기는 부자와 가난한 자 간의 긴장으로 치닫고 있다.[43] 불행한 일은 교육이 종종 이런 경쟁의 의미를 잘못 해석하여 그런 긴장을 고조시키는 데 오히려 기여한다는 점이다. 다시 말해, '함께 살아가는' 공동체 정신이 와해되고 있다는 것이다.

1) 개인의식이 공동체 의식

그렇다면 공동체 의식 혹은 더불어 살아가는 정신에 대한 니체의 철학은 무엇인가? 니체는 무엇보다 개인을 우선시했으며 사회의 필요성에 대해서는 가치를 두지 않았다. 니체는 인간의 사회성을 무시하거나 부정하는 것이 아니라 개개인의 삶의 주인이 될 때 조화로운 사회, 더불어 사는 사회는 자연적으로 따라온다고 생각했던 것으로 보인다. 따라서 니체 사상의 핵심은 한 개인이 먼저 진정으로 '자신으로서의 삶'을 살게 하는 데 있다. 이를 위해 니체는 개인의 사적 세계가 공적 세계의 요구에 의해 함몰되고 있으며 다수의 이익이라는 명분 아래 행해지는 예외적 개인에 대한 규제가 강화되고 있음을 비판한다.

니체는 '공동체 정신'이나 '조국'을 거론하지 않았다.[44] 그런 이념들이 개인의 독립성과 자기입법성 형성에 도움이 되지 않는다고 판단했기 때문이었을 것이다. 앞서 언급한 대로 그렇다고 니체가 사회 혹은 공동체의 존재를 무시한 것은 아니다. 그는 공동체의 필요성에는 가치를 두지 않았으나 공동체의 영향력에 대해서는 분명한 견해를 갖고 있었다. 특히 인간이 자신에 대한 자의식을 갖게 되

는 것은 사회적 동물이라는 사실에서 비롯된다는 점을 강조한다. 그러나 바로
이 때문에 인간은 자기 자신을 인식하는 방식에 전혀 관심이 없었음을 지적하는
것이다. 대신 개인의 자의식은 개인 본성의 산물이라기보다는 사회적·집단적
본성의 산물이며, 집단의 관점에 의해 지배[45]되고 있음을 비판한다.

2) 더불어 삶의 철학인 영원회귀

■ 영원회귀란 무엇인가

그러나 전술한 바대로 니체는 타자의 이해와 수용 및 차이에 대한 인정을 중시
한다. 나아가 그 결과 도출되는 타자와의 의미 있는 관계 맺음의 중요성을 저서
전반에 걸쳐 강조하고 있다. 니체의 이런 사상이 명시적 혹은 암묵적으로 드러
나 있는 것이 영원회귀 사상이다. 니체는 차라투스트라의 입을 빌어 영원회귀가
무엇인지 설명한다.

"여기 순간이라는 성문으로부터 하나의 길고 긴, 영원한 골목길이 뒤로 내달리고 있다. 우
리 뒤에 하나의 영원이 놓여 있는 것이다. 만물 가운데서 달릴 줄 아는 것이라면 이미 언젠
가 이 골목길을 달렸을 것 아닌가? 만물 가운데서 일어날 수 있는 일이라면 이미 일어났고,
행해졌고, 지나가 버렸을 것이 아닌가?
그리고 만약 모든 것이 이미 존재했다면, 난쟁이여, 여기 이 순간이라는 것을 어떻게 보는
가? 이 성문 또한 이미 존재했음이 틀림없지 않은가?
　　　　　　　　　　……(중략)……
그리고 달빛 속으로 느릿느릿 기어가고 있는 이 거미와 이 달빛 자체, 함께 속삭이며, 영원
한 사물들에 대해 속삭이며 성문에 앉아 있는 나와 너, 우리 모두는 이미 존재했어야 하지
않은가?
그리고 되돌아와 우리 앞에 있는 또 다른 저 골목길, 그 길고도 소름 끼치는 골목길을 달려
나가야 하지 않는가. 우리는 영원히 되돌아올 수밖에 없지 않은가?"[46]

■ 왜소한 인간의 영원회귀

달빛 속에 느릿느릿 기어가는 거미, 그 달빛, 함께 속삭이며 걷는 나와 너는 여기에 이미 한 번은 존재했다는 이야기다. 그로 인해 우리들은 영원히 다시 돌아올 수밖에 없다는 이야기다. 니체의 영원회귀는 바로 '동일한 것(동일자)의 영원회귀'[47]다. 똑같은 것이 똑같은 모습으로 한없이, 영원히 되풀이해서 되돌아오는 것이다. 그런데 우리에게 문제는 그다음이다.

> "모든 것은 가며, 모든 것은 되돌아온다. 존재의 수레바퀴는 영원히 돌고 돈다. 모든 것은 죽고, 모든 것은 다시 소생한다. 존재의 해年는 영원히 흐른다.
>
> 모든 것은 꺾이고, 모든 것은 다시 이어진다. 똑같은 존재의 집이 영원히 지어진다.
>
> ……(중략)……
>
> 네가 피곤해하는 사람, 저 왜소한 사람은 영원히 돌아오게 되어 있다."[48]

문제는 아름다운 것, 즐거운 것, 행복한 것만 돌아오는 것이 아니라 추한 것, 괴로운 것, 불행한 것도 모두 함께 돌아온다는 것이다. 삶을 고통과 슬픔에 빠뜨리는 모든 것들이 빠짐없이 그대로 돌아온다. 그것도 한 번이 아니라 수없이 되풀이해서 돌아온다.[49] 영원회귀의 대상 중에서 니체는 특히 '왜소한 인간'이 영원히 되돌아온다는 점을 집중적으로 반복해서 강조한다.

평생학습의 관점에서 주목해야 할 점이 바로 여기에 있다. 이 점이 '더불어 삶의 평생학습'의 필요성을 암묵적으로 역설하고 있기 때문이다. 이 말은, 나와 너 혹은 누구든지 '지금 여기'의 삶에서 '왜소한 인간'으로 산다면 그 왜소한 인간이 영원히 되돌아온다는 끔찍한 저주가 된다. 다시 말해, 우리는 니체의 영원회귀 사유 안에서 더불어 살아가는 학습의 중요성과 당위성에 대한 철학적 사유를 얻을 수 있다고 본다.

그렇다면 '왜소한 인간'은 누구인가? 니체가 말하는 왜소한 인간을 '더불어 삶'과 연계시켜 정의한다면 '타자와의 의미 있는 관계를 맺지 못하는' 인간 유형이다. 니체가 이상적 인간상으로 제시하는 위버멘쉬와 대척점에 있는 동물로서의 인간이 왜소한 인간이다. 타자의 힘에의 의지를 억압하고, 타인과의 관점의 차이를 무시하며, 동물적 이기심에 젖어 비루한 삶을 영위하는 천민이자 말종인간이야말로 왜소한 인간이다. 니체가 '가장 경멸해야 할 인간'이라고 말하는 존재로서 허무주의와 퇴폐에 젖어 사는 동물적 인간인 것이다. 그런 왜소한 인간이 영원회귀한다는 점을 니체는 반복해서 강조한다.

> "아, 사람이 영원히 되돌아오도록 되어 있다니! 저 왜소한 사람, 영원히 되돌아오도록 되어 있다니!
> 더없이 위대하다는 자조차 그토록 왜소했으니! 이것이 사람에 대한 나의 싫증이었다! 그리고 더없이 왜소한 자들이 영원히 되돌아온다니! 이것이 모든 현존재에 대한 나의 싫증이었다!
> 아, 메스껍다! 메스껍다! 메스껍다! 차라투스트라는 이렇게 말하고 한숨을 쉬더니 몸을 부르르 떨었다."[50]

3) 오늘 하루가 영원회귀한다면?

'더불어 삶을 위한 평생학습'이 타자와의 유의미한 관계 형성을 강조한다면, 왜소한 인간은 니체 사상이 함의하고 있는 '관계적 실존'과 대척점에 놓인 인간 유형이라 할 수 있다. 니체의 힘에의 의지 세계는 본질적으로 관계의 세계다. 모든 생명체는 곧 힘에의 의지임을 상기한다면 이 세계는 수많은 힘에의 의지들이 씨줄과 날줄로 얽혀 있는 관계의 세계일 수밖에 없기 때문이다. 따라서 타자의 힘에의 의지와의 유의미한 관계 형성을 통해 '더불어 삶'을 실천하는 것이 실존적 인간의 모습이자 평생학습의 과제가 된다.

만약, 지금 여기의 삶에서 더불어 삶을 실천하지 못하고 왜소한 인간으로 전락하게 된다면, 그리고 그 왜소함의 모습이 영원히 회귀하는 운명에 직면하게 된다면, 그래도 그 운명을 기꺼이 받아들이겠는가 하고 니체는 묻는다. 그리고 이 물음이 우리의 행동에 '최대의 무게'로 놓이게 된다. 『즐거운 학문』에서 니체는

'악마'의 입을 빌어 다음과 같이 질문한다.

"어느 낮이나 어느 밤에 한 악마가 가장 고독한 고독감에 잠겨 있는 네게 살며시 다가와 다음처럼 말한다면 너는 어떻게 하겠는가. '네가 지금 살고 있고 과거에 살았던 이 삶을 너는 다시 한번, 그리고 셀 수 없이 여러 번 살아야만 한다. 거기에는 아무것도 새로운 것이 없을 것이다……. 너는 이것이 다시 한번 그리고 수없이 계속 반복되기를 원하는가?'"[51]

영원회귀 사유의 결정적인 기능은 이 사유가 자신의 이론적 적절성을 증명할 수 있는지의 여부에 달려 있는 것이 아니다. 오히려 이 사유의 '비이론적'인 면, 즉 이 사유가 어떻게 우리의 삶의 자세에 기능하는지에 달려 있다.[52] 같은 맥락에서 '더불어 삶을 위한 평생학습' 차원에서 이 사유가 어떻게 우리의 일상적인 삶에 기능하는지에 초점을 맞추는 것이 의미 있다고 본다. 즉, 이 사유의 기능은 평생학습자로 하여금 이 질문에 어떻게 응답할지를 결단하게 하는 데 있다. 즉, 어떻게 살아야 할 것인지를 선택하게 하는 것이다. 오늘 하루 타인을 수용하고 조화로운 삶을 선택할 것이냐, 아니면 타인을 거부하고 갈등과 대립의 삶을 선택할 것이냐를 결단하게 만든다. 그 결단대로 오늘의 삶이 영원히 반복될 것이기 때문이다.

니체의 말대로 "저 사유가 너를 엄습한다면, 그것은 현재 있는 너를 변화시킬 것"이며 우리가 어떤 일을 할 때마다 던져지는 "너는 이것이 다시 한번 그리고 수없이 계속 반복되기를 원하는가?라는 물음은 너의 행위에 최대의 무게로 놓일 것"[53]이기 때문이다. '더불어 삶'을 위한 평생학습에서 니체가 제시하는 학습의 목표는 명확하다. 지금 하고 있는 "너의 행위가 언제나 무한히 되풀이되어도 좋은 것이 되도록 그렇게 행동"하는 것이다. 무한히 반복되기를 원하는 삶이 되기 위해서는 나와 다른 남을 수용하고 조화로운 관계를 맺는 일상을 만들어야 하기 때문이다.

4. 아모르 파티! 함께 사는 학습의 열매

1) 아모르 파티, 운명을 사랑하라

타인과 더불어 사는 '지금 여기'의 삶을 사랑하는 자는 영원회귀를 원할 수 있다. 달리 말하면 영원회귀를 원할 수 있기 위해서는 나와 다른 '차이'를 긍정하고 사랑하는 삶, 즉 인간의 실존적인 운명을 사랑해야 한다. 니체는 이를 '아모르 파티Amor Fati', 운명에 대한 사랑이라고 말한다. 운명을 사랑하고 삶을 긍정하라는 것이다. 이를 위해서는 나를 긍정해야 하고 타인과 세상을 적극적으로 수용하고 긍정해야 한다. 따라서 니체의 사유에서는 동일한 것의 영원회귀는 운명애와 필연적으로 결부될 수밖에 없다. 니체는 『즐거운 학문』에서 이를 명확히 한다.

"네 운명을 사랑하라Amor Fati. 이것이 지금부터 나의 사랑이 될 것이다!"

이를 위한 방법으로 니체는 살아가면서 "누구도 비난하지 않으며, 나를 비난하는 자도 비난하지 않겠다."라고 말한다. 타인과 더불어 사는 삶 전체를 항상 "긍정하는 자가 될 것"[54]이라는 다짐이다. 니체는 운명을 사랑하기 위해서는 끊임없는 긍정의 학습이 필요함을 다음과 같이 강조한다.

"나는 걷는 법을 배웠다. 그 후 나는 줄곧 달렸다. 나는 나는 법을 배웠다. 그 후 나는 다른 사람의 도움 없이도 움직일 수가 있었다.
이제 나는 가볍다. 나 날고 있으며 나 자신을 내려다보고 있다. 이제야 어떤 신이 나로 인해 춤을 추고 있구나."[55]

니체가 말하는 '날고 있으며' '춤을 추고' 있기 위해서는 몸이 가벼워야 하는 조건이 전제가 된다. 그렇다면 몸이 가볍기 위한 조건은 무엇인가? 니체의 사유방식에 따르면 두 가지 조건이 요구된다. 하나는 몸을 짓누르고 있는 중력을 극복해야 한다. 춤은 근본적으로 중력을 극복하는 예술[56]이다. 춤의 중력이 비유하는 것은 인간의 의식을 짓누르는 전통적인 지식과 진리, 플라톤의 형이상학과 그리스도교적 사유방식, 관습과 규범이 될 것이다.

2) 디오니소스적 긍정

몸이 가볍기 위한 두 번째 조건은 자신과 타인 및 세상에 대한 긍정이다. 이 조건이 '더불어 삶을 위한 평생학습'의 목표이자 과제가 된다. 자신의 강함과 약함 모두를 긍정하는 것은 물론 타인의 약점마저도 포용할 수 있는 적극적인 긍정이다. 이러한 긍정이 니체가 말하는 디오니소스적 긍정Das dionysische ja[57]이다. 디오니소스적 긍정이란 변화를 경험하는 인간과 그런 인간의 삶 자체, 그리고 이 세상의 모든 인간과 현상에 대한 무조건적이고도 절대적인 긍정[58]으로서 니체의 철학적 실존 전체를 표현해 주는 대명사다. 이런 적극적인 긍정의 내용을 니체는 간결하면서도 함축적인 문장으로 표현한다.

"존재하는 것에서 빼 버릴 것은 하나도 없으며, 없어도 되는 것은 없다."[59]

나와 타인과의 차이, 다름을 인정하고 운명을 사랑하는 디오니소스적 긍정을 학습하는 사람은 '지금 여기'의 세상의 변화에 가치를 둔다. 자신에 대한 긍정이 학습을 통한 자신의 상승과 극복을 가져오듯, 타자와 삶에 대한 긍정은 학습을 통한 사회질서의 변화를 추구하게 된다. 디오니소스적 긍정의 학습자는 인간이 "서로 독립된 객체가 아니라 너와 내가 모두 하나의 생명체라는 것을 인식"[60]하기 때문이다.

이렇게 본다면 니체의 디오니소스적 긍정은 개인의 변화를 통한 사회 전체의 변화를 지향한다고 볼 수 있다. 변화되는 개인의 총체가 사회 전체의 변화를 이끈다는 철학이다. 린드만Lindeman[61] 역시 성인교육의 목적은 삶 전체에 의미를 부여하는 데 있으며, 삶에 의미를 부여하는 학습자들은 궁극적으로 사회질서의 변화도 함께 추구한다는 점을 강조한다. 왜냐하면 사회질서의 변화를 통해서 진정한 개개인의 품성이, 또한 그들의 꿈이 적절하게 발현될 수 있는 새로운 환경을 창조하기 때문이다. 이렇게 본다면 성인교육의 우선적인 목적은 개인의 발전에 있지만, 궁극적인 목적은 개인의 발전을 통한 사회변화를 지향해야 한다는 린드만의 사상은 니체의 디오니소스적 긍정과 같은 맥락이라 할 수 있을 것이다.

미주 ·

1) Delors, J. et al. (1996). *Learning: the treasure within.* Report to UNESCO of the international commission on education for the twenty-first century (Paris, UNESCO). p. 91.

2) 같은 책. p. 92.

3) 고명섭(2012). 니체극장: 영원회귀와 권력의지의 드라마. 경기: 김영사. p. 45.

4) Nietzsche, F. W. (1881). *Morgenrothe.* 박찬국 역(2008). 니체전집 10권. 아침놀: 제2의 계몽시대를 여는 책. 서울: 책세상. p. 62.

5) 니체 연구자들은 통상적으로 니체의 사상의 흐름이 크게 세 단계를 거치며 변화했다고 본다. 첫 번째 단계는 1872년에서 1876년까지의 시기로『비극의 탄생』과『반시대적 고찰』이 중심이 된다. 니체는 이성의 과도한 지배로 서양의 문화와 정신이 퇴화되었음을 지적하고 이성보다는 영감과 천재성을 높이 평가한다. 이 시기는 쇼펜하우어와 바그너의 사상적 영향을 받은 시기다. 두 번째 단계는 1878년에서 1882년까지로『인간적인 너무나 인간적인』,『즐거운 학문』,『아침놀』이 출간된다. 니체는 자신의 철학이 계몽주의 정신을 계승하는 것으로 인식하고 있으며 첫 단계와는 달리 영감이나 천재성보다 이성을 더 높이 평가하게 된다. 세 번째 단계는 1883년에서 1888년으로『차라투스트라는 이렇게 말했다』에서 시작해『선악의 저편』,『도덕의 계보』,『우상의 황혼』,『안티크리스트』,『이 사람을 보라』등의 시기다. 이 단계에서 영원회귀와 위버멘쉬 사상이 니체 철학의 핵심 사상으로 자리매김하게 된다(참고: Nietzsche, F. W., 1881, pp. 431-432).

6) Nietzsche, F. W. (1886~1887). *(Zur) Genealogie der Moral 1886−1887.* 김정현 역(2015). 니체전집 14권. 선악의 저편 · 도덕의 계보. 서울: 책세상. p. 337.

7) Delors, J. et al. (1996). p. 92.

8) Nietzsche, F. W. (1886~1889). *Nietzsche contra wagner.* 백승영 역(2015). 니체전집 15권. 바그너의 경우 · 우상의 황혼 · 안티크리스트 · 이 사람을 보라 · 디오니소스 송가 · 니체 대 바그너. 서울: 책세상. p. 168.

9) Nietzsche, F. W. (1964). *Der Wille zur Macht*. 강수남 역(2003). 권력에의 의지. 서울: 청하. p. 337.

10) Nietzsche, F. W. (1887~1888). *Nietzsche Werke, Kritische Gesamtausgabe, Vol. VIII-2: Nachgelassene*. 백승영 역(2000). 니체전집 20권. 유고(1887년 가을~1888년 3월) 원칙들과 미리 말하는 숙고들 외. 서울: 책세상. p. 225.

11) 같은 책. pp. 255-256.

12) 백승영(2009a). 니체, 디오니소스적 긍정의 철학. 서울: 책세상. p. 160.

13) 최상욱(2015). 차라투스트라는 이렇게 말했다: 메타포로 읽기. 서울: 서광사. p. 233.

14) 백승영(2009a). p. 432.

15) Nietzsche, F. W. (1883~1885). *Nietzsche Werke, Kritische Gesamtausgabe, vol. VI-1: Also sprach Zara*. 정동호 역(2015). 니체전집 13권. 차라투스트라는 이렇게 말했다. 서울: 책세상. p. 52.

16) 최상욱(2015). p. 31.

17) 한준상 외(2007). 배움학 그 시작된 미래. 서울: 학지사. p. 16.

18) 최상욱(2015). p. 235.

19) Trigg, L. (2003). *Ideas of human nature: an historical introduction*. 최용철 역(2003). 인간 본성에 대한 철학적 논쟁. 서울: 간디서원.

20) 같은 책. p. 245.

21) 같은 책.

22) Nietzsche, F. W. (1883~1885). p. 20.

23) Trigg, L. (2003). p. 246.

24) Nietzsche, F. W. (1881). p. 279.

25) 정영도 외(1999). 니이체 철학의 현대적 이해와 수용. 서울: 세종출판사. p. 305.

26) 같은 책. p. 306.

27) 같은 책. p. 313.

28) 백승영(2009a). p. 331.

29) 고명섭(2012). p. 423.

30) Nietzsche, F. W. (1883~1885). p. 96.

31) 같은 곳.

32) 같은 책. p. 98.

33) 고명섭(2012). p. 639.

34) 같은 책. p. 641.

35) Delors, J et al. (1996). p. 92.

36) Nietzsche, F. W. (1883~1885). p. 97.

37) Nietzsche, F. W. (1881~1882). *Nietzsche werke. kritische gesamtausgabe: vol. 2.* 안성찬, 홍사현 역(2014). 니체전집 12권. 즐거운 학문 · 메시나에서의 전원시 유고. 서울: 책세상. p. 83.

38) Nietzsche, F. W. (1881). p. 279.

39) 백승영(2009a). p. 432.

40) Nietzsche, F. W. (1878b). *Nietzsche Werke, Kritische Gesamtausgabe, vol. IV-3: Menschliches, Al.* 김미기 역(2013). 니체전집 8권. 인간적인 너무나 인간적인 II. 서울: 책세상. p. 53.

41) 최상욱(2015). p. 237.

42) Nietzsche, F. W. (1882). p. 153.

43) Delors, J. et al. (1996). p. 92.

44) Trigg, L. (2003). p. 249.

45) 같은 책. p. 248.

46) Nietzsche, F. W. (1883~1885). pp. 262-263.

47) 고명섭(2012). p. 473.

48) Nietzsche, F. W. (1883~1885). pp. 361-363.

49) 고명섭(2012). p. 476.

50) Nietzsche, F. W. (1883~1885). pp. 363-364.

51) Nietzsche, F. W. (1881~1882). pp. 314-315.

52) 백승영(2009a). p. 222.

53) Nietzsche, F. W. (1881~1882). p. 315.

54) 같은 책. p. 255.

55) Nietzsche, F. W. (1883~1885). p. 65.

56) 이진우(2015). 니체의 인생강의. 서울: 휴머니스트.

57) 니체는 『비극의 탄생』에서 아폴론형과 디오니소스형을 구분한다. 그리스에서 아폴론은 태양의 신으로 법과 질서를 상징하는 이성적인 존재다. 디오니소스는 술과 시를 관장하는 신으로 대지의 풍요를 상징한다. 아폴론이 냉철한 균형과 조화를 상징한다면 디오니소스는 격정과 황홀경에 탐닉하는 것을 상징한다.

58) 백승영(2011). 니체. 서울: 한길사. p. 39.

59) Nietzsche, F. W. (1887~1888). p. 392.

60) 이진우(2015). p. 158.

61) Lindeman, E. C. (1961). *The meaning of adult education.* Montreal: Harvest House. p. 5.

제**10**장

나를 넘어서는 '존재를 위한 학습'

"사람에게 사랑받을 만한 것이 있다면, 그것은 그가 하나의 과정이라는 것이다." 왜냐하면 "인간은 극복되어야 할 그 무엇"이기 때문이다. 니체의 이 말은 인간과 삶, 그리고 학습의 본질을 꿰뚫어 보는 촌철살인의 철학이다. '하나의 과정'이란 말은 완료형이 아닌 진행형이며, 완성이 아니라 미완성이라는 의미다. 즉, 자신의 완성을 향해 끊임없이 자신을 넘어서고, 극복하며, 성취하는 과정 그 자체가 인간이며 평생학습이라는 것이다.

아마도 니체의 '과정으로서의 인간' 사상에 동의하지 않는 평생교육학자는 없을 것이다. 평생교육의 선구자인 영국의 베이즐 익슬리Yeaxlee[1]는 1929년 저서 『평생교육Lifelong Education』에서 니체 사상을 뒷받침하는 '과정으로서의 평생학습'을 강조하며 다음과 같이 말한다. "만약 '사람은 언제 완전한 성인fully adult이 될 수 있으며, 교육은 언제 완성되는 것일까?'라고 질문한다면 유일한 정답은 '그가 살아 있는 동안은 결코 완성될 수 없다.'라고 할 수 있다."

따라서 들로 보고서의 평가대로 존재를 위한 학습은 알기 위한 학습, 행함을 위한 학습, 더불어 삶을 위한 학습을 바탕으로 하는 궁극적인 평생학습의 목표라 할 수 있다. 그러나 전통적인 교육에서는 더불어 삶을 위한 학습과 마찬가지로 존재를 위한 학습 역시 지식 위주의 학습이 가져올 자연적인 부산물로 간주하는 경향이 짙었다. 따라서 성인들의 평생교육에서는 지식과 실천의 학습 및 더불어 사는 학습이 중요하되, 이들 학습은 궁극적으로 인격의 성숙을 목표로 하는 존재를 위한 학습이 되어야 한다는 점을 강조한다.

  니체와 유네스코 문헌은 인간과 삶, 그리고 학습이 고정적인 것이 아니라 완성을 향해 나아가는 '과정'이라는 것에는 인식을 같이한다. 그러나 일반적으로 교육에서 규정하는 인간에 대한 인식, 그리고 교육의 목표로 내세우는 '자아실현'에 대해서는 니체는 관점을 달리한다. 전통적으로 학교교육이든 평생교육이든 학습의 최종 목적은 학습자 개개인의 자아실현임을 강조한다. 그러나 니체는 자아실현이란 말이 허구적인 관념임을 지적한다. 과연 개개인의 자아는 '실현'해야 할 목적을 본래적으로, 그리고 명확하게 구비한 고정된 존재인가? 하는 물음이다.

  니체는 본래적으로 구비되고 정형화된 의미로서의 학습자 개개인의 자아 개념을 해체시킨다. 자아는 실현의 대상이 아니라 창조의 주체라는 것이다. 평생을 걸쳐 끊임없이 해체하고 극복하는 과정을 통해 새로운 자기창조로 나아가는 역동적인 개념인 것이다. 니체가 인간 존재의 목적으로서 강조하는 자기극복을 통한 자기창조는 '존재를 위한 평생학습'의 의미와 과정을 이해하는 해체적인 시각을 새롭게 제공하고 있다.

1. 니체의 생성철학과 '되어 감'의 평생학습

1) 평생학습은 되어 가는 과정

  들로 보고서는 인간의 완전한 실현은 출생부터 시작해 일생 동안 지속되는 하나의 개인적 '과정process'[2]이라는 것을 강조한다. 교육은 인격의 지속적인 성숙을 향해 나아가는 '내적인 여행inner journey', 즉 평생을 통해 완전한 인간으로 '되어 가는' 학습 여행이라는 것이다. 이러한 관점은 인간의 본질은 완성된 '존재be'가 아닌 끊임없이 변해 가는 '되어 감becoming'의 존재이며, 따라서 평생교육의 본질 역시 '되어 감'의 과정으로서의 학습이 되어야 함을 전제로 한다고 볼 수 있다. 교육의 본질을 놓고 본다면, 배움은 되어 감과 동일시된다. 사물의 유일한, 포괄적인 본성으로서의 '되어 감'은 움직임, 근본적으로 과정의 종결되어지지 않음과 개방성 속에서 그 모습을 드러낸다. 따라서 '되어 감'은 개별자의 인식과 행위의 철저하고 근원적이며 지속적이고 질적인 변화의 과정[3]이라 할 수 있다.

들로 보고서가 강조하는 '되어 감'의 과정으로서의 인간 및 교육의 본질은 니체의 인간관과 맥을 같이한다. 니체가 보는 인간은 고정된 존재가 아니라 끊임없이 생성하는 존재이며 하나의 관점에서 규정할 수 없는 변화의 주체다. 인간은 하나의 관점, 하나의 세계에서 머물러 있는 존재가 아니라 하나의 세계에서 또 다른 세계로 이행하는 과정적 존재[4]다. 따라서 니체의 생성철학은 '존재에서 생성으로From Being to Becoming'[5]의 변화를 주창한다.

2) 니체의 '되어 감'의 철학

니체 이전의 서양 전통 형이상학은 앞서 논의한 대로 존재와 본질을 구분하는 이원론을 바탕으로 전개되어 왔다. 이원론의 목적은 변하는 가운데서 결코 변하지 않는 본질, 실재를 추구하고 그에 절대적 가치를 부여하기 위해서다. 참된 존재란 이 세계 자체 혹은 세상의 감각적·물리적 현상이 아니라 영원하고 보편적이며 이상적인 존재, 초월적인 불변의 동일자인 것이다. 플라톤의 이데아Idea, 칸트의 물자체Ding-an-sich, 쇼펜하우어의 의지will, 그리스도교의 창조주God 등이 바로 참된 실재이며 이 세계 자체와 대립하는 존재의 본질인 것이다.

이들에게 중요한 것은 불변의 본질이기에 끊임없이 생성·소멸하는 이 현실 세계는 언제나 극복의 대상이었다. 결과적으로 전통 형이상학은 인간에게 주어진 현실인 이 땅 위에서의 삶의 가치를 부정하게 만들고, 하나의 가정에 불과한 저편의 초월적 세계에만 삶의 의미를 두게 만들었다[6]고 니체는 비판한다.

이러한 전통 형이상학의 존재Being와 대립각을 세우면서 생성Becoming의 원리를 제시한 사람이 니체다. 전통 형이상학의 극복 대상이 '생성'이었다면, 반대로 니체에게 극복 대상은 2천 년간 지속되어 온 그 전통 형이상학의 '존재'였다. 니체는 영원불변의 실재를 갈구하던 서양 존재론이 이 땅 위에서의 삶을 하찮은 것, 아무 의미 없는 것으로 폄훼하도록 만들어 왔으며, 그 결과 인간은 왜소하고 구차한 존재로 전락하고 말았다고 비판한다. 따라서 왜소하고 고작 생존에나 집착하고 있는 오늘날의 대중적 인간과는 전혀 다른 새로운 인간, 즉 위버멘쉬 Übermensch가 출현하여 건강한 미래를 열어야 한다[7]고 주장한다. 따라서 인간은 위버멘쉬로 나아가는 하나의 과정이자 생성의 과정이며 그 과정을 통해 끊임없이 "극복되어야 할 그 무엇"[8]의 존재인 것이다.

> "사람은 짐승과 위버멘쉬 사이를 잇는 밧줄, 심연 위에 걸쳐 있는 하나의 밧줄이다.
> 저편으로 건너가는 것도 위험하고 건너가는 과정, 뒤돌아보는 것, 벌벌 떨고 있는 것도 위험하며 멈춰 서 있는 것도 위험하다.
> 사람에게 위대한 것이 있다면 그것은 그가 목적이 아니라 하나의 교량이라는 것이다. 사람에게 사랑받을 만한 것이 있다면, 그것은 그가 하나의 과정이요 몰락이라는 것이다."[9]

"인간은 극복되어야 할 그 무엇"이란 니체의 말은 인간 존재의 본질로서 '불완전성', '결핍성'을 전제로 제시하는 것이다. 니체가 보는 인간의 본 모습은 신의 모습으로 만들어진 인간이 아니며 데카르트가 말하는 완전한 이성을 갖춘 인간이 아니다. 니체는 인간이 "벌레에서 사람에 이르는 길을 걸어왔다"고 인간 진화의 과정을 말하면서, 인간은 "아직도 많은 점에서 벌레"임을 직시해야 한다고 강조한다. 인간은 "한때 원숭이였지만 여전히 그 어떤 원숭이보다도 원숭이다운 원숭이"[10]의 모습을 보이고 있음을 인정하라고 촉구한다.

2. 교육받은 인간은 없다

1) 인간 불완전성의 세 의미

평생교육학적 측면에서 볼 때, 인간은 완전한 존재가 아닌 불완전한 존재이며 결핍되어 있는 존재라는 말에는 세 가지 의미가 포함되어 있다. 첫째, 철학적으로 볼 때 불완전한 존재는 본래적으로 완전한 존재를 희구希求하게 되어 있다. 완전을 희구하는 행위는 곧 학습의 행위이며 삶 전체를 통해 이뤄지는 '과정'이기에 니체의 말은 결과적으로 인간의 평생학습의 필요성을 강하게 시사한다.

둘째, 인간의 불완전성, 결핍성은 '교육받은 사람'에서 '배움의 인간'으로의 인식 전환을 촉구한다. 기존의 교육학에서는 교육의 결과로 성취되어야 할 이상적 상태의 인간상으로 '교육받은 사람educated person'[11]을 상정한다. 즉, 교육의 목적을 달성한 인간이라는 의미를 포함한다. 이런 개념에는 과거의 존재론 및 인식론적 전통이 함의되어 있다. 이 책의 앞부분에서 논의한 대로 감각 세계와 분리되어 독립적으로 존재하는 사물의 본질, 실재를 주장하는 서양 전통 형이상학을 바탕에 둔 것이다. 따라서 교육의 목적은 결핍된 인간에게 보편적이며 불변하는 지식, 진리를 주입 및 체화시키는 정형적이며 목적론적 성격을 띠게 된다. 교육에는 목적 혹은 결과가 있게 마련이며 목적에 대한 평가에 따라 성인聖人, 군자君子, 마스터란 개념이 도출되게 된다.

그러나 교육을 생애에 걸쳐 끊임없이 배워야 하는 행위로 보는 평생교육학적 관점에서는 인간은 지속적으로 '되어 가는becoming', '배움의 동물'이다. 인간 및 배움의 속성으로 볼 때 '교육받은 인간'이란 전통적 개념은 영원히 불가능한 개념이다. 이는 불완전한 인간을 완전한 인간으로 교육시킬 수 있다는 자가당착自家撞着이며 오도誤導된 신념이다. 교육받은 인간 같은 것은 개념적으로 상정될 수 없는 것이다. 인간의 불완전성에 비추어 본다면 배움은 완성형이 아니라 평생에 걸쳐 지속되는 진행형임을 이미 내포하고 있는 것이다.

셋째, 불완전한 존재는 자신이 추구하는 '완전성'의 목적을 갖는다. 니체는 불완전한 인간이 추구해야 할 목적으로서 위버멘쉬를 제시한다. 위버멘쉬는 '존재를 위한 학습'의 목표인 '인간의 온전한 실현'이자 존재를 위한 학습이 지향하는 목표라 할 수 있다. 불완전성, 과정성으로서의 인간됨은 상승과 몰락의 반복적인 운동이다. 학습자 개인의 선택에 따라 위버멘쉬로의 상승이 될 수도 있고 아니면 '짐승으로 되돌아가는' 하강이 될 수도 있다. 니체는 그러나 우리에게 "너희는 사람을 극복하기 위해 무엇을 했는가?"를 묻는다. "지금까지 존재해 온 모든 것은 그들 이상의 것을 창조해 왔다."라고 강조하면서 "그런데도 너희는 이 거대한 밀물을 맞이하여 썰물이 되기를 원하면서 사람을 극복하기보다는 오히려 짐승으로 되돌아가려" 하느냐고 질타한다.

2) 삶으로 보여 준 니체의 자기극복

니체는 본인 스스로 '과정적 존재'로서 상승을 향한 극복의 과정을 거쳐 왔음을 자신의 삶을 통해 보여 주었다. 그는 정형적 인간을 거부하고 지속적 변신을 통해 새로운 주인으로서의 삶을 사는 과정을 적극적으로 개척해 냈다. 목사 가문에서 태어난 니체는 어린 시절 신앙심 깊은 소년이었다. 니체의 첫 자전 기록인 『나의 삶』은 그의 신앙심이 얼마나 깊었는지를 잘 보여 준다.

> "나는 이미 너무나 많은 것을 경험했다. 기쁨과 슬픔, 즐거운 일과 슬픈 일들을. 하지만 이 모든 것 속에서 신은 아버지가 자신의 약하고 어린 아들을 인도하듯이 안전하게 나를 이끌어 주셨다. 나는 내 마음속에서 영원히 그 분의 종이 되겠다고 확고하게 결심했다. 주님께서 나의 이런 뜻을 실행할 수 있는 강인함과 힘을 주시고 인생의 길 위에서 나를 보호해 주시기를!"[12]

그러나 니체의 '소년 신앙심'은 20대에 들어서기도 전에 종교와 믿음, 도덕 가치에 관련된 기존의 사유방식에 대한 철저한 자기비판 학습을 통해 극복되게 된다. 니체는 "천상의 세계에 대한 환상 때문에 인간의 영혼은 현세의 삶과 잘못된 관계를 맺게 되었으며, 이러한 환상은 사람들의 유아기적 산물"[13]임을 선언한다. "신이 인간이 된 것은 인간이 자신의 천국을 영원한 내세에서 구하는 것이 아니라 지상에 건설하려 함을 보여 준다."라고 주장함으로써 '지금 여기'의 현세적 삶의 가치를 중시하는 사상적 변화를 갖게 된다.

니체는 20대에 들어서자마자 자신의 일생에 가장 중대한 만남인 쇼펜하우어의 『의지와 표상으로서의 세계』를 접하게 된다. 쇼펜하우어의 세계인식인 염세주의에 사로잡힌 니체는 의지와 표상이란 쇼펜하우어의 이원적 세계관을 자신의 사상적 지주로 삼았다. 그러나 10여 년을 쇼펜하우어의 철학과 씨름하던 니체는 결국 쇼펜하우어의 염세주의를 폐기하고 '의지'론을 자신의 '힘에의 의지'와 연계하면서 쇼펜하우어 사상과 결별한다. 이 무렵 니체는 자신의 삶에 영향을 준 또 한 사람, 리처드 바그너를 만나게 된다.

니체는 쇼펜하우어가 말한 '천재'의 상을 바그너에게서 발견하였고 "바그너의 거대한 예술 작품들이 본질적으로 그가 가지고 있는 거대한 욕구, 즉 타인에 대한 지배 욕구의 산물이라는 것"[14]을 알아차렸다. 그러나 시간이 흐르면서 바그너의 음악이 바그너 숭배자들에게 하나의 우상으로 둔갑하고 평등이란 이름으로 사람들을 특징 없는 노예로 만든 부르주아 문화처럼 바그너 음악이 "사람들을 하나의 평준화된 무리로"[15] 만든다는 통찰을 얻게 된 후에 결국 바그너와의 결별을 고한다.

니체의 이러한 사상적 여정旅程은 평생학습에 중요한 시사점을 제공하고 있다. 무엇보다 한 개인의 삶의 과정에서 자신이 만나는 모든 사람, 모든 학문적·사상적 경험은 더욱 높이 상승하기 위한 평생학습의 훌륭한 계단이자 그 자체로 학습이라는 점이다. 그러나 니체가 자신의 스승들의 사상 안에 안주하지 않고 오히려 그들을 딛고 올라갔듯, 평생학습자는 정형화된 교과서적 이론과 실제의 문제를 끊임없이 비판하고 자신을 지속적으로 상승시키는 학습을 해 나가야 한다.

따라서 '되어 감'의 평생학습자는 학습을 통해 자신의 사고나 행위의 준거로 설정한 지식이나 진리의 보편성 혹은 절대성을 거부한다. 지식의 주춧돌 혹은 정초定礎를 부정함反定礎主義으로써 새로운 창조가 가능하며 창조를 통해 자기상승과 자기극복으로 나아갈 수 있는 것이다. 니체의 사상적 진화가 보여 주듯 이러한 평생학습의 과정이 곧 '극복되어야 할' 인간의 모습이며 평생교육 또한 '되어 감'의 학습임을 강하게 시사하고 있다. 평생을 걸쳐 인간은 '자신을 극복할 것'인가 아니면 '짐승으로 되돌아갈 것'인가를 선택해야 하는 '과정적 존재'라는 것이다.

3. 니체의 자기발견과 각자성의 평생학습

1) 각자성의 발견, 평생학습

'존재를 위한 학습'을 위해 포르 및 들로 보고서가 강조하는 학습목표는 모든 인간에게 독립적이고 비판적인 사고를 발전시키고 자신의 판단력을 형성할 수 있게 하는 것이다. 포르 보고서는 교육이 개인으로 하여금 "자신의 문제를 스스로 풀고, 결정하며, 자신의 책임을 모두 질 수 있도록 해야 한다."[16]라는 점이 평생학습을 통해 강조되어야 한다고 명시하고 있다.

들로 위원회 역시 교육의 본질적인 역할은 학습자 개인의 소질을 개발하고 스스로의 삶을 스스로 통제하게 해 주는 데 있음을 명확히 하고 있다. 유네스코의 두 보고서는 모두 평생교육의 본질적인 기능을 학습자 개개인을 자유와 책임을 지닌 독립된 '각자'가 되도록 촉진시키는 데 있음을 강조하는 것이다. 성인을 중심으로 한 평생교육이 학교교육과 차별화되는 지점이 바로 여기에 있다.

형식적인 학교교육에서는 생물학적 존재로서의 학습자들이 사회적 존재가 되기 위해 사회문화, 제도를 학습했다면 학교교육 이후의 성인교육에서는 사회나 제도가 요구하는 집단성에서 벗어나 '제도에 결코 편입될 수 없는 개인성' 혹은 개인적인 삶의 의미를 복원[17]하는 데 초점을 두어야 한다. 평생학습은 학습자 고유의 독립된 존재로서의 자신을 발견하고 창조하는 과정, 즉 정체성을 찾아 보다 온전한 자신을 만들어 가는 과정인 것이다.

실제로 각기 다양한 평생학습 과정에 참여하는 성인학습자들이 궁극적으로 추구하는 것은 '나'의 발견이라고 나타난다. 한 예로, 한국방송통신대학교의 성인학생들에 대한 연구는 이들의 학습이 궁극적으로 "자신의 삶에 대한 개별적 의미 추구를 향한 움직임"이며 "가정이라는 울타리에 갇혀서 타자와의 관계 속에서 '나'를 정립할 수 없는 상황에 대한 반동"[18]임을 밝히고 있다.

2) 너는 너 자신이 되라

니체는 『즐거운 학문』에서 학습자로서의 개인이 궁극적으로 추구해야 할 목표를 간명하게 제시하고 있다.

"너의 양심은 무엇이라 말하는가? **너는 너 자신이 되어야 한다.**"[19]

'너 자신이 되는' 삶을 살라는 니체의 말은 인간이 그동안 자신의 삶을 살지 못하고 있다는 인식을 전제로 한다. 그리고 그 이유는 인간이 지금까지 플라톤의 이데아 세계와 그리스도교의 신으로 대표되는 초감성적인 이념과 가치들에 예속되어 왔기 때문이다. 그런데 그런 초감성적인 것들은 인간이 삶의 무상함을 견디기 위해 만들어 낸 신기루이며 인간이 자신의 존립과 고유한 가치를 확보하기 위해 정립한 환상적 이념이며 존재[20]라는 것이다.

그러나 인간은 그러한 환상과 허구가 자신의 상상에서 비롯된 것을 자각하지 못하고 마치 인간으로부터 독립해서 존재하는 실재로 간주했으며 그런 관점들이 독립적인 실체가 되면서 오히려 인간을 지배[21]해 온 것이다. 그 결과, 인간들은 그러한 허구나 관점에 맹목적으로 복종해야 한다고 믿고 자신이 발붙이고 살아가는 '지금 여기'의 삶의 고유한 가치와 의미를 박탈당하게 되었다는 것이다.

평생학습의 측면에서도 이러한 니체의 주장은 시사하는 바가 크다. 전통적으로 교육에서는 인간 외부에 인간의 경험을 넘어서는 어떤 실재하는 세계가 존재하며 그 실재에 대한 절대적이고 보편적인 지식인 진리가 존재한다고 생각해 왔다. 인간이 추구하는 지식은 참 실재의 속성과 원리를 아는 것이다.

실재에 대한 지식이기에 불변하는 것이며 개인의 지식이나 경험에 따른 정도의 차이는 있지만 본질적인 속성에 있어서는 동일한 지식이 된다. 따라서 학습의 초점은 그러한 객관적인 지식, 진리를 추구하는 것이며 가능한 한 많은 지식을 획득하는 것이 학습의 목표가 된다. 지식의 속성이 객관성, 보편성, 불변성을 담보하기에 지식에 대한 의문이나 도전, 비판적 성찰을 통한 자신만의 지식 창출은 장려되지 않으며 오로지 지식에 대한 이해와 획득이 학습의 핵심 기능을 담당하게 된다.

3) 지식의 노예 아닌 창조자가 되라

니체는 신의 죽음을 선포하면서 지금까지 인간을 지배하고 예속시켰던 초감성적인 모든 종류의 이념, 가치가 지배력을 상실했음을 주장한다. '신'은 그리스도교 신만을 의미하는 것이 아니라 플라톤 이후 진리이자 진정한 실재로 받아들여져 온 이성과 이상으로서의 외재적 세계일반[22]을 의미하는 것이다. 그렇다면 서양 전통 형이상학에 바탕을 둔 지식에 대한 인식론과 그에 기반한 지식의 절대성, 보편성에 대한 신념도 해체되어야 한다. 따라서 니체는 이제부터는 지식과 진리에 대한 무조건적 수용에서 과감히 탈피하여 진정한 너 자신의 지식과 진리를 창조하라고 촉구하는 것이다.

> "사나이가 되어라! 그리하여 **나를 따르지 말고 너 자신을 따르라! 너 자신을! 우리의 삶도**
> 우리 스스로에 대해 권리를 지녀야 마땅하다! 우리도 또한 자유롭고 두려움 없이, 순진무
> 구한 자기애 안에서 자기 자신으로부터 성장하고 꽃피워야 한다!"[23]

니체는 인간이 진정으로 자신이 되기 위해서는 타인의 주장이나 이론에 대한 맹목적 수용이나 학습을 통한 지식과 경험에의 절대적인 의존을 경계하라고 말한다. 그러한 지식과 경험을 주체적으로 비판하고 해체하며 자신의 것을 창조하는 열정이 필요하다는 것이다. 따라서 니체는 "스토아주의나 위선보다는 정열이더 낫다. 전통적인 윤리 안에서 자기 자신을 상실하는 것보다는 심지어 악이라고 할지라도 스스로에게 진실한 것이 더 낫다."[24]라고 주장한다. 스스로 주체가되어 자유롭게 자신을 창조하는 과정에서는 선한 일도 악한 경험도 할 수 있다는 것이다.

그러나 사회적 관습이나 윤리, 타인의 시선에 대한 두려움으로 인해 자기 자신

이 되는 학습을 하지 못한다면 "자연의 수치이며, 하늘의 위안도 지상의 위안도 얻지 못할 것"[25]이라고 비판한다. 결국 니체는 "자유롭게 되고자 하는 모든 인간은 자기 자신을 통해 그렇게 되어야만 한다"는 점을 강조한다. 평생학습을 통해 자기를 발견하는 궁극적인 주체는 결국 자기 자신이라는 것이다.

전술한 바대로 '존재를 위한 평생학습'의 핵심은 학습자 개개인의 각자성을 발견하고 추구하는 것이다. 평생학습자 하나하나는 각자적으로 특수하며 각자가 "자기의미를 만들어 가는 자기주체의 존재"[26]다. 각자성은 개인적이란 개념과 구분되는 것으로서 언제든 분리되고 수량화될 수 있는 개인individual과는 달리 각자성은 자신만이 지닌 특별한 가치에 대한 인식, 즉 자존감을 근거로 한다.

따라서 자존감에 기반을 둔 각자성은 인간의 고유한 존재근거이며 평생학습이 궁극적으로 추구하는 목표이기도 한다. 니체의 '너 자신이 되어라'는 경구는 평생교육의 목표가 각자성各自性을 찾는 데 있음을 명확하게 지적한다. 어느 무엇으로도 대체할 수 없는 자신을 발견하고 정체성을 찾아 나아가는 것이 평생학습의 목표이자 과정이어야 하는 것이다.

미주 · ---

1) Yeaxlee, B. A. (1929). *Lifelong Education*. Cassell: London. p. 164.

2) 같은 책. p. 86.

3) 구분옥(2007). 니체의 자기극복 교육: 위버멘쉬의 교육적 의미. 초등교육연구, 20(1), 95-118.

4) 김용일(2000). 위대한 교육사상가들IV. 서울: 교육과학사. p. 72.

5) 이정우(2014). 문명이 낳은 철학 철학이 바꾼 역사. 서울: 도서출판 길. p. 69.

6) Nietzsche, F. W. (1883~1885). *Nietzsche Werke, Kritische Gesamtausgabe, vol. VI-1: Also sprach Zara*. 정동호 역(2015). 니체전집 13권. 차라투스트라는 이렇게 말했다. 서울: 책세상. p. 16.

7) Nietzsche, F. W. (1883~1885). p. 16.

8) Nietzsche, F. W. (1883~1885). p. 20.

9) 같은 곳.

10) Nietzsche, F. W. (1883~1885). p. 17.

11) 이병승(2001). 교육받은 사람의 개념: 듀이와 피터스를 중심으로. 교육철학, 19, 87-103.

이병승은 듀이와 피터스의 저작들에 나타난 교육받은 사람의 개념을 비판적으로 비교·논의한다. 듀이의 교육받은 사람에게서 나타나는 두드러진 행동 유형은, ① 끊임없는 학습 활동, ② 반성적 사고 활동, ③ 건전한 판단 활동, ④ 지역사회에의 참여 활동이다. 피터스의 교육받은 사람에게서 나타나는 두드러진 행동 유형은, ① 삶의 양식에의 입문 활동, ② 가치 있는 것에의 헌신 활동, ③ 인지적 안목의 심화 및 발달 활동, ④ 합리적 정열의 추구 활동이다. 듀이가 교육받은 사람의 실천적 능력을 강조한다면 피터스는 교육받은 사람의 지적이고 이론적인 이해능력을 강조한다. 그러나 이 책에서는 '교육받은(educated)'이란 개념에서 내포할 수 있는 교육의 완성이란 의미에 초점을 두었다. 다시 말해, 교육은 완성될 수 있는 완료형이 아니라 지속적으로 되어 가는 진행형이라는 것을 강조하기 위한 비교의 개념으로 '교육받은 인간' 개념을 사용하였다.

12) Hollingdale, R. (1965b). *Nietzsche : The man and his philosophy.* 김기복, 이원진 역(2004). 니체, 그의 삶과 철학. 서울: 이제이북스. p. 34.

13) 같은 책. p. 45.

14) 같은 책. p. 90.

15) 고병권(2014a). 니체의 위험한 책: 차라투스트라는 이렇게 말했다. 서울: 그린비. p. 30.

16) Delors, J. et al. (1996). Learning: the treasure within. Report to UNESCO of the international commission on education for the twenty-first century (Paris, UNESCO). p. 94.

17) 정민승(2010). 성인학습의 이해. 서울: 에피스테메. p. 7.

18) 이기연(2006). 주부학생이 학습체험에 나타난 학습의 의미. 평생학습사회, 2(1), 63-94. p. 92.

19) Nietzsche, F. W. (1881~1882). *Nietzsche werke. kritische gesamtausgabe: vol. 2.* 안성찬, 홍사현 역(2014). 니체전집 12권. 즐거운 학문·메시나에서의 전원시 유고. 서울: 책세상. p. 250.

20) 박찬국(2007). 현대철학의 거장들: 마르크스, 니체, 키에르케고르, 하이데거, 하버마스, 푸코, 비트겐슈타인, 포퍼. 서울: 철학과 현실사. p. 96.

21) 박찬국(2007). p. 97.

22) Schrift, A. D. (1990). *Nietzsche and Question of Interpretation.* Routledge Inc. 박규현 역(1997). 니체와 해석의 문제. 서울: 푸른숲. p. 53.

23) Nietzsche, F. W. (1881~1882). p. 170.

24) 같은 곳.

25) 같은 곳.

26) 한준상 외(2007). 배움학 그 시작된 미래. 서울: 학지사. p. 21.

제**11**장

평생학습, 위버멘쉬를 향한 여행

인간은 평생을 살아가면서 왜 학습을 해야 하는 것인가? 이 물음은 그 자체로 인간과 삶에 대한 철학을 전제로 한다. 인간이 무엇이고 삶이 무엇이라 생각하는지에 따라 답이 달라지기 때문이다. 니체라면 이 질문에 대해 다음과 같이 대답할 것이다.

인간이 평생학습을 해야 하는 이유는 '위버멘쉬Übermensch'가 되기 위해서다. 왜냐하면 인생이란 위버멘쉬를 향해 나아가는 여로旅路이기 때문이다.

유네스코 들로Delors 보고서는 교육을 통한 학습은 무엇보다도 "인격의 지속적인 성숙maturity of the personality을 겨냥해 나아가는 내적인 여행"[1]이라고 규정한다. 똑같은 학습의 여행이지만 그 여행의 목적을 유네스코는 '인격의 성숙', 니체는 '위버멘쉬'로 규정한다. 니체의 관점에서 성숙한 인간이란 곧 위버멘쉬를 의미하는 것이다. 위버멘쉬는 인간을 초월한 어떤 존재가 아니라 항상 자신의 나약함을 극복하고 넘어서는 삶을 살아가는 사람이다.

니체는 전통적인 교육에서 강조해 온 '자아실현'이나 유네스코 평생교육 문헌에서 말하는 '온전한 인간', '성숙한 인격' 등의 추상적인 학습의 목표를 구체적이면서 실현 가능한 목표, 즉 '위버멘쉬'로 새롭게 제시하고 있다. 위버멘쉬는 한 평생을 인간답게, 행복하게 살아가길 원하는 모든 인간이 추구해야 할 이상적인 인간 유형인 것이다.

이 장에서는 인간 개개인이 추구해야 하는 실존적 목적이면서 아울러 모든 평생학습 활동에서 지향해야 할 인간상으로서의 위버멘쉬를 고찰하기로 한다. 또한 위버멘쉬로 나아가는 삶과 학습은 낙타에서 시작해 사자의 단계를 거쳐 마침내 어린아이의 단계로 나아가는 여행이란 점에 대해 생각해 보기로 한다.

1. 야누스적 인간본성과 평생교육

서양 전통철학에서 보는 인간은 이성적인 존재로서 합리적으로 사고하고 판단하며 행동할 수 있는 존재다. 그러나 니체가 보는 일상적인 인간의 본 모습은 영혼과 정신 혹은 이성에 전적으로 의지하는 형이상학적 인간이 아니다. 이기적인 본능에 휩쓸리기 쉬운 나약한 존재이며 동물적인 안락과 편안함만을 추구하기 쉬운 왜소한 천민이다. 자기극복을 위한 노력을 하지 않는 자연 상태의 인간의 모습인 것이다.

1) '늑대 소년'으로서의 인간

니체가 말하는 인간의 이러한 모습은 교육받지 못한 자연 상태에서 발견된 한 소년의 사례를 연상케 한다.

"1979년 남부 프랑스의 아베롱Aveyron 숲속에서 12~13세로 추정되는 한 소년이 발견되었다. 소년은 옷을 입지 않은 불결한 몸에는 가시에 찔리고 다른 동물에게 물린 무수한 상처가 나 있었다. 소년의 모습은 인간의 따뜻한 보살핌과 교육을 받지 못하고, 숲 속에서 다른 야생동물들과 힘겨운 생존경쟁을 해 왔음을 말해 주는 것이었다. 이 소년은 파리로 옮겨져서 얼마 후 국립 농아원에 들어가게 되었고, 당시 25세 되는 의욕적인 젊은 의사 이타르Itard가 전적으로 교육을 담당하게 되었다.
이타르가 처음 본 소년의 감각기능은 활발하지 못했다. 눈은 안정되어 있지 않았고 아무런 표정도 없었다. 귀는 각종 음향에 무감각하였고 발성은 벙어리 상태로서 짐승의 소리를 낼 뿐이었다. 후각도 원시적이고 오물이나 향수에 대해서도 반응을 표시하지 못하였다. 지능은 매우 낮았을 뿐만 아니라 기억력, 판단력, 사고력도 결여되어 있었다. 소년은 인간을 두려워하고 사람들이 있는 곳에서는 발작적인 동작이나 경련을 일으켰으며, 우리 속에 갇힌 동물과 같이 부단히 몸을 뒤흔들며 마음에 안 드는 것을 물어뜯었다. 소년은 글자 그대로 야만인이었다.

아베롱 숲 근처 마을 사람들의 증언에 의하면, 이 소년은 약 5년 전부터 숲 속을 배회하고 있었다고 말하는 것을 보아 약 6~7세 무렵에 버림받은 것으로 추정되었다. 그리고 그가 보인 백치 상태는 오랜 방황과 고독한 생활의 결과라고 진단하였다. 그 때문에 교육의 기회는 물론 그가 버림받기 전까지 지니고 있었던 사고, 언어, 관습까지도 전부 잊어버렸을 것이라고 생각하였다. 즉, 이 소년은 태어날 때부터 저능아는 아니었고 오랫동안 사회생활로부터 격리되어 있었기 때문에 사회적인 관념, 태도, 관습 등을 습득할 수 없었던 것이다."[2]

교육학자들은 이 야생아에 대한 실험연구를 놓고 인간이 인간으로서의 생명을 보존할 뿐만 아니라 인간으로서의 제반 가치를 발휘하며 살아가기 위해서는 교육이 절대적으로 필요함을 분명하게 보여 주는 사례라고 강조한다.

니체가 말하는 인간 내면에 감추어진 실존의 모습은 아베롱의 늑대 소년과 본질적으로 크게 다를 바 없다. 따라서 지속적인 자기극복의 기회와 노력이 없이는 인간의 내면은 동물성으로부터 벗어나지 못하는 상태에 머문다는 것이다. 앞에서 언급한 대로 니체는 이러한 인간의 실존적 모습을 한쪽은 짐승의 상태, 다른 한쪽은 짐승의 상태를 극복한 참된 인간 사이에서 어정쩡하게 서 있는 모습으로 비교한다.

"사람은 짐승과 위버멘쉬 사이를 잇는 밧줄, 심연 위에 걸쳐 있는 하나의 밧줄이다."[3]

하나의 밧줄로서 인간은 짐승과 위버멘쉬 사이에 놓인 중간 존재다. 아베롱의 '늑대 소년'처럼 동물적 본능에만 의존해 살 것인지, 아니면 자신의 동물성을 비판적으로 성찰하고 극복하는 인간으로서의 위버멘쉬가 될 것인지를 선택해야 할 기로에 놓여 있는 존재다.

2) 교육의 가소성과 힘에의 의지

중간 존재라는 것은 인간이 교육을 통해 위버멘쉬가 될 수 있는 가능성이 있음을 의미한다. 다시 말해 교육을 통해 변화될 수 있는 교육 가능성educability 혹은 가소성plasticity을 본래적으로 구비하고 있음을 전제로 한다. 교육학자들은 인간이 동물과 다른 가장 중요한 특징을 이 '가소성可塑性'에서 찾는다. 예를 들어, 루소Rousseau는 저서『에밀』에서 '인간은 다른 동물에 비해 연약하게 태어나지만 성장하면서 교육을 통해 힘을 얻는다'는 점을 강조한다.[4] 니체에게 교육의 가능성인 가소성은 힘에의 의지라 할 수 있다. 힘에의 의지인 학습의지가 있어 인간은 지속적으로 자기 자신을 극복하고 위버멘쉬로 나아갈 수 있다.

그렇지만 인간이 위버멘쉬로 나아가는 것은 현실적으로 여러 가지 위험이 따른다. 니체가 말한대로 "저편으로 건너가는 것도 위험하고 건너가는 과정, 뒤돌아보는 것, 벌벌 떨고 있는 것도 위험하며 멈춰 서 있는 것도 위험하다". 그러나 그런 위험을 무릅쓰고 나아가는 것이야말로 인간을 인간답게 만들어 주는 것이다. 그래서 니체는 인간이 위대한 것은 그가 다리(교량)이기 때문이며, 인간이 사랑받을 만한 존재인 이유는 그가 과정이기 때문이라고 말한다.

인간이 사랑받을 만한 존재인 또 다른 이유는 인간은 '몰락'해야 하기 때문이다. 동물적인 기존의 인간성을 몰락시킬 수 있는 존재이기 때문이다. 다시 말해, 인간은 짐승의 상태에서 위버멘쉬로 나아갈 수 있으며, 이를 위해 본래적인 짐승의 상태 혹은 기존의 노예적인 지식과 믿음, 신념을 버리고 또 몰락시켜야 한다. 이런 인간만이 위버멘쉬 같은 존재가 될 수 있기 때문이다. 교육의 필요성, 평생학습의 중요성과 당위성이 바로 여기에서 제시된다.

2. 평생학습이 지향하는 인간, 위버멘쉬

"사람은 짐승과 위버멘쉬 사이를 잇는 밧줄"이라는 니체의 말은 평생학습의 본질을 내포하고 있다. 무엇보다 인간은 '되어 감becoming'의 상태에 있는 과정적 존재이자 과도기적 존재라는 점이다. 마찬가지로 평생학습 역시 '되어 감'의 과정이어야 함을 제시하고 있다. 니체의 생성철학으로서의 '되어 감'은 인간은 완성된 존재 혹은 고정된 존재가 아닌 과정적인 성격을 본질로 하는 존재임을 말해준다. 인간은 동물에 가까운 말종인간the last man이 될 수도 있고 반대로 위버멘쉬도 될 수 있는 어정쩡한 밧줄이기 때문이다.

따라서 인간은 본질적으로 선험적이 아니라 자유로운 선택에 의해 자신을 창조하는 과정적 존재이자 열린 가능성의 존재인 것이다. 열린 가능성의 존재로서 인간은 끊임없는 생성 속에서 생성을 향한 모험을 감수하는 존재다. 따라서 니체에 의하면 인간의 가치는 모험을 통해 자기를 초월하려는 힘에의 의지의 정도에 따라 결정된다.[5] 그렇다면 힘에의 의지를 통해 자기를 극복하고자 하는 목표는 무엇인가? 니체는 인간이 동물의 상태에서 지속적인 자기극복을 통해 상승해야 할 대상이 바로 위버멘쉬라고 역설한다. 니체의 관점에서 위버멘쉬는 삶의 목표이자 평생학습이 지향해야 할 이상이며 이상적 인간형인 것이다.

1) 자신을 극복하는 사람, 위버멘쉬

위버멘쉬Übermensch의 영어 번역은 Overman 혹은 Superman이다. 'super'의 의미에 초점을 맞출 경우 초인超人의 의미가 되며, 실제로 일본은 물론 우리나라에서도 초인으로 번역하는 경우가 많았다. 이 경우, 위버멘쉬는 인간을 초월하는 초월적 인격으로 해석될 수가 있다. 위버멘쉬를 초인의 의미로 해석하는 근거는 자의적恣意的 해석 외에 니체의 『차라투스트라는 이렇게 말했다』 곳곳에서 찾을 수 있다.

니체는 "나는 사랑하노라. 위버멘쉬가 머무를 집을 짓고, 그를 위해 대지와 짐승과 초목을 마련하는 자, 그러기 위해 수고하고 궁리하는 자를"[6]이라는 말을 통해 위버멘쉬를 집에 머무를 어떤 '존재자'로 묘사하고 있다. 이어 "그를 위해"라는 표현을 통해 위버멘쉬가 인간과 비교되는 어떤 존재라는 것을 내비치고 있다. 또한 "모든 신은 죽었다. 이제 위버멘쉬가 등장하기를 우리는 바란다. 이것이 언젠가 우리가 위대한 정오를 맞이하여 갖게 될 최후의 의지가 되기를!"[7] 여기서 니체의 '위버멘쉬의 등장'이란 표현은 피안의 세계나 초월 세계를 상징하는 신이 죽었으니, 이제 인간 스스로가 '자기를 극복하는 자'로서의 위버멘쉬가 되어야 한다는 의미다. 그러나 표현만을 보면 어떤 인간을 초월한 초인의 등장을 연상시키게 된다. 같은 책의 4부 「보다 지체가 높은 인간에 대하여」에서도 유사한 표현이 등장한다. "좋다! 자! 보다 지체가 높은 인간들이여! 이제야 비로소 인류의 미래라는 산이 산통으로 괴로워하는구나. 신은 죽었다. 이제 우리는 소망한다. 위버멘쉬가 나타나기를."[8] 또한 니체는 '사람─원숭이', '위버멘쉬─인간'이란 비교를 통해 위버멘쉬가 인간을 초월한 어떤 종種임을 연상하게 만든다. "사람에게 있어 원숭이는 무엇인가? 일종의 웃음거리 아니면 일종의 견디기 힘든 부끄러움이 아닌가. 위버멘쉬에게는 사람이 그렇다."[9]

　니체의 위버멘쉬에 대한 표현은 다양하다. "실로, 사람은 더러운 강물이렷다. 몸을 더럽히지 않고 더러운 강물을 모두 받아들이려면 사람은 먼저 바다가 되어야 하리라……. 위버멘쉬야말로 너희의 크나큰 경멸이 가라앉아 사라질 수 있는 그런 바다다."[10] 여기서 니체는 위버멘쉬를 '바다'로 비유하며, "보라, 나 너희에게 위버멘쉬를 가르치노라. 그가 바로 번갯불이요, 광기다!"[11]에서는 '번갯불'이나 '광기'로 위버멘쉬를 은유적으로 비유하고 있다.

　이렇게 볼 때 니체는 '위버멘쉬는 이런 것이다.'라고 명확하게 정의를 내리지 않고 있음을 알 수 있다. 오히려 다양한 비유를 사용함으로써 신적인 가치가 소멸된 새 시대에 '위버멘쉬의 본질이 무엇인지를 다양한 표현으로 제시하고 있다. 그렇다면 위버멘쉬는 어떤 존재인가? 분명한 것은 니체가 말하는 위버멘쉬는 인간을 초월한 어떤 종種이나 초인이 아니다. 위버멘쉬의 출현을 이해하기 위해서는 니체가 말한 '신의 죽음'과의 연계가 필수적이다.

차라투스트라는 산에서 내려왔을 때 '신의 죽음'과 '위버멘쉬의 출현'을 선언한다. 두 사건은 니체의 철학 전개에서 논리적 연속성을 갖는다. 다시 말해, 서양 전통 형이상학과 그리스도교 전통의 초월적 실재 혹은 신을 해체시킨 니체가 이를 대신할 또 다른 어떤 초월적 존재자를 제시한다면 논리적 모순이다. 초월적 존재라는 이유에서 종래의 신을 거부한 니체가 인간 위에 또 다른 신격을 끌어들였다면 이것은 자기모순[12]인 것이다. 위버멘쉬는 새로운 신이 아니라 모든 인간이 이 지상에서 구현해야 하는 이상적 인간 유형이다.

니체는 플라톤주의적 선험적 실재나 그에 기반한 그리스도교의 초월적 존재자를 인간이 만든 허구, 즉 신을 존재하게 한 원인이 바로 인간이라고 주장하고 '해머'가 의미하는 해체의 철학을 주창하였다. 진정한 실재는 '지금 여기'의 생성 소멸하는 삶이자 인간이라는 것이다. 그렇다면 신의 죽음의 대척점에 놓인 위버멘쉬는 어떤 초월적 존재자나 완전한 인간이 되어서는 안 된다.

위버멘쉬는 'over+man'의 합성어임을 볼 때 '인간을 넘어섬', '인간을 극복함'의 의미를 지닌다. 따라서 위버멘쉬는 '인간'의 상태를 '극복하는over' 과정 혹은 상태를 의미한다고 볼 수 있다. 니체가 보는 '인간'은 허구와 가상 속에 빠져 있는 왜소한 천민이다. 나아가 왜소함이 극단적으로 나타난 '말종인간last man'이기도 하다. 따라서 니체는 인간을 '극복되어야 할 그 무엇'[13]의 존재로 정의한다. 극복된다는 것은 곧 허구와 가상의 퇴폐적인 말종인간 상태를 거부하고 새로운 창조로 나아감을 의미한다.

니체는 이것이 '인간 존재의 의미'이자 위버멘쉬라고 말한다. "나는 인간들에게 그들의 존재의 의미를 가르쳐 주려고 한다. 그것은 위버멘쉬이며 어두운 구름인 인간에게서 나온 번개다." 다시 말하면, 위버멘쉬는 초인이나 어떤 슈퍼맨이 아니라 상승의 욕구에 기초하여 '자기를 극복'하려는 운동성 그 자체[14]이자 자기를 극복하는 사람이다. 전통철학에서 말하는 것처럼 어떤 완전한 실체적인 존재자가 아니라 '자기극복'의 운동 중에 있는 역동적인 인간 존재[15]인 것이다.

따라서 모든 인간은 힘에의 상승의지가 있기에 위버멘쉬가 될 수 있다. 단, 전통 형이상학을 통해 학습된 사유방식을 해체시키고 기존의 인간의 모습을 버리고 '몰락'시켜야 한다. 그리고 자신의 존재 의미를 내세나 초월 세계에서 찾지 않고 오직 지금 여기의 지상의 삶을 유일한 삶으로 적극적으로 받아들이며 현세에서 자신을 극복함으로써 삶의 의미를 찾는 사람이어야 한다. 이런 인간만이 위버멘쉬가 될 수 있다.

위버멘쉬는 우리의 삶에서 구현되어야 할 이상적 인간 유형이다. 그리고 평생학습을 통해 개개인이 추구해야 하는 실존적 목적인 것이다.[16] 니체는 위버멘쉬 같은 인간이 바로 현재의 삶, 즉 대지가 진정으로 바라는 인간이라고 강조한다.

> "보라, 나는 너희에게 위버멘쉬를 가르치노라!
> 위버멘쉬가 이 대지의 뜻이다. 너희 의지로 하여금 말하도록 하라.
> 위버멘쉬가 대지의 뜻이 **되어야 한다고!**"[17]

위버멘쉬적 인간은 내세나 초월 세계가 아니라 바로 지금 여기의 삶, '대지'를 최고의 가치 척도로 생각하며 대지에 충실한 인간인 것이다. 인간은 완전한 존재가 아니듯 니체가 말하는 위버멘쉬적 인간 역시 인간을 초탈한 완전한 인간이 아니다. 인간의 본질인 힘에의 의지를 통해 항상 자기 자신을 극복하고 넘어서는 삶을 영위하는 인간이 바로 위버멘쉬다.

2) 위버멘쉬로서의 평생학습자의 모습

평생학습의 궁극적 목표가 학습자 개개인의 실현, '온전한 인간a complete person'[18]의 개발에 있다면 위버멘쉬가 평생교육의 목표에 시사하는 바는 지대하다. 무엇보다 니체의 이상형인 위버멘쉬는 평생학습이 지향하는 이상인 '온전한 인간'이다. 그러나 교육의 목적으로서 온전한 인간, 위버멘쉬를 지향하는 방법에는 전통적인 교육과 니체 사이에는 근본적인 차이가 있다. 전통교육에서 말하듯 인간은 선천적으로 본질을 구비하는 것이 아니라 교육에 의해 만들어진다는 교육철학관을 니체 역시 공유한다. 그러나 전통적 교육처럼 인간을 인위적으로 길들이거나 자연적 본성을 약화시키는 작업은 결코 교육이 아니라는 것이 니체의 견해다.[19] 니체는 전통적인 서양교육은 탈자연적 교육으로서 인간의 본질인 힘에의 의지를 약화 및 퇴화시켰다고 비판한다. 따라서 진정한 교육은 학습자가 지닌 힘에의 의지를 극대화시키는 것이며 힘의 강화는 그 자체가 목적이지 수단이 아니라는 것이다.

니체의 교육철학은 평생교육이 지향하는 온전한 인간 개발이 학습자의 본래적인 힘의 의지를 극대화시키는 방법으로 나아가야 함을 시사하고 있다. 이를 위해서는 신자유주의 체제가 신조로 삼는 효용성, 유용성이 아니라 학습자의 성장하고자 하는 욕구, 상승하려는 의지를 촉진시키는 방향 설정이 필요하다는 것이다. 이렇게 방향이 설정될 때, 온전한 인간은 '원숭이' 같은 존재, 노예란 사실에 고통을 느끼고 수치심을 느끼는 감수성, 그리고 그 상태에서 벗어나 자기를 극복하려는 의지를 바탕으로 새로운 창조를 지속적으로 하는 사람[20]이란 평생교육의 목표가 명확해질 것이다. 온전한 사람의 조건인 '극복'과 '창조'는 학습과 생활의 측면 모두에서 요구된다.

먼저, 평생학습의 측면에서는 학습자는 교과서적인 인식론적 전통에 대한 지속적인 질문과 도전, 해체의 의식을 견지해야 한다. 지식의 보편성과 절대성, 객관성에 대한 의심, 문제설정 방식의 전형에 대한 지속적인 질문을 시도해야 한다. 필요하면 이를 완전히 해체시키고 자신의 새로운 창조로 나아가야 한다. 생활의 측면에서는 당연시되는 전통적 가치, 습관적으로 보유하는 진리에 대한 반성적이고 비판적 성찰을 통해 극복하고 노예적인 예속을 탈피하도록 해야 한다. 자기극복의 삶은 돈과 이익을 넘어서는 자기창조, 새로운 자기 됨, 새로운 자기 탄생을 목적으로 설정한다. 무한경쟁과 이윤추구에만 몸이 매여 있어 인간본성을 배반하는 실존으로부터 탈각脫却하는 것[21]이다.

오로지 생존을 위해 영혼의 목소리에 귀를 막고 경제적 이익만을 향유하기 위해 앞만 보고 노를 저어가며 이윤추구 경영의 단순한 도구로 전락한 성인들의 비판적 이성을 회복하는 것이기도 하다. 중요한 점은 당연시되고 있는 진리, 지식, 가치, 이념으로부터의 탈각에 그치는 것이 아니라 새로운 자기창조가 뒤따라야 위버멘쉬로서의 온전한 인간이 될 수 있다는 점이다. 평생학습에서 지향하는 위버멘쉬는 이런 도전과 해체 그리고 새로운 창조를 위한 감수성과 의지를 지닌 인간인 것이다.

3. 위버멘쉬로 향하는 세 단계 정신 변화

위버멘쉬는 니체의 관점에서 볼 때 우리의 삶에서 혹은 평생학습에서 지향해야 할 인간상이라 할 수 있다. 그러나 현실적인 인간의 삶에서 이것이 쉽지 않음을 니체는 예리하게 지적한다. 니체는 많은 사람이 자신을 극복하기보다는 "오히려 짐승으로 되돌아가려 하는 것"[22]이 현실이라고 말한다. 오늘은 지적·정신적으로 힘에의 상승하는 의지를 발휘하다가도 내일은 나태해지고 시류에 영합하며 체념하는 것이 인간이다.

인간의 그런 일상을 니체는 "저편으로 건너가는 것도 위험하고, 건너가는 과정이나 뒤돌아보는 것, 벌벌 떨고 있는 것도 위험하며, 멈춰 서 있는 것도 위험하다"[23]고 표현한다. 그렇지만 다른 한편으로 인간은 이런 선택의 기로에서 포기하지 않는 용기와 학습을 통해 자신을 극복하는 위버멘쉬로 '건너가는 과정'이라는 데 인간의 위대함이 있다고 말한다.

그리고 그 과정은 세 가지 단계를 거친다는 것을 제시한다. 즉, 인간 정신의 변화에는 세 가지 단계가 있다는 것이다. 이 과정은 인간이 자신의 불완전성을 극복하여 주체적인 자기로 나아가는 자기 됨의 과정이며 인간이 평생학습을 통해 지향해야 할 이상적인 위버멘쉬 상태로 나아가는 단계라고 할 수 있다. 니체는 『차라투스트라는 이렇게 말했다』 제1부 처음에서 '정신의 변화'에 대하여 말한다. 이 변화를 '낙타-사자-어린아이'라는 메타포로 제시한다. 니체는 다음과 같이 말한다.

"나 이제 너희에게 정신의 세 변화에 대해 이야기하련다. 정신이 어떻게 낙타가 되고, 낙타가 사자가 되며, 사자가 마침내 어린아이가 되는가를."[24]

1) 낙타 단계

첫 번째는 낙타의 단계다. 니체는 낙타를 "공경하고 두려워하는 마음을 지닌 억센 정신"[25]으로 정의한다.

> "공경하고 두려워하는 마음을 지닌 억센 정신, 짐을 넉넉히 질 수 있는 정신에게는 견뎌 내
> 야 할 무거운 짐이 허다하다. 정신의 강인함, 그것은 무거운 짐을, 그리고 더없이 무거운
> 짐을 지고자 한다."

낙타는 매우 긍정적이고 순종적인 동물로 보인다. 그런데 결론부터 말하면 낙타의 긍정과 순종은 아직 부정적인 것의 중요성을 모르는 무지의 상태에 있는 긍정성이다. 내가 갖고 있는 지식과 가치, 도덕 등에 대한 성찰과 비판 없이 순종하는 낙타는 현대인과 '말종인간' 혹은 '최후의 인간'에 대한 메타포다. 철저한 현실주의자이며 생존에만 집중하고 자기상승에의 욕구를 갖지 않는다.

낙타는 자신에게 주어진 운명으로서의 주인을 두려워하고, 두렵기에 철저히 복종한다. 태양이 작열하는 사막에서 짐이 아무리 무거워도 주인의 말에 순응하며 앞서가는 낙타의 뒤를 따라간다. 덩치는 크지만 마음은 소심하기에 가끔씩 반항할 때도 있지만 이내 주인의 뜻을 따른다. 혹여 다른 동료들이 짐이 무겁다고 불평이라도 하면 "무엇이 무겁단 말인가?"하고 반문하며 자발적으로 "무릎을 꿇고 짐이 가득 실리기를" 바라기조차 한다. 그래서 낙타는 '억센 정신'의 소유자다. 사막의 악조건을 이겨낼 정도로 인내력이 강한 동물이다.

그러나 그런 강인한 정신은 주체적인 삶을 스스로 개척하기 위한 것이 아닌 주인을 두려워하는 마음에서 비롯된 것이다. 사막에서 낙오되면 죽음을 맞을 수도 있다는 것을 학습한 데서 비롯된 것이기도 하다. 그런 낙타의 모습에서 니체는 자신의 욕망desire이나 존재 의미에 관심 없이 주어진 환경에 순응하며 아무런 성

찰 없이 습관적인 일상을 영위하는 현대인들을 발견한다. 라캉의 말대로 낙타가 주인의 욕망을 통해 낙타 자신의 욕망을 구성하듯, 현대인들은 "타자의 욕망이 자신의 욕망의 원인으로 기능"[26]하는 것이다.

존재의 목적이 생존인 낙타처럼 인간도 생존을 위해 무리 속에서 안주하며 별일 없는 삶을 산다. 가끔씩 실존의 부조리성에 의문이 들기도 하지만 이내 삶의 불가피성, 불가역성에 탓을 돌리며 '자발적으로 무릎을 꿇는다'. 낙타로서의 이들은 평생학습을 하면서도 학습의 수준은 형식적 학교교육에 머물러 있다. 단지 학교교육의 연장일 뿐이다. 학령기 때 생물학적 존재에서 사회적 존재가 되기 위해 학교교육을 통해 학습했던 지식이나 지식에 대한 태도를 큰 변화 없이 그대로 유지하고 있다. 외현적으로는 성인이지만 평생학습의 측면에서는 어린 시절 제도가 요구하는 집단성의 학습 수준에 있는 청소년과 별반 차이가 없다.

낙타 단계에 머물러 있는 사람은 짐꾼 앞에 수없이 무릎을 꿇는 낙타처럼 자신의 삶의 가치를 스스로 거부하고 주체적 자아를 부정한다. 전통적 가치 규범이나 교육의 헤게모니를 장악한 주류 이론 및 지식에 대해 어떠한 의문이나 반성 없이 맹목적으로 수용한다. 철저하게 타율적이며 관습적인 도덕 가치에 복종하며 살아가는 방식을 택하는 것을 당연시한다. 낙타가 아무리 '더러운 물일지라도 마다하지 않고 기꺼이 뛰어들'듯이 자신의 학습 내용이 무엇이든 기꺼이 받아들인다.

이들은 주어진 지식과 이론에 대해 한 번도 '아니요'를 말하지 않는다. 이러한 평생학습자들의 지식에 대한 맹목적 수용이 지식의 권위를 공고히 하는 데는 기여하겠지만 학습자의 자활감empowerment이나 스스로의 학문적 자존감은 상처를 받는다. 이런 평생학습자에게는 자신으로서의 삶을 찾지 못하는 데서 기인하는 니체의 르상티망ressentiment, 즉 원한감정이 쌓여 간다. 이들은 삶을 '견뎌야 할' 고통으로 만들어 놓고 '삶이란 고된 것이다.'라는 말을 진리로 믿고 있기에[27] 원한감정은 더욱 깊어질 수밖에 없다.

2) 사자 단계

둘째는 사자의 단계다. 먼저, 사자는 강자이며 강한 정신을 의미한다. 따라서 사자는 사막이 상징하는 허무주의 속에서 살아가는 낙타의 상태에서 벗어나 허무주의의 근거인 용과 한판 대결을 벌인다. 사자는 자신을 세뇌시키고 무기력을 학습시켰던 전통적인 가치와 대결하고 승리하고자 하는 정신이다. 그리고 사자는 주인의 욕망을 따르는 낙타와 달리 '나는 ~을 원한다Ich will.'고 말할 수 있는 존재다.[28]

니체의 말대로 "더없이 무거운 짐 모두를 짊어지고 사막을 향해 서둘러 달리던 낙타"[29]에게 정신이 사자가 되는 혁신적인 변화가 일어난다. 사자는 강자를 연상케 한다. 강한 사자의 "정신은 이제 자유를 쟁취하여 그 자신이 사막의 주인이 되고자 한다".[30] 사자가 '스스로 자유를 쟁취'하는 '사막의 주인'이 될 수 있다는 것은 그에게 '아니요'를 말할 수 있는 강함이 있다는 뜻이다. 강한 사자는 누구의 지시나 명령도 받지 않고 오직 자신의 사유와 판단에 따른 결정에 의존한다. 낙타처럼 주인에 대한 섬김을 거부하고 사막을 자신의 왕국으로 만들려고 한다. 이를 위해서는 사자가 먼저 해야 할 일이 있다. 그것은 "그가 섬겨 온 마지막 주인", 즉 허무주의의 주범인 용龍을 찾아내 일전을 벌이는 일이다.

니체는 사자가 "더 이상 주인 또는 신이라고 부르기를 마다하는 그 거대한 용의 정체"를 명확하게 밝히고 있다. 즉, "너는 마땅히 해야 한다. 그것이 그 거대한 용의 이름"[31]이라는 것이다. 낙타였을 때 주인에게서 일상적으로 들었던 명령과 지시이며, 가끔씩 주인에게 반항이라도 할 때이면 주변 동료들에게서 들었던 충고이기도 하다. 사막이란 세상은 다 그런 것이고 세상살이를 위해서는 주인의 채찍질을 인내하고 굴종해야 한다는 처세술이기도 하다.

그러나 낙타가 사자로 변한 지금에 와서는 주인에 대한 반항과 도전, 거부가 일어난다. 과거의 주인에 의해 자신의 자유와 권리가 침해당하기라도 하면 거침없이 주인에게 달려들 만큼 용감한 존재로 변한 것이다. 기존의 지식과 가치를 부정하고 새로운 가치를 창조하고 쟁취할 수 있는 힘을 가진 것이다.

"새로운 가치의 창조, 사자라도 아직은 그것을 해내지 못한다. 그러나 새로운 창조를 위한 자유의 쟁취, 그것을 사자의 힘은 해낸다."[32]

평생학습의 측면에서 사자는 '각자성Eachness'[33]으로서의 자기의미를 만들어가는 주체적 학습자를 의미한다. 각자성은 개인의 존재 이유에서 나오는 것으로 니체가 말하는 '너 자신이 되는 것'이다. 사회적 존재가 되기 위해 열심히 제도를 학습했던 청소년기와는 달리, 성인학습자는 "제도가 요구하는 집단성에서 벗어나 개인적인 삶의 의미를 복원"[34]하여 각자성의 실현을 도모해야 한다. '사회적 자아Me'로서의 학습을 넘어 '본래적 자아'를 발견하고 정체성을 찾아 나아가는 과정인 것이다.

사자가 사막의 주인이 되듯, 고유한 존재로서 자신의 삶의 주인이 되기 위한 각자성의 실현을 위해서는 두 가지 조건이 필요하다. 하나는 자신을 둘러싸고 있는 관습이나 제도, 가치 규범이 부과하는 의무나 당위에 대한 반성적 비판이다. 평생학습 과정에서 조우하는 기존의 지식, 진리에 대한 인식론적 비판도 요구된다. 사자는 사막의 주인이 되기 위한 전략으로 먼저 자기가 섬겨 온 용을 찾아내 일전을 벌인다. 니체가 말하는 용의 정체는 한마디로 의무나 당위Sollen다. 동서고금을 통해 변화하는 도덕의 요구이자 법의 명령이고 관습이나 제도의 요구다.

마찬가지로 평생학습자는 자신에게 주인 역할을 해 온 학문적 지식이나 가치 규범, 인식론적 전통에 대한 비판적 성찰을 위해 정면 승부를 펼쳐야 하는 것이다. 그러나 주목할 점이 있다. 사자 단계에서는 "현실적인 자기를 가혹하게 부정하는 부정의 정신"과 자아실현을 위한 자유로운 비판정신을 갖추고 있다. 그러나 "새로운 가치를 창조하는 단계는 아니다".[35] 그럼에도 불구하고 가치창조를 꿈꾸기 위해서는 먼저 사자가 되어야 한다. 자유의 쟁취를 통해 진정한 자신이 되려는 자는 사자가 되어야 하는 것이다.

각자성을 실현하기 위한 또 다른 조건은 평생학습자의 '용기'다. 사자의 특징은 강함이며 용기다. 자신의 정신적 · 학문적 지주에 대한 반성적 비판에는 용기가 필요하다. 니체는 말한다. "형제들이여, 자유를 쟁취하고 의무에 대해서조차도 경건하게 아니요라고 말할 수 있기 위해서는 사자"[36]의 용기가 필요하다는 것이다. 평생학습자가 맹목적으로 추종하고 있는 지식이나 신봉하는 종교, 가치관, 제도, 사회적 구조, 이념을 비판하고 참된 속성을 찾아내는 작업에는 용기가 필요하지만 결코 쉽지 않다. 타인의 불편한 시선, 무리와 다름에 대한 비판, 협박이나 강제, 때로는 유혹이 있을 수 있다. 니체는 그럼에도 불구하고 강한 용기가 필요함을 질문을 통해 재삼 강조한다.

> "형제들이여, 무엇 때문에 정신에게 사자가 필요한가? 짐을 질 수 있는 짐승, 체념하는 마음 그리고 공경하고 두려워하는 마음으로 가득한 짐승이 되는 것만으로는 왜 만족하지 못하는가?"[37]

니체는 왜 굳이 변화와 혁신이 요구되는 사자가 되어야 하는가? 차라리 낙타로 머물러 있어도 삶의 문제가 발생하지 않으며 오히려 더 편안할 수 있지 않느냐와 같은 유혹을 경계하라고 말한다. 이는 마치 플라톤의 '동굴의 비유'에서 '그림자 경험'을 하던 죄수 중 하나가 동굴 밖의 참된 실재를 경험하고 동굴로 돌아와 사실을 알렸을 때 동료들이 했던 반응과 유사한 것이다. 플라톤은 '그림자 경험'의 허구성을 밝히고 실재의 인식으로 나아가게 하는 것이 용기 있는 교육자의 역할이라고 강조하였듯이 평생교육자의 용기 역시 또 다른 측면의 '그림자 경험'의 허구성을 밝히는 것이라 할 수 있다. 물론 플라톤과 니체가 말하는 '그림자 경험'의 의미는 대척점에 있다.

3) 어린아이 단계

사자의 정신은 기존의 가치를 부정하고 해체하며 파괴할 수 있는 자유정신이다. 사자 단계에 있는 사람은 기존의 학습된 지식과 가치를 부정하고 해체할 수 있지만, 아직 새로운 창조를 해내지는 못한다. 니체는 이제 사자의 정신은 부정과 해체를 넘어 세상을 긍정하면서 새로운 것을 창조하는 '어린아이'로 변해야 한다고 말한다.

세 번째의 단계는 어린아이 단계다. 앞의 '사자'는 용과 정면으로 승부를 걸고 격렬하게 싸웠다. 그러나 사자는 용을 완전히 격퇴하지는 못했다. 용을 더 이상 낙타를 지배하는 주인으로 인정하지는 않고 있었지만 그렇다고 용을 없애고 사자가 그 자리를 차지한 것은 아니었다. 어쩌면 이런 상황은 계속될 수도 있다. 사자 단계에서는 사막 곳곳에 드리운 "너는 마땅히 해야 한다"는 용의 찬란한 명령에 "아니요"라고 반항함으로써 자유를 획득하였다.

문제는 그다음이다. 주인인 용의 존재를 부정하고 "나는 하고자 한다"[38]며 선언은 했지만 무엇을 할 수 있는지는 말하지 못했다. "그는 자신이 싫어하는 것만을 알고 있었을 뿐 좋아하는 것에 대해선 많이 알고 있지 못했다."[39] 용에게서 자유를 되찾아 왔지만 그 자유를 진정한 나, 자신을 실현하기 위해 어떻게 사용할지를 모르는 상태다. 이에 대한 해답을 제공하는 단계가 어린아이다.

사자의 이미지와는 정반대로 평가받는 의외의 존재가 어린아이다. 약함, 무지, 천진난만, 웃음, 울음, 재롱, 장난감 등의 개념으로 환치되는 존재다. 그러나 니체는 이런 어린아이 상태를 인간 성장의 최고점으로 제시하였다. 그러나 사람들은 반문한다. "사자조차 할 수 없는 일을 어떻게 어린아이는 해낼 수 있는가? 왜 강탈을 일삼는 사자는 이제 어린아이가 되어야 하는가?"[40] 천 년 이상 공고하게 구축되어 온, 그래서 모두가 찬양하는 금빛 찬란한 비늘을 자랑하며 위세를 떨치는 용의 기득권을 사자도 완전히 퇴치하지 못했는데, 하물며 약한 어린아이가 어떻게 해낼 수 있는지 의문을 제기하는 것은 당연하다. 니체는 이런 의문에 답한다.

> "어린아이는 순진무구요, 망각이며, 새로운 시작, 놀이, 제 힘으로 돌아가는 바퀴이며 최초의 운동이자 거룩한 긍정이다."[41]

어린아이 상태에 있는 인간의 본질을 명쾌하게 꿰뚫는 말이다. 어린아이는 잘 잊어버린다. 조금 전에 가지고 놀던 장난감도 쉽게 잊어버리고, 친구와 싸우고도 금방 화해하고 예전의 놀이친구로 돌아간다. 순진하며 단순한 까닭에 감정을 쌓아 놓고 곱씹지 않는다. 이들에겐 무엇을 하든 자신이 하는 일이 곧 놀이이며 따라서 일 자체를 즐긴다. 놀고 있는 어린아이에게 기존의 지식이나 규범, 가치평가는 의미가 없으며 이를 준거로 평가를 하려 하면 그저 천진난만하게 웃을 뿐이다. 풍속, 습속에 기초한 도덕이 없는 무도덕적amoral 존재이기에 도덕을 소유하지 않으며 필요로 하지도 않는 상태다.

특히 니체는 어린아이가 '순진무구'의 상태임을 강조한다. 사자는 사납고 강하며 카리스마가 넘치는 존재다. 용과 일전을 벌이기에 손색이 없는 존재적 특성을 지니고 있다. 반면에 어린아이의 특성은 웃음이다. 이런 어린아이에게 용은 적수가 되지 못한다. 용을 보고도 웃음짓기 때문이다. 사자는 으르렁거리지만 어린아이는 웃는다. 용은 사자에게는 정면 승부의 대상이지만 아이에겐 재미있는 장난감이자 놀이다.[42] 그래서 니체는 어린아이가 자신의 욕구를 가감 없이 표현하고 또 충족시키는 "스스로의 힘으로 돌아가는 바퀴"라고 하였다.

> "그렇다. 형제들이여, 창조의 놀이를 위해서는 거룩한 긍정이 필요하다. 정신은 이제 **자기 자신**의 의지를 의욕하며, 세계를 상실한 자는 **자신**의 세계를 획득한다."[43]

어린아이는 긍정이다. 그러나 낙타의 긍정과는 다른 긍정이다. 낙타의 정신은 기존의 가치와 지식에 구속된 채 복종하는 긍정의 정신이지만, 어린아이의 긍정은 부정을 극복한 긍정이다. 이렇게 부정을 극복하고 모든 것을 거룩하게 긍정하는 정신을 니체는 '디오니소스적 긍정'이라 부른다.

4) 평생학습의 목표: 어린아이와 위버멘쉬

평생학습의 목표인 '온전한 인간complete person'[44]을 개발하는 일은 니체의 관점에서는 어린아이 단계에 와서 비로소 실현된다. 니체는 어린아이 단계의 특징이자 온전한 인간이 되기 위한 두 가지 조건을 간명하게 제시하고 있다. 하나는 평생학습자는 '자기 자신의 의지를 의욕' 혹은 '욕망desire'[45]할 수 있어야 한다는 것이다.

자크 라캉Lacan, 1901~1981[46]에 따르면 욕망은 인간의 기본 욕구 너머의 충족될 수 없는 어떤 것을 의미한다. 니체의 힘에의 의지가 바로 라캉의 욕망과 직결된다고 볼 수 있다. 따라서 어린아이 단계의 평생학습자는 타인의 힘에의 의지나 욕망이 아닌 자기 자신의 힘에의 의지를 욕망하는 것이며, 자신의 힘에의 의지의 주인인 학습자만이 자기 세계를 갖게 된다는 것이다. 성인학습자에게 힘에의 의지란 무엇보다 학습에의 의지다. 자신의 학습의지의 주인이 될 때 자기실현, 온전한 인간으로 나아갈 수 있다.

다른 하나는 어린아이 단계의 평생학습자는 '창조의 놀이를 위해 신성한 긍정'을 한다는 것이다. 즉, 창조를 위한 긍정을 한다. 이에 대해 니체는 좀 더 구체적으로 설명한다. 내가 나 자신을 진정으로 사랑할 때 자연스럽게 사랑의 결실인 '잉태'[47]를 하게 된다는 점을 강조한다. 아이를 잉태하기 위해서는 먼저 사랑을 해야 하듯, 창조적인 학습과 그로 인한 자신의 세계 창조를 위해서는 먼저 자신과 세상에 대한 사랑, 철저하고 성스러운 긍정이 선행되어야 한다는 것이다.

여기서 니체가 말하는 긍정의 의미에 주목해야 한다. 니체가 자기 세계 창조의 선행조건으로 제시하는 '자기 사랑'은 곧 '자기극복'의 가르침이다. 현재의 '자기보존'이 아니다. 니체의 "세계를 상실한 자는 자신의 세계를 획득한다."[48]라는 말은 기존의 자신을 죽이고 극복할 수 있을 때만이 새로운 자신의 창조적 학습, 새로운 자기를 창조할 수 있다는 의미다. 이렇게 볼 때 니체가 말하는 긍정이란 자기 안에 부정을 포함하는 역동적 개념이다. 따라서 니체는 긍정은 '예'와 '아니요' 모두를 포괄한다고 말한다.

> "오, 나의 영혼이여, 나 네게 폭풍이 그리하듯 '아니요'라고 말할 수 있는 권리와 구름 한 점 없이 확 트인 하늘이 그리하듯 '네'라고 말할 수 있는 권리를 부여했다. 너 빛처럼 그렇게 조용히 서 있더니 이제 부정의 폭풍을 가로질러 가누나."[49]

　그렇다면 평생학습의 목적인 '온전한 사람'은 바로 당연시되는 지식과 진리를 비판적으로 성찰하고 나아가 해체시키는 '부정'을 통해 새로운 지식과 진리의 창조인 '긍정'으로 나아가는 사람이다. 자신의 낡은 삶의 가치를 해체시키고 새로운 자신의 세계를 건설하는 사람이다. 니체가 말하는 긍정과 부정 사이에는 독특한 위계질서가 있음에 주목할 필요가 있다.[50] 긍정은 부정조차 긍정하지만, 부정은 긍정을 부정한다. 따라서 긍정은 부정을 포함하지만 부정은 긍정을 포함하지 못한다. 파괴와 거부를 아무리 열심히 한다고 해도 그것이 어떤 창조와 생성을 만들어 내는 건 아니다. 중요한 것은 단 한 번이라도 그것이 무언가를 만들기 위한, 다시 말해 긍정의 한 단계로서 위치하는 것이다.[51] 예를 들어, 망치는 창조와 생성, 긍정의 도구가 될 수 있지만 반대로 파괴와 해체, 부정의 도구가 될 수도 있다. 망치가 무너뜨린 건물 자리에 새로운 건물이 만들어지고 있다면 그것은 파괴를 하고 있을 때조차 창조와 생성의 도구다. 즉, 파괴가 긍정의 질을 갖기 위해서는 다음 번 생성이 있어야 하는 것이다.[52]

미주 ⬝

1) Delors, J. et al. (1996). *Learning: the treasure within*. Report to UNESCO of the international commission on education for the twenty-first century (Paris, UNESCO). p. 95.

2) 이형행(2008). **교육학 개론**. 경기: 양서원. p. 22.

3) Nietzsche, F. W. (1883~1885). *Nietzsche Werke, Kritische Gesamtausgabe, vol. VI–1: Also sprach Zara*. 정동호 역(2015). 니체전집 13권. **차라투스트라는 이렇게 말했다**. 서울: 책세상. p. 20.

4) Rousseau, J. J. (1762). *Emile*. 안인희 역(1999). 루소의 에밀. 서울: 양서원.

5) 김용일(2000). **위대한 교육사상가들IV**. 서울: 교육과학사. p. 72.

6) Nietzsche, F. W. (1883~1885). p. 21.

7) 같은 책. p. 131.

8) 같은 책. p. 470.

9) 같은 책. p. 17.

10) 같은 책. pp. 18-19.

11) 같은 책. p. 20.

12) Nietzsche, F. W. (1883~1885). 정동호 역(2015). Nietzsche 해설. pp. 548-550.

13) Nietzsche, F. W. (1883~1885). pp. 16-17.

14) 우치다 타츠루(2010). 寝ながら學べる構造主義. 이경덕 역(2012). 푸코, 바르트, 레비스타로스, 라
   캉 쉽게 읽기. 서울: 갈라파고스. p. 58.

15) 구분옥(2007). 니체의 자기극복 교육: 위버멘쉬의 교육적 의미. 초등교육연구, 20(1), p. 105.

16) 백승영(2009a). 니체, 디오니소스적 긍정의 철학. 서울: 책세상. p. 232.

17) 같은 책. pp. 17-18.

18) 유네스코 문헌인 포르 및 들로 보고서에는 평생교육이 지향해야 할 이상적 인간형으로서
   'complete person'(Delors, J. et al., 1996, p. 86)을 강조한다. 대부분의 한국 논문 및 서적에서는
   complete를 사전식 해석대로 '완전한'이라 번역하고 있다. 그러나 '완전'이란 개념은 '불완전'을
   속성으로 하는 인간본질에 비추어 볼 때 논리적인 자가당착이다. '완전한 인간'이란 논리적 모
   순이라는 의미다. 이 책에서는 '온전한 인간'으로 표기하기로 한다. '온전한'은 사전적 의미로는
   '완전한'과 차이가 없어 보일 수 있다. 그럼에도 불구하고 '온전한'을 주장하는 이유는 언어적
   감각 면에서 '완전'에 비해 완화된 감이 있는 것은 물론, 인간 속성의 여러 요소를 두루 갖춘 특
   성을 강조하는 데 보다 적절하다고 판단되기 때문이다.

19) 구분옥(2007). p. 106.

20) 이관춘(2015b). 니체, 세월호 성인교육을 논하다. 서울: 학지사.

21) 같은 책.

22) Nietzsche, F. W. (1883~1885). p. 17.

23) 같은 책. p. 20.

24) 같은 책. p. 38.

25) 같은 곳.

26) Hormer, S. (2005). Jacques Lacan. 김서영 역(2013). 라캉읽기. 서울: 은행나무. p. 137.

27) 고병권(2014). 니체의 위험한 책: 차라투스트라는 이렇게 말했다. 서울: 그린비. p. 286.

28) 최상욱(2015). 차라투스트라는 이렇게 말했다: 메타포로 읽기. 서울: 서광사 p. 184.

29) Nietzsche, F. W. (2015). 정동호 역. p. 39.

30) 같은 곳.

31) 같은 곳.

32) 같은 책. p. 40.

33) 한준상 외(2007). 배움학 그 시작된 미래. 서울: 학지사. p. 21.

34) 정민승(2010). 성인학습의 이해. 서울: 에피스테메. p. 7.

35) 김용일(2000). p. 70.

36) 같은 곳.

37) 같은 곳.

38) 같은 책. p. 39.

39) 고병권(2014a). p. 290.

40) Nietzsche, F. W. (1883~1885). p. 40.

41) 같은 곳.

42) 고병권(2014a). p. 291.

43) Nietzsche, F. W. (1883~1885). p. 41.

44) Delors, J. et al. (1996). p. 86.

45) 라캉은 욕구(need)와 욕망(desire)을 엄격히 구분한다. 허기나 갈증 같은 욕구는 충족될 수 있는 반면 욕망은 인간의 기본 욕구 너머의 충족될 수 없는 어떤 것을 가리킨다. 라캉에게 욕망은 프로이트의 리비도나 소원(wish)보다 훨씬 광범위하고 더욱 추상적인 개념이다. 라캉은 스피노자의 주장대로 욕망을 인간의 본질(essence)로서 묘사한다. 욕망은 바로 우리 존재의 핵심에 있고 따라서 그것은 본질적으로 결여(lack)와 관계된다(참고: Hormer, S., 2005, p. 136).

46) Hormer, S. (2005). p. 136.

47) Nietzsche, F. W. (1883~1885). p. 267.

48) 같은 책. p. 41.

49) 같은 책. p. 368.

50) 고병권(2014a). p. 297.

51) 같은 곳.

52) 같은 책. p. 298.

니체에게서 평생학습을 본다

누구나 배움을 중요시한다. 그런데 '배움' 혹은 '학습'하면 으레 어린 시절부터 경험한 학교교육을 떠올린다. 전통적으로 형식적 교육은 사회에서 필요로 하는 지식과 규범, 가치를 습득하는 사회화socialization 과정에 초점을 맞추었다. 사회화 학습은 필수적이지만 배움을 사회화의 수단으로 인식하는 순간 배움의 기쁨, 학습의 참된 의미는 상실되기 쉽다. 린드만의 말대로 "교육이 인생을 준비하기 위한 것이라고 생각하는 순간" 학습의 본래의 의미는 교육에 가려져 보이지 않는다.

1. 나의 지식을 비판하라

현실적으로 학습은 삶을 위한 준비도 되겠지만 학습의 본질은 도구적 성격을 넘어선다. 그 학습의 본질을 유네스코는 '존재를 위한 학습'이라고 규정한다. 학습은 무엇보다 '앎을 위한 학습'에서 출발한다. 아는 것은 '~을 아는 것'이기에 지식이라는 목적어가 함께한다. 학습의 목적이나 대상이 지식이라면, 지식이 과연 무엇인지에 대한 질문이 뒤따르게 된다. 철학의 인식론이 바로 지식에 대한 이런 물음에 답을 제공한다. 즉, 인식론은 '그 지식은 참된 지식인가? 참된 지식이란 무엇이며, 인간은 참된 지식에 도달할 수 있는가?'에 대한 물음에 답을 제공하는 것이다.

그렇다면 지식에 대한 이론은 어디서 시작되는가? 인식론은 고대 그리스 철학으로 거슬러 올라갈 수 있으나 흔히 플라톤 철학에서 출발한다고 봐도 무방할 것이다. 플라톤으로 시작되는 서양 형이상학은 영원하고 보편적이며 이상적인 지식, 진리를 추구하는 것을 기본 동력으로 전개되어 왔다. 이상적인 지식 및 진리란 생성·변화하는 현실이 아닌 영원불변의 동일자에게서 연유하는 것이다. 이러한 인식론은 형태를 달리하며 데카르트의 근대철학까지 이어진다. 그에 따라 '지식은 탈상황적으로 발견되는 것이며 참으로서의 지식은 절대적이고 불변적이어야 한다'는 믿음이 이어져 왔다. 결국 '지식은 객관적·보편적인 것이며 학습은 그것을 발견하는 것'이란 객관주의 인식론이 탄생하게 되었다.

이러한 전통 인식론에 비판의 날을 세운 철학자가 니체다. 니체는 서양의 전통적인 플라톤적 및 그리스도교적 인식론과 대립각을 세운다. 그의 인식론은 실재에 바탕을 둔 실재에 대한 긍정이다. 인간 정신에 대해 독립적으로 존재하는, 현실 세계를 초월해 실재하는 어떤 객관적인 대상 세계의 존재를 거부하고, '지금 여기'의 실재를 긍정하는 것이다. 실재는 부단히 변화하며 생성하기에 각각의 시대와 공간마다 차이와 특수성을 지니며 구체화된다. 실재에 바탕을 둔 지식, 진리 역시 시대에 따라 차이와 특수성을 지니게 되는 것이다. 따라서 니체에 따르면 참된 지식은 실재, 생명 자체, 삶, 현실, 자연에 근거하고 있으며 인간은 이성을 통해 실재에 근거한 지식과 진리를 발견할 수 있다.

유네스코의 들로 보고서는 '앎을 위한 평생학습'은 삶의 수단이면서 동시에 학습 자체가 목적이란 점을 강조한다. 학습은 수단 이상의 학습 그 자체로서의 의미를 지닌다는 것이다. 니체는 학습이 그 자체로서의 의미를 가지는 이유를 힘에의 의지를 통해 설명한다. 즉, 힘에의 의지의 한 형태로 학습에의 의지가 발현되는 것이다. 인간은 끊임없는 '생성'의 존재로서 생성은 곧 힘에의 의지이고 힘에의 의지는 학습에의 의지이자 삶의 근본적 성격이다. 따라서 들뢰즈의 말대로 힘은 의지가 원하는 것이 아니라 의지 속에서 원하는 어떤 것이다. 마찬가지로 평생학습은 학습자가 원해서 하는 게 아니라 '그 무엇이 원해서 하는 것'이 된다. '그 무엇'이란 니체가 말하는 힘에의 의지로서의 '학습의지'다.

니체의 관점에 따르면 평생학습에서 교양교육의 중요성을 재해석할 필요가 있다. 최근 들어 교양으로서의 인문학이 국가경제발전의 창의적 토대가 된다는 인식하에 대중인문학습이 활기를 찾고 있다. 니체가 지적한 것과 동일하게 '소득과 화폐 수입을 인문학의 목적'으로 보는 인식이다. 가능한 한 많은 인문적 지식과 소양이 창의성을 개발시켜 '가능한 한 많은 생산과 발전'으로 연계될 것이라는 기대가 바탕이 되어 있는 것이다. 그러나 니체의 관점에 따르면 현재의 대중인문교육은 교양의 본질을 왜곡시키고 있다. 니체는 고대 그리스인들의 정신대로 생활의 방편으로서의 교양교육이 아닌, 자유로운 시민 개개인의 시민성 혹은 인간성 그 자체를 고양시키고 극복하기 위한 순수한 열정과 치열한 노력이 교양교육의 목적이 되어야 한다고 말한다.

'앎을 위한 평생학습'을 위해서는 언제 어디서든 삶의 수단이자 목적으로서 지식에 대한 학습이 개개인의 삶이 되어야 한다. 이를 위해서는 학습에서의 자유, 학습자가 주체가 되는 학습의 자활감自活感이 필수적으로 요청된다. 이를 위해서는 학습 현장에서의 자유정신, 정형화된 학습의 환경 및 지식으로부터의 해방이 선행적으로 요구될 수밖에 없다. 니체는 이런 자유정신은 너무도 인간적이며 당위적으로 요청되는 것임을 강조한다. 이를 위해서는 허구적인 서양 문화전통으로부터의 인간 정신, 서양 문화전통에 기초한 교육이 암묵적으로 길러 낸 제약된 정신으로부터의 해방이 선행되어야 한다고 주장한다.

2. 몸을 다시 보고 실천하라

아는 것에는 행함이 뒤따라야 한다. 들로 보고서는 존재를 위한 평생학습의 조건이자 학습의 원리로써 '행함을 위한 학습'을 제시한다. 이를 통해 개인은 환경에 대해 창조적으로 대응할 수 있다는 것이다. 급변하는 환경에의 창조적인 대응을 위해서는 전통적인 페다고지가 아닌 성인교육에서 강조하는 안드라고지적 관점을 필연적으로 요청한다. 안드라고지의 중요한 특징은 학습의 쓰임새다. 평생학습이 학습자 개인의 삶에 쓰임새가 있는 실용주의 학습이 될 때 평생학습의 의미가 강화되기 때문이다.

학습의 실용성 강조는 니체 사상에도 명확히 드러난다. 그는 서양 전통 형이상학에 바탕을 둔 교육의 선험적이며 형식적인 목적에 대해 비판을 가한다. 교육은 이해하기 위한 것이 아니라 살아가기 위한 것이며, 따라서 그렇지 못한 교육은 사이비교육이라고 질타한다. 학습을 통한 지식이 '지금 여기'의 삶에 도움이 되어야 한다는 것이다. 이를 위해서는 학습의 효과는 지식의 축적이 아닌 지식을 통한 문제해결력에 두어야 한다고 주장한다.

다른 한편으로 '지식을 통한 문제해결력' 학습에 니체의 관점주의는 중요한 길잡이 역할을 한다. 관점주의에 따르면 하나의 보편적이거나 절대적인 지식이나 진리는 없고 오직 관점만이 존재한다. 지식이나 진리의 절대성, 보편성이 없기 때문에 해석이 중요하게 된다. 따라서 지식은 발견하는 것이 아니라 특정한 관점을 취하고 해석하는 것이며 만들어지는 것이다. 니체의 지식에 대한 본질주의essentialism나 정초주의foundationalism를 배격하는 관점주의는 새로운 지식 창출을 위한 평생학습에 이론적 당위성을 제공하고 있다.

들로 보고서는 일의 '탈물질화'를 기반으로 하는 산업경제구조의 변화에 맞추어 각 분야의 전문가 양성을 위한 지적이며 정신적 노동의 중요성을 강조한다. 그러나 니체의 논리에 따르면 정신 혹은 이성의 사유 작용에 기초한 지식에 대한 학습은 신체 혹은 몸에 대한 학습과 균형을 이룰 때 비로소 '존재를 위한 학습'이 된다. 니체에게 존재란 '지금 여기'의 끊임없이 운동·변화하고 생성하는 '몸'과 이성의 통일체이기 때문이다. 니체에게 신체는 정신의 결단에 전적으로 의존하는 수동적인 기계가 아니라 오히려 영혼이 신체 속에 있는 그 어떤 것에 불과한 것이다. 따라서 니체는 이성 중심의 이원론을 배격하고 새로운 인간관을 제시한다.

평생학습의 관점에서 볼 때 니체의 '신체적 인간'은 중요한 학습의 시사점을 제공하고 있다. 우선, 신체를 통한 학습의 중요성을 재해석할 필요가 있다는 것이다. 학교교육은 물론이고 평생학습에서도 신체는 영혼이나 정신 혹은 이성과 분리된 것으로 이해하는 경향이 일반적이다. 그 결과, 이성이 육체보다 우위에 있다는 이성 중심의 형이상학적 이원론을 암묵적으로 수용하고 있다. 같은 맥락에서 경험을 통한 학습이 중요하다는 점이다. 신체는 이성과 육체 및 힘에의 의지의 총체이기에 신체는 성장하고, 싸우며, 스스로를 증대시키는 활동을 통해 끊임없이 자기를 극복해야 하며 또 극복할 수밖에 없는 것이다. 니체의 논리에 따르면 개인의 자기고양, 자기극복을 위한 평생학습이 되기 위해서는 체험 위주의 경험학습의 중요성이 강조되어야 한다. 이 점은 특히 듀이 철학에서도 강조되고 있다.

니체는 지식에 대한 학습이든 도덕 가치 규범의 채택이든 중요한 점은 행위의 주체인 '나'가 중심이 되어야 한다는 점을 강조한다. 평생학습자가 자기주도적 학습을 위해서는 당연시되고 있는 지식과 규범을 비판적으로 접근해야 하듯 니체는 개인이 자기주도적 삶을 살기 위해서는 당연시되어 온 지식과 도덕을 '나'가 주체가 되어 비판할 것을 촉구한다. '무엇이 좋다'라는 평가가 있다면 그 평가는 좋은 행위를 받은 사람이 아니라 그런 행위를 한 '나'에 의해 수행되어야 한다는 것이다. 니체의 강자와 약자, 노예와 주인, 천민과 위버멘쉬 등의 인간 유형의 구분은 본질적으로 자신의 주체적 삶을 강조한다는 점에서 자기주도적 학습에 함의하는 바가 크다고 본다.

니체의 교육사상은 비판적 성인교육이론과 같은 맥락에서 개인의 '해방'에 절대적 가치를 부여한다. 계몽을 통한 변화와 해방을 목표로 한다는 점에서 볼 때 니체의 사상은 프랑크푸르트 학파보다 이미 반세기 앞서 비판이론의 철학적 준거를 제시했다고 볼 수 있다. 니체는 무엇보다 개인에게 당연시되어 오면서 개인의 현재적 삶을 억압하고 있는 서양의 인식문화 및 도덕문화의 본질과 헤게모니를 비판할 것을 주문한다.

3. 타인과 세상을 사랑하라

니체는 들로 보고서가 타인과의 더불어 삶을 위한 학습의 선행조건으로 자신에 대한 이해를 강조한 것과 마찬가지로 무엇보다 자신에 대한 이해가 중요함을 강조한다. 서양 근대철학의 유아론적 주체성에 입각한 실체론적 철학은 허구이며 날조라고 단정한다. 실체적 존재로서의 '나'는 우리의 필요에 의해 만들어진 해석 도구일 뿐이라는 것이다. 인간은 이성 능력과 육체적 능력 그리고 욕구하는 부분이 통일체를 형성하는 존재이며 이런 총체적 존재로서의 인간을 '신체Leib' 혹은 '자기das Selbst'라고 부른다. 이성 중심의 주체성을 주장하는 전통적 자아관에 대한 비판적 성찰을 바탕으로 자아를 새롭게 이해해야 한다는 주장이다.

니체는 '나' 자신을 사랑하고 긍정하는 것만큼 타자에 대한 인정과 수용을 강조한다. 타인은 힘에의 의지 및 그로 인한 가치평가 행위에 있어 나와 다른 다양성을 지닌 주체이기에 그 자체로서 인정 및 존중되어야 하는 존재인 것이다. 다른 한편으로, 힘에의 의지에 따른 가치평가의 다양성은 그 자체로 창조 행위가될 수 있음에 주목할 필요가 있다. 가치평가 행위 자체가 곧 창조 행위라는 니체의 말과 같이 학습자가 사물, 지식, 경험의 가치에 대한 평가를 전환한다는 것 자체가 자신을 위한 창조 행위인 것이다. 평생학습에서의 전환학습이 바로 여기에 해당된다. 창조하기 위해서는 기존의 척도를 해체시키는 파괴, 이른바 '창조적 파괴'가 선행되어야 한다. 평생학습에서의 이러한 파괴 행위와 전환학습을 통한 창조 행위의 동인動因이 니체의 힘에의 의지인 것이다.

다른 한편으로 힘에의 의지의 속성에 대한 이해는 들로 보고서가 교육의 과제로 제시한 개인 간 혹은 집단 간 갈등의 원인을 이해하는 데 도움을 줄 수 있다. 니체는 힘에의 의지의 속성은 국가나 민족이든 개인이든 타자를 정복하고 지배하는 데 있음을 강조한다. 권력 감정의 속성상 흔히 기쁨보다 고통이 권력을 인지시키는 수단으로 작용한다는 것이다. 니체의 이러한 통찰은 평생교육 차원에서 글로벌 시대의 국가 간 갈등을 피하기 위한 사전적 이해교육으로 의미가 있을 것이다. 학교에서의 따돌림, 직장을 포함한 조직에서의 차별, 다문화 시대의 타민족에 대한 차별과 배제 등 '타인과 같이 살기 위한 학습'에서 타자 이해를 위한 또 다른 준거를 제공할 수가 있다.

니체의 영원회귀 사상은 타자와의 의미 있는 관계 맺음의 중요성을 시사하고 있다. '지금 여기'의 삶에서 선하게 살든 악하게 살든, 그 사는 모습 그대로 영원히 되돌아올 운명이기 때문이다. 영원회귀 사유의 이론적 적절성을 논박하기 전에 '더불어 삶을 위한 평생학습' 차원에서 이 사유가 어떻게 기능하는지에 초점을 맞출 필요가 있다. "너는 이것이 다시 한번 그리고 수없이 계속 반복되기를 원하는가? 라는 물음은 너의 행위에 최대의 무게로 놓일 것"이기 때문이다. 영원회귀를 내가 원할 수 있기 위해서는 현세의 삶에서의 타자, 나의 운명을 사랑해야 하지 않겠는가?

4. 어린아이 같은 위버멘쉬가 되라

니체의 생성철학은 들로 보고서의 삶의 과정으로서의 교육 개념과 시각을 같이한다. 니체의 인간관은 고정된 존재가 아니라 끊임없는 생성 과정 중의 존재이며 변화의 주체다. 하나의 관점, 하나의 세계에 고정된 존재가 아니라 하나의 세계에서 또 다른 세계로 이행하는 과정적 존재다. 따라서 인간의 본질이 삶의 전 과정을 통해 형성된다는 점에서 들로 보고서와 관점을 같이한다. 그러나 니체는 생성으로서의 인간 변화의 양태를 '짐승에서 위버멘쉬'의 전환으로 구체적으로 묘사한다.

유네스코의 두 보고서는 모두 평생교육의 본질적인 기능을 학습자 개개인을 자유와 책임을 지닌 독립된 '각자'가 되도록 촉진시키는 데 있다고 본다. 개개인의 자유롭고 독립적인 각자성의 발견을 통한 개인적 삶의 의미의 복원을 목표로 상정한다. 같은 맥락에서 니체는 개인이 추구해야 할 궁극적인 목표로서 '너 자신이 됨'을 강조한다. 각자성의 발견을 위한 평생학습을 위해서 니체는 전통적인 초감성적 가치, 진리로부터의 탈각이 선행되어야 함을 주장한다.

들로 보고서는 평생교육의 목표로서 '온전한 인간' 실현을 상정한다. 니체는 이 '온전한 인간'의 상태를 위버멘쉬로 상정하고 인간이 추구해야 할 이상으로 제시한다. 그러나 교육의 목적으로서 온전한 인간, 위버멘쉬의 지향 방법에는 근본적인 차이를 보인다. 니체는 교육은 결코 전통적 교육에서처럼 인간을 인위적으로 길들이거나 자연적 본성을 약화시키는 작업이 아님을 강조한다. 전통적인 서양교육은 탈자연적 교육으로서 인간의 본질인 힘에의 의지를 약화 및 퇴화시켰다는 것이다. 따라서 진정한 교육은 학습자가 지닌 힘에의 의지를 극대화시키는 것이며 힘의 강화는 그 자체가 목적이지 수단이 아님을 강조한다.

니체의 인간 정신의 세 변화 단계는 평생교육의 목표인 위버멘쉬 혹은 어린아이를 향해 나아가야 할 단계를 보여 준다. 낙타의 단계는 기성의 가치인 교육, 도덕, 문화의 짐을 짊어지고 나르는 단계이며, 사자는 자신이 짊어졌던 무거운 짐, 우상을 짓밟으며 기성의 모든 가치에 대한 비판을 수행한다. 그리고 마침내 어린아이가 되어서는 유희와 새로운 시작, 새로운 가치와 가치평가의 새로운 원리의 창조자가 된다. 사자는 낙타 안에 현존해 있고 어린아이는 사자 안에 깃들어 있다. 니체의 '인간 정신의 세 변화 단계'는 '존재를 위한 평생학습'의 목표인 완전한 인간 개발이 무엇이고 어떤 방향으로 나아가야 할 것인지에 대한 철학적 준거를 제시해 준다.

5. 나가면서

니체 사상을 통해 살펴 본 평생학습의 의미는 우리 사회의 평생교육 및 평생학습에 다양한 시사점을 제공한다. 무엇보다 평생학습의 목적에 대한 비판적 성찰을 강조한다. 평생학습의 도구적 가치에로의 편중을 경계하라는 것이다. 이 점은 들로 위원회는 물론 니체 사상에서 질타하는 현행 학교교육이나 평생교육의 한계점이다. 니체는 '하나의 전체로서의 삶의 그림'을 도외시하고 캔버스나 물감을 향한 도구적 목적에만 관심을 집중하는 평생교육은 '현재의 문턱 위에 편안히 발을 뻗고 있는 건달'만을 양산한다고 경고한다.

니체는 평생학습의 도구적 편중을 경계하기 위해 교양교육의 중요성을 강조한다. 같은 맥락에서 들로 위원회 역시 일반교육 혹은 교양교육의 중요성을 강조한다. 교양교육은 사회를 시공간적으로 연대하게 하고 다른 분야의 지식에 대한 '감응력receptiveness'을 높임으로서 학문 간의 상승적인 발전 작용을 가져올 수 있다는 것이다. 니체는 교육이 지향해야 할 방향은 '생존경쟁을 위한 투쟁, 생활의 필요 충족을 목적으로 하는' 교육이 아니라 인간, 인간성을 탐구하는 교양교육이 되어야 한다고 강조한다. 그는 교양교육을 확대 및 축소시키려는 두 가지 방향으로의 인식과 정책이 있다고 주장한다.

니체의 지적은 대학을 포함한 현재의 한국 평생교육 분야에서 이슈가 되고 있는 대중인문교육의 문제점과 직결된다. 즉, 교양으로서의 인문학을 확대 및 축소시키려는 두 가지의 상반된 움직임이다. 하나는 대학에서 인문학 강좌를 축소시키는 움직임이다. 실제로 많은 대학에서 취업상의 불리함을 이유로 인문교양 강좌가 대폭 축소되고 있다. 니체가 비유하듯 '가장 고상하고 숭고한 교양의' 정신을 포기하고 공무원이 되어 '국가를 위한 봉사로 만족'하는 것이 보다 현실적이라는 인식과 다를 바 없다.

다른 한편으로 정부는 인문학이 국가경제발전의 창의적 토대가 된다는 인식하에 인문학에 적극적인 관심을 보이고 있다. 니체의 지적과 같이 '소득과 화폐 수입을 인문학의 목적'으로 보는 인식이다. 이와 같은 맥락에서 대중인문교육에 대한 관심이 전 사회적으로 확대되고 있다. 그러나 현재의 대중인문교육이 니체의 지적대로 교양의 본질인 자유정신을 얼마나 고양시키고 있는지를 성찰할 필요가 있다.

니체는 평생학습의 목적으로 상정하는 자아실현 혹은 온전한 인간의 '실현'은 허구이며, 따라서 온전한 인간 혹은 자아실현이라기보다는 자아 '창조'가 되어야 한다고 강조한다. 자아실현의 개념에는 과거의 존재론 및 인식론적 전통이 바탕이 되고 있다. 감각 세계와 분리되어 독립적으로 존재하는 사물의 본질, 실재를 주장하는 서양 전통 형이상학을 바탕으로 하는 것이다. 따라서 교육의 목적은 결핍된 인간에게 보편적이며 불변하는 지식, 진리를 주입 및 체화시키는 정형적이며 목적론적 성격을 띤다.

그러나 니체에 의하면 인간은 지속적으로 '되어 가는' 생성적 존재다. 인간 및 배움의 속성으로 볼 때 '교육받은 인간'이란 전통적 개념은 영원히 불가능한 개념이다. 이는 불완전한 인간을 온전한 인간으로 교육시킬 수 있다는 자가당착自家撞着이며 오도誤導된 신념이다. 교육받은 인간 같은 것은 개념적으로 상정될 수 없는 것이다. 따라서 자아는 본질적으로 구비하고 있는 어떤 특질이 아니라 끊임없는 생성·소멸을 통해 창조해 가는 과정 그 자체가 된다. 개인은 힘에의 의지의 발현인 학습의지를 통해 '어떤 자아'를 의지할 것인지를 선택하고 노력하면, 그 '어떤 자아'가 되는 것이다.

자아를 실현이 아닌 창조로 상정하는 니체 사상은 모든 지식, 진리, 가치에 대한 반정초주의를 바탕으로 한다. 반정초주의가 평생교육에 주는 시사점은 니체의 관점주의와 연계된다. 니체의 '허물을 벗을 수 없는 뱀은 파멸한다'는 말은 평생교육에서 기존의 지식, 진리, 가치, 사유방식의 틀에 대한 비판과 도전을 통한 관점전환학습의 당위성을 제공한다.

관점전환이란 가치평가의 전환이며 니체는 '가치평가 자체가 곧 창조 행위'임을 강조한다. 니체의 관점주의는 지식에 대한 구조주의, 비판이론, 해방학습에 사상적 준거를 제공함은 물론, 평생학습을 통한 자기창조의 방법을 제시한다는 점에서 평생교육학에 시사하는 바가 크다. 창조를 위해서는 기존의 척도를 해체시키는 파괴, 이른바 '창조적 파괴'가 선행되어야 한다는 것이다.

니체의 자아 '창조'는 평생에 걸친 '되어 감'의 과정이기에 인간은 과정적 혹은 도상적途上的 존재다. '되어 감'의 존재로서의 니체의 인간관은 평생학습의 당위성을 제공한다. 평생교육의 당위성은 노년기까지 지속되는 인간발달의 특성, 지속적 학습이 요구되는 급변하는 사회적 환경 등의 관점에서 강조된다.

반면, 니체의 관점에서는 인간은 본질적으로 생성적 존재로서 삶 전체를 거쳐 자신을 창조하는 과정적 존재다. 개인은 힘에의 의지의 다의성多義性의 표현인 학습의지를 기반으로 하는 존재이기에 지속적인 학습을 통해 자기극복을 통한 상승을 해야 하는 존재다. 더욱이 개인은 평생에 걸쳐 동물과 위버멘쉬 사이에서 선택과 학습을 해야 하는 과정적 존재란 점에 초점을 맞춘다면, 니체 사상은 특정한 시공간에 한정되는 학교교육이 아닌 평생교육의 당위적 논거를 제공함을 알 수 있다.

평생교육 차원에서 볼 때, 니체의 힘에의 의지와 가치평가 혹은 관점주의는 21세기 세계화 시대의 시민의식을 위한 중요한 준거를 제시하고 있다. 니체에 따르면 힘에의 의지의 속성은 국가나 민족이든 개인이든 타자를 정복하고 지배하는 것에 있다. 권력 감정이란 권력을 느끼게 만들어야 하는 사람들에게 우선 고통을 가하는 데 있다. 기쁨보다 고통이 권력을 느끼게 하는 데 훨씬 강한 느낌을 주는 수단이기 때문이다.

니체의 힘에의 의지의 속성은 글로벌 시대의 국가 간 갈등을 피하기 위한 출발로서 집단의 힘에의 의지의 특성을 이해하는 철학적 준거를 제시한다. 또한 학교에서의 따돌림, 직장을 포함한 조직에서의 차별, 다문화 시대의 타민족에 대한 차별과 배제 등 '타인과 같이 살기 위한 학습'의 또 다른 준거를 제공할 수 있다. 니체는 타인과의 차이를 수용하고 긍정하지 못하는 학습자는 자신의 삶을 '망치는' 것이며, 나아가 평생교육자의 중요한 역할은 바로 '더불어 삶'을 위한 타자와의 '차이'의 교육에 있음을 강조한다.

참고문헌

강선보, 김영래(2012). 니체 자유정신과 교육적 의미. 한국교육학연구, 18(3), 25-47.

강영계(1986). 니체의 '비극의 탄생'의 실존적 의미. 인문과학논총, 18, 135-148.

강영계(1991). 니이체 철학에서의 가치의 문제: '도덕의 계보'를 중심으로. 인문과학논총, 23, 165-188.

강영계(1993). 니이체의 영겁회귀의 의미. 통일인문학. 인문과학논총, 25, 179-204.

강영계(1994). '짜라투스트라는 이렇게 말하였다'의 실존적 의미. 인문과학논총, 26, 141-178.

강영계(1995). 문명비판으로서의 니이체 철학의 의미: 힘에의 의지를 중심으로. 니이체연구, 창간호, 1-50.

강영계(1999). 대학의 이념과 인문학의 미래지향적 방향설정. 인문과학논총, 32, 169-181.

강영계(2000). 충동과 힘에의 의지. 인문과학논총, 34, 109-144.

강용수(2008). 니체의 시간에 대한 해석. 인문과학연구, 19, 125-148.

강용수(2011). 하이데거의 니체 읽기: 언어와 존재의 관계를 중심으로. 해석학연구, 28, 57-89.

강용수(2012). 니체의 권력의지와 정의. 한국외국어대학교 철학과 문화연구소. 철학과 문화, 24, 27-45.

강용수(2013). 니체의 선택적 존재론 연구. 해석학연구, 33, 215-242.

고명섭(2012). 니체극장: 영원회귀와 권력의지의 드라마. 경기: 김영사.

고병권(2014a). 니체의 위험한 책: 차라투스트라는 이렇게 말했다. 서울: 그린비.

고병권(2014b). 언더그라운드 니체. 서울: 천년의 상상.

구분옥(2007). 니체의 자기극복 교육: 위버멘쉬의 교육적 의미. 초등교육연구, 20(1), 95-118.

권두승, 조아미(2001). 성인학습 및 상담. 서울: 교육과학사.

김경민(2015). 세상을 바꾼 질문들. 서울: 을유문화사.

김상환, 김진석, 박찬국, 백승영, 서동욱, 신승환, 윤평중, 이창재, 장은주(2000). 니체가 뒤흔든 철학 100년. 서울: 민음사.

김선희(2007). 하버마스의 니체 비판에 대한 니체의 가상적 답변. 니체연구, 11, 237-259.

김선희(2014). 쇼펜하우어&니체: 철학자가 눈물을 흘릴 때. 경기: 김영사.

김영분(1982). Eduard C. Lindeman의 사회사업 철학 연구. 성심여자대학 논문집, 13, 79-100.

김영석(2014). 평생교육학 분야의 질적 연구 동향 분석(2000년-2013년): 평생교육학 연구와 Andragogy Today를 중심으로. 평생교육학연구, 20(3), 135-166.

김용일(2000). 위대한 교육사상가들IV. 서울: 교육과학사.

김용일(2003). 키아케고어와 니체. 철학연구, 86, 23-45.

김용찬(2004). 니체의 칸트철학 비판. 한국정치학회보, 38(3), 55-73.

김재인(1995). 니체의 '영원회귀' 사상 연구: '생성', '시간', '에토스'를 중심으로. 서울대학교 석사학위논문.

김정현(2003). 니체와 융 사상에서의 '자기' 찾기. 철학, 77, 245-277.

김정현(2007). 니체사상의 한국적 수용: 1920년대를 중심으로. 한국니체학회. 니체연구, 12, 33-68.

김정현(2011). 니체에 있어서의 '사고(思考)의 폭력'과 우울증, 고통의 치료술. 인문학연구, 41, 33-65.

김종욱(1996). 하이데거의 존재론적 차이에 관하여. 철학, 49, 219-254.

김창엽(2005). 'Learning To Be'와 'Learning the Treasure Within' 비교 연구. 평생교육학연구, 11(3), 151-176.

김한별(2019). 평생교육론(3판). 서울: 학지사.

김희선(2005). 성인교육이론에 있어 경험과 학습의 의미. 교육문제연구, 22, 71-93.

대한성서공회(2018). 공동번역 성서(개정판). 서울: 대한성서공회.

박상철(2014). 니체의 학교교육론. 도덕교육연구, 26(1), 161-176.

박인철(2010). 후설과 키에르케고르: 자기극복을 중심으로. 철학연구, 89, 5-35.

박찬국(2005). 니체 사상에 대한 종합적 소개 및 연구. 철학사상, 21, 257-271.

박찬국(2007). 현대철학의 거장들: 마르크스, 니체, 키에르케고르, 하이데거, 하버마스, 푸코, 비트겐슈타인, 포퍼. 서울: 철학과 현실사.

박찬국(2010). 쇼펜하우어의 형이상학적 욕망론에 대한 고찰. 철학사상, 36, 85-119.

박찬국(2012). 들뢰즈의 니체와 철학 읽기. 서울: 세창미디어.

박찬국(2014). 하이데거의 '존재와 시간' 강독. 서울: 그린비.

백승영(1998). 니이체가 제시하는 몸(Leib)으로서의 주체와 그의 이성. 철학연구. 265-289.

백승영(1999). 하이데거의 니체읽기: 이해와 오해. 존재론연구, 4, 300-333.

백승영(2000). 니체 철학 개념연구 I : 같은 것의 영원회귀. 철학, 63, 215-235.

백승영(2001). 인식허무주의의 극복은 어떻게 가능한가. 니체연구, 4, 87-108.

백승영(2004). 철학 텍스트들의 내용 분석에 의거한 디지털 지식 자원 구축을 위한 기초적 연구. 유고(해제). 서울대학교 철학사상연구소. 철학사상, 별책 3(20).

백승영(2006). 니체 '우상의 황혼' 해제. 철학사상, 7(16).

백승영(2009a). 니체, 디오니소스적 긍정의 철학. 서울: 책세상.

백승영(2009b). 플라톤과 니체, 플라톤 대 니체. 니체연구, 16, 67-98.

백승영(2011). 니체. 서울: 한길사.

백승영(2013). 힘에의 의지의 관계론, 그 실천철학적 함축. 니체연구, 24, 121-147.

손경민(2015). 니체 철학에서 실재의 문제. 서울대학교 대학원 박사학위논문.

손봉호(1995). 칸트와 형이상학. 서울: 민음사.

송언근(2003). 존재론적 구성주의와 지리 교육. 서울: 교육과학사.

신혜경(2013). 벤야민과 아도르노: 대중문화의 기만 혹은 해방. 서울: 김영사.

양대종(2010). 정동(情動)들의 위계질서에 대한 고찰: 힘에의 의지를 중심으로. 니체연구, 22, 7-40.

양대종(2011). 교육적 욕망의 진위에 대하여: 니체의 교육론과 민주주의 비판을 중심으로. 고려대 철학연구소. 철학연구, 44, 99-139.

양대종(2012). 서양철학의 정신도야 모델에 대한 고찰: 플라톤과 니체를 중심으로. 교육철학, 48, 247-277.

양홍권(2012). 신자유주의적 세계화와 평생교육의 과제. 평생교육학연구, 18(2), 103-130.

오인경, 최정임(2012). 교육 프로그램 개발 방법론. 서울: 학지사.

오인탁, 강상희, 고경화, 고래억, 고용한, 김진숙, 김창환, 박보영, 문성모, 오춘희, 윤재홍, 이상오, 정혜영, 최재성, 황금중(2006). 교육학연구의 논리. 서울: 학지사.

오혁진, 김미향(2010). 한국 사회교육사의 연구동향 및 성과 검토. 평생교육학연구, 16(4), 191-221.

우정길(2011). 학회지를 통해 본 교육철학 연구동향. 교육철학연구, 33(2), 79-100.

유네스코 21세기세계교육위원회, 김용주 외 역(1997). 21세기 교육을 위한 새로운 관점과 전망: 유네스코 21세기 세계교육위원회 종합보고서. 서울: 오름.

유네스코 한국위원회(1975). 평생교육. 서울: 유네스코 한국위원회.

유현옥(2004). 평생학습 사회에서의 교육철학의 역할과 과제. 교육철학, 31, 111-128.

유현옥(2005). 평생학습사회의 교육현실변화와 교육철학 연구의 과제. 평생교육학연구, 11(2), 141-160.

이관춘(2015a). 니체(F. Nietzsche) 사상에 비춰본 세월호 참사와 성인교육의 과제. 한국성인교육
　　학회. Andragogy Today, 18(3), 1-21.

이관춘(2015b). 니체, 세월호 성인교육을 논하다. 서울: 학지사.

이관춘(2018). 거리의 파토스: 인문학, 성인인성교육을 논하다. 서울: 학지사.

이관춘(2021). 평생교육철학(근간). 서울: 학지사.

이기연(2006). 주부학생이 학습체험에 나타난 학습의 의미. 평생학습사회, 2(1), 63-94.

이병승(2001). 교육받은 사람의 개념: 듀이와 피터스를 중심으로. 교육철학, 19, 87-103.

이우진(1993). 니체의 교육적 인간상 탐구. 서울대학교 대학원 석사학위논문.

이정우(2008). 신족과 거인족의 투쟁. 서울: 한길사.

이정우(2014). 문명이 낳은 철학 철학이 바꾼 역사. 서울: 도서출판 길.

이종원(1999). 급진적 구성주의와 Piaget의 재발견. 초등교육연구논총, 13.

이지연(2013). 한국성인교육학의 연구동향 고찰: 'Andragogy Today'와 '평생교육학연구'를 중심으
　　로. Andragogy Today, 16(3), 185-209.

이진경(2006). 철학의 외부. 서울: 그린비.

이진경(2013). 삶을 위한 철학수업: 자유를 위한 작은 용기. 경기: 문학동네.

이진우(1999a). 니체와 아시아적 사유. 철학연구, 53, 203-223.

이진우(1999b). 자유의 한계 그리고 공동체주의. 1999년도 춘계연구발표회 특집. 84-100.

이진우(2001). 글쓰기와 지우기의 해석학: 데리다의 "문자론"과 니체의 "증후론"을 중심으로. 니체
　　연구, 4, 29-59.

이진우(2010a). 니체, 실험적 사유와 극단적 사상. 서울: 책세상.

이진우(2010b). 니체의 짜라투스트라를 찾아서. 서울: 책세상.

이진우(2013). 제1부: 니체와 진화 및 과학기술의 문제: 인간 극복과 니체의 트랜스휴머니즘. 니체
　　연구, 24, 87-118.

이진우(2015). 니체의 인생강의. 서울: 휴머니스트

이형행(2008). 교육학 개론. 경기: 양서원.

전경진(2010). 니체의 관점주의에 대한 로티의 해석. 니체연구, 17, 115-138.

정동호(2013). 피코, 다윈, 니체. 니체연구, 5, 192-224.

정동호(2014). 니체. 서울: 책세상.

정민승(2010). 성인학습의 이해. 서울: 에피스테메.

정영도, 정동호, 강동균, 오용득, 김미기, 정철호, 성진기, 전봉주, 김정현, A. Cesana, 심의식, 곽만
　　연, K. Salamun, 김은철(1999). 니이체 철학의 현대적 이해와 수용. 서울: 세종출판사.

정영도(1996). 니체의 차라투스트라에 있어서 정신의 발전과정. 니체연구, 2, 1-23.

정영수(2010). 무한긍정과 힘의 반복으로서의 존재론: 니체의 영원회귀사상에 대하여. 서강인논문집, 27, 217-263.

정윤경(2010). 니체의 관점주의와 교육. 교육철학, 50, 207-234.

정은해(2010). 현대존재론. 서울: 철학과 현실사.

조수경(2014). 니체, 깨어있음의 교육. 철학논총, 75(1), 291-311.

조순옥(2014). 유네스코 평생교육 논의에서 나타난 평생교육기관으로서 학교의 어제와 오늘. 한국평생교육, 2(1), 55-80.

진은영(2007a). 나가르주나와 니체-'영원회귀'에 대한 고찰. 시와 세계, 18, 166-189.

진은영(2007b). 니체, 영원회귀와 차이의 철학. 서울: 그린비.

진은영(2008). 탈민족시대의 국가, 민족 정체성에 대한 고찰: 민족국가(Nationalstaat)에 대한 니체의 견해를 중심으로. 시대와 철학, 19(2), 241-274.

진태원, 한정헌(2015). 문명이 낳은 철학, 철학이 바꾼 역사: 근대와 탈근대 사이에서. 서울: 도서출판 길.

최상욱(2015). 차라투스트라는 이렇게 말했다: 메타포로 읽기. 서울: 서광사.

최수연, 최운실(2014). 영성, 니체의 사유방식에서 본 평생교육의 당위적 트렌드. 2014년도 한국평생교육학회 연차학술대회. 207-215.

최수연, 최운실(2015). 니체의 사유방식에서 본 평생교육의 본질로서의 영성. Andragogy Today, 18(2), 19-42.

최순영(2010a). 니체의 귀족적 개인주의. 니체연구, 18, 93-123.

최순영(2010b). 니체의 위버멘쉬와 고귀한 삶 그리고 정치. 정치사상연구, 16(2), 167-190.

최순영(2012). 니체의 인간관과 교육철학: 종말인(der letzte Mensch)비판과 위버멘쉬의 교육철학적 의의를 중심으로. 니체연구, 21, 85-112.

최운실(1990). 한국의 평생교육. 서울: 교학사.

최운실(2004). 한국의 성인학습자 연구동향 분석. 2004년도 한국평생교육학회 춘계학술대회. 1-9.

최진경(2010). 평생교육학의 선구자 코메니우스의 범교육학에 나타난 평생교육이해와 시사점. 평생교육학연구, 16(1), 113-132.

한준상, 김성길, 민선향, 최항석, 김소영(2007). 배움학 그 시작된 미래. 서울: 학지사.

한준상(1999). 호모 에루디티오. 서울: 학지사.

한준상(2002). 학습학. 서울: 학지사.

홍사현(2013). 니체는 왜 다윈을 비판했는가?: 니체와 다윈의 진화론적 사유 비교를 위한 예비연구. 니체연구, 23, 69-100.

홍사현(2014). 교육 속의 야만. 니체연구, 26, 124-184.

사이토 다가시(2008). 座右のニーチェ 突破力が身につく本. 이정은 역(2015). 곁에 두고 읽는 니체: 내 인생에 힘이 되어준 니체의 말. 서울: 홍익출판사.

우치다 타츠루(2010). 寢ながら學べる構造主義. 이경덕 역(2012). 푸코, 바르트, 레비스타로스, 라캉 쉽게 읽기. 서울: 갈라파고스.

Allen, V., & Axiotis, A. (2001). Pathein Mathein: Nietzsche on the birth of education. In M. Peters et al. (Eds.), *Nietzsche's legacy for education*, 2, 19-33.

Allison, D. B. (1985). *The New Nietzsche: Contemporary Styles of Interpretation*. The MIT Press.

Aloni, N. (1989). The Three Pedagogical Dimensions of Nietzsche's Philosophy. *Educational Theory, 39*(4), 301-306.

Aloni, N. (1997). A Redepinition of Liberal and Humanistic Education. *International Review of Education-Internationale Zeitschrift für Erziehungswissenschaft, Revue Internationale de l'Education, 43*(1), 87-107.

Aristotle. *Aristotle's Nicomachean Ethics*. 김상진, 김재홍, 이창우 역(2014). 니코마코스 윤리학. 서울: 길.

Aviram, A. (1991). Nietzsche as educator? *Journal of Philosophy of Education, 25*(2), 219-234.

Aydin, C. (2007). Nietzsche on Reality as Will to Power: Toward an "Organization—Struggle" Model. *Journal of Nietzsche Studies, 33*(SPRING 2007), 25-48.

Bailey, C. (1988). Lifelong Education and Liberal Education. *Journal of Philosophy of Education, 22*(1), 121-126.

Bailey, R., Barrow, R., Carr, D., & McCarthy, C. (2010). *The Sage Handbook of Philosophy of Education*. 이지헌 역(2013). 교육철학1: 이론과 역사. 서울: 학지사.

Barthes, R. (1973). *The Pleasure of the Text*. Éditions du Seuil.

Baudrillard, J. (1981). *Simulacres et simulation*. 하태환 역(2013). 시뮬라시옹. 서울: 민음사.

Behler, E. (1988). *Derrida-Nietzsche, Nietzsche-Derrida*. Muchen: Ferdinand Schoingh.

Biesta, G. (2006). What's the point of lifelong learning if lifelong learning has no point? On the Democratic deficit of policies for lifelong learning. *European Educational Research Journal,*

5(3&4), 169-180.

Bingham, C. (1998). The goals of language, the language of goals: Nietzsche's concern with rhetoric and its educational implications. *Educational Theory, 48*(2), 229-240.

Bingham, C. (2001). What Friedrich Nietzsche cannot stand about education: Toward a pedagogy of self-reformulation. *Educational Theory, 57*(3), 337-352.

Blake, N., Psmyers, P., Smith, R., & Standish, P. (2003a). *(The)Blackwell Guide to the Philosophy of Education.* 강선보, 고미숙, 권명옥 역(2009). 현대 교육철학의 다양한 흐름Ⅰ. 서울: 학지사.

Blake, N., Psmyers, P., Smith, R., & Standish, P. (2003b). *(The)Blackwell Guide to the Philosophy of Education.* 강선보, 고미숙, 권명옥 역(2009). 현대 교육철학의 다양한 흐름Ⅱ. 서울: 학지사.

Bollnow, O. F. (2008). *Existenzphilosophie und padagogik* (6th ed.). 윤재홍 역(2008). 실존철학과 교육학. 서울: 학지사.

Borg, C., & Mayo, P. (2005). The EU Memorandum on lifelong learning. Old wine in new bottles?, Globalisation. *Societies and Education, 3*(2), 203-225.

Boshier, R. (2004). Meanings and manifestations of the Anarchist-Utopian ethos in adult education. Prodeedings of the Joint International Conference of the Adult Education Research Conference and the Canadian Association for the Study of Adult Education. University of Victoria, BC. Victoria, 53-58.

Boyd, R. D., & Apps, J. W. (1980). *Redefining the Discipline of Adult Education.* San Francisco: Jossey-Bass.

Breazeale, D. (1979). *Philosophy and Truth* (Humanities Paperback Library). New York: Humanity Books.

Brookfield, S. D. (1984). The meaning of adult education: The contemporary relevance of Eduard Lindeman. *Teachers College Record, 85*(3), 513-524.

Brookfield, S. D. (2005). *(The) power of critical theory for adult learning and teaching.* 기영화, 김선주, 조윤정 역(2009). (성인학습을 위한) 비판이론: 성인의 삶과 학습에 대한 희망의 담론. 서울: 학지사.

Buss, D. M. (2003). *The Evolution Of Desire.* 전중환 역(2007). 욕망의 진화. 서울: 사이언스북스.

Carneiro, R., & Draxler, A. (2008). Education for the 21st century: lessons and challenges. *European Journal of Education, 43*, 149-160.

Carneiro, R. (2015). Learning: The Treasure within-Prospects for Education in the 21st Century. *European Journal of Education, 50*(1), 101-112.

Christie, M. F. (1995). Schools for Life: Grundtvig's Philosophy of Adult Education. *Australian Journal of Adult and Community Education, 35*(3), 187-192.

Church, J. (2006). Draming Of The True Erotic: Nietzsche's Socrates and The Reform Of Modern Education. *History of Political Thought, Vol. XXVII*(4), 685-710.

Cooper, D. E. (1983). On Reading Nietzsche on Education. *Journal of Philosophy of Education, 17*(1), 119-126.

Corman, L. (1982). *Nietzsche, psychologue des profondeurs*. 김웅권 역(1996). 깊이의 심리학자 니체. 서울: 어문학사.

Creswell, J. W. (2007). *Qualtative Inquiry & Research Design: Choosing Among Five Approaches*. 조흥식, 정선욱, 김진숙, 권지성 역(2010). 질적연구방법론: 다섯 가지 접근. 서울: 학지사.

Cronbach, L. J. (1963). *Educational Psychology* (2nd ed.). New York: Harcourt, Brace and World.

Cropley, A. J. (1976). Some psychological reflections on lifelong education, In R. H. Dave (Ed.), *Foundations of Lifelong Education*. Oxford, Pergamon Press for the UNESCO Institute for Education, pp. 186-228.

Dahlbeck, J. (2014). Towards a Pure Ontology: Children's bodies and morality, *Educational Philosophy and Theory, 46*(1), 8-23.

Dave, R. H. (1976). Foundations of lifelong education. In R. H. Dave (Ed.), op. cit. pp. 15-53.

Dave, R. H. (Ed.) (1976). *Foundations of Lifelong Education*. Hamburg/Oxford, UNESCO Institute for Education/Pergamon Press.

Davis, B. (2004). *Inventions of Teaching: A Genealogy*. 심임섭 역(2014). 구성주의를 넘어선 복잡성 교육과 생태주의 교육의 계보학. 서울: 도서출판 씨아이알.

Dawkins, R. (2006). *The God Delusion*. 이한음 역(2007). 만들어진 신. 서울: 김영사.

Deleon, A. (1996). Learning to be in retrospect. *The UNESCO Courier*, 12-16.

Deleuze, G. (1962a). *Nietzsche et la Philosophie. Press Universitaires de France*. 신병순, 조영복 역(1996). 니체, 철학의 주사위. 서울: 인간사랑.

Deleuze, G. (1962b). *Nietzsche et la Philosophie. Press Universitaires de France*. 이경신 역(2013). 니체와 철학. 서울: 민음사.

Deleuze, G. (1968). *Difference et Repetition.* Press Universitaires de France. 김상환 역(2004). 차이와 반복. 서울: 민음사.

Deleuze, G. (1985a). *Nietzsche and Philosophy.* Columbia University Press.

Deleuze, G. (1985b). *Nietzsche and Philosophy.* 박찬국 역(2007). 들뢰즈의 니체. 서울: 철학과 현실사.

Deleuze, G. (1985c). *Nomad thought. The new Nietzsche.* MIT Press.

Delors, J. (2013). The treasure within: Learning to know, learning to do, learning to live together and learning to be. What is the value of that treasure 15 years after its publication?. *Int Rev Educ, 59,* 319-330.

Delors, J., Mufti, I. A., Amagi, I., Carneiro, R., Chung, E., Geremek, B., ... Nanzhao, Z. (1996). *Learning: The treasure within. Report to UNESCO of the International Commission on Education for the Twenty-first Century.* Paris: UNESCO.

Derrida, J. (1985). The ear of the other. Otobiography, transference, translation. Schocken, NY.

Descartes, R. (2010). *Discours de la methode pour bien conduire sa raison, et chercher la verite dans les sciences.* 최명관 역(2010). 데카르트 연구: 방법서설 성찰. 서울: 도서출판 창.

Dewey, J. (1916). *Democracy and Education.* 이홍우 역(2007). 민주주의와 교육. 경기: 교육과학사.

Dimopoulos, B. (2011). Nietzsche on History and Historical Education through Tragic Sense *FILOZOFIA, 66*(1), 133-140.

Donnelly, N. (1992). Thinking about the teacher as art educator, *Irish Educational Studies, 11*(1), 266-278.

Drummond, J. S. (2000). Nietzsche for nurses: caring for the Übermensch. Blackwell Science Ltd, *Nursing Philosophy, 1,* 147-157.

Elfert, M. (2015). UNESCO, the Faure Report, the Delors Report, and the Political. Utopia of Lifelong Learning. *European Journal of Education, 50*(1), 88-100.

Elias, J. (1993). *Paulo Freire: Pedagogue of Liberation.* 한국교육연구네트워크, 김석규, 김언순, 심성보, 유성상, 이성우, 이우진 역(2014). 프레이리와 교육: 해방의 교육자. 서울: 살림터.

Elias, J. L., & Merriam, S. (1994). *Philosophical foundations of adult education.* 기영화 역(2002). 성인교육의 철학적 기초. 서울: 학지사.

Eliyahu, R. (2001). Nietzsche's Educational Legacy Revised. A review of M. Peters and P. Smeyers (Eds.), *Nietzsche's legacy for education: Past and present values.* Westport,

Connecticut: Bergin & Garvey.

Ellis, H. (2010). *Affirmations*. 최선임 역(2010). 니체의 긍정철학. 서울: 지식여행.

Faure, E. et al. (1972). *Learning to Be: The world of today and tomorrow*. Paris: UNESCO; London: Harrap.

Fennell, J. (1999). Bloom and his critics: Nietzsche, nihilism, and the aims of education. *Studies in Philosophy and Education, 18*(6), 405-434; especially, 419-423.

Fennell, J. (2005). Nietzsche Contra "Self-Reformulation", *Studies in Philosophy and Education, 24*, 85-111.

Fink, E. (1960). *Nietzsches Philosophie, Stuttgart, W. Kohlhammer (Urban-Bücher 45)*. 하기락 역(1984). 니이체 철학. 서울: 형설출판사.

Fisher, J. C., & Podeschi, R. L. (1989). From Lindeman to Knowles: A change in vision. *International Journal of Lifelong Education, 8*(4), 345-353.

Fitzsimons, P. (2001a). Ethics and difference: A critique of R.S. Peters ethics and education. In M. Peters et al. (Eds.), *Nietzsche's legacy for education*, 57-72.

Fitzsimons, P. (2001b). Revaluing the self: Nietzsche's critique of liberal education. In M. Peters et al. (Eds.), *Nietzsche's legacy for education*, 139-153.

Fitzsimons, P. (2010). Nietzsche, Ethics and Education: An account of difference Rotterdam: Sense Publishers, 2007. *Educational Philosophy and Theory, 42*(1), 142-145.

Foucault, M. (1984). Nietzsche, genealogy, history. In P. Rabinow (Ed.), *The Foucault reader*, pp. 76-100. New York: Pantheon Books.

Fromm, E. (1976). *To Have or To Be?*. continuum. London New York.

Fromm, E. (1996a). *To Have or To Be?*. 정성환 역(2006). 소유냐 삶이냐. 서울: 홍신문화사.

Fromm, E. (1996b). *To Have or To Be?*. 차경아 역(2007). 소유냐 존재냐. 서울: 까치글방.

Fromm, E. (1996c). *To Have or To Be?*. 최혁순 역(1999). 소유냐 존재냐. 서울: 범우사.

Gert, B. (2006). What' the Point of Lifelong Learning if Lifelong Learning Has No Point? On the Democratic Deficit of Policies for Lifelong Learning. *European Educational Research Journal, 5*(3), 169-180.

Giacomo, G. (1966). Nietzsche and the Greeks: Identity, Politics, and Tragedy. *Polity, 28*(4), 415-444.

Gibbon, E. (1923). *Autobiography of Edward Gibbon*. Humphry Milford.

Gilson, E. (1952). *Being and some philosophers*. 정은해 역(1992). 존재란 무엇인가: 존재론의 쟁점

과 그 전개 과정. 서울: 서광사.

Gitterman, A. (2004). Interactive Andragogy, *Journal of Teaching in Social Work, 24*(3-4), 95–112.

Glasser, W. (1984). *Control theory, A new Explanation of How We control our Life.* 김인자 역(2003). 당신의 삶은 누가 통제하는가?. 서울: 한국심리상담연구소.

Goodman. P. (1964). *Compulsory miseducation.* Education in the United States. Horizon Press.

Gordon, H. (1980). Nietzsche's Zarathustra as Educator. *Journal of Philosophy of Education, 14*(2), 181–192.

Gordon, M. (2014). On the Dangers of Antiquarian Investigations: Nietzsche, the Excesses of History, and the Power of Forgetting, *Educational Philosophy and Theory.*

Gregory, M. (2001). The Perils of Rationality: Nietzsche, Peirce and education, *Educational Philosophy and Theory, 33*(1), 23–34.

Haggard, E. A. (1963). Learning a process of change. In A. Crow (Ed.), *Readings in Heman Learning.* New York: McKay.

Hamer, S. (1998). Governing yourself. *Nursing Management, 5*(6), 25–27.

Harold, L. (1977). The educational thought of Nitsche. *Department-of Social Foundations of Eduêation.* McGil1 University, 1–163.

Harold, L. (1992). *Was heisst Denken?.* 권순홍 역(2014). 사유란 무엇인가. 서울: 길.

Heidegger, M. (1923). *Sein und Zeit.* 이기상 역(2013). 마르틴 하이데거의 존재와 시간. 서울: 까치.

Heidegger, M. (1961a). *Nietzsche: Der europaische Nihilismus. Klett-Cotta.* 박찬국 역(1996). 니체와 니힐리즘. 서울: 지성의 샘.

Heidegger, M. (1961b). *Nietzsche I.* 김정현 역(1991). 니체철학강의1: 예술로서의 힘에의 의지. 서울: 이성과 현실.

Heidegger, M. (1961, 1991a). *Nietzsche, Vol. 1: The Will to Power as Art, Vol. 2: The Eternal Recurrance of the Same Nietzsche I.* 박찬국 역(2010). 니체 I. 서울: 길.

Heidegger, M. (1961, 1991b). *Nietzsche: Vol. 3 and 4 (Vol. 3: The Will to Power as Knowledge and as Metaphysics; Vol. 4: Nihilism Nietzsche II.* 박찬국 역(2010). 니체 II. 서울: 길.

Heidegger, M., & David, F. K. (1991a). Nietzsche, Vol. 1: The Will to Power as Art, Vol. 2: The Eternal Recurrance of the Same.

Heidegger, M., & David, F. K. (1991b). Nietzsche: Vol. 3 and 4 (Vol. 3: The Will to Power as Knowledge and as Metaphysics; Vol. 4: Nihilism.

Herbart, J. F. (1994). *Allgemeine Pa¨gogik*. 김영래 역(2006). 헤르바르트의 일반 교육학. 서울: 학지사.

Hillesheim, J. W. (1986). Suffering and self-cultivation: the case of Nietzsche, *Educational Theory*, *36*(2), 171-178.

Hillesheim, J. W. (1990). Nietzschean images of self-overcoming. Response to Rosenow, *Educational Theory*, *40*(2), 301-306.

Hollingdale, R. J. (1965a). *Nietzsche: The Man and His Philosophy*. Baton Rouge, Louisiana: Louisiana State University Press.

Hollingdale, R. J. (1965b). *Nietzsche: The man and his philosophy*. 김기복. 이원진 역(2004). 니체, 그의 삶과 철학. 서울: 이제이북스.

Holt. J. (1964). *Why children fail*. Pitman Publishing Company.

Hormer, S. (2005). *Jacques Lacan*. 김서영 역(2013). 라캉읽기. 서울: 은행나무.

Huseén, T. (1974). *The learning society*. London: Methuen.

Hutchins, R. M. (1968). *The Learning Society*. Frederick A. Praeger, Inc.

Illich, I. (1970). *Deschooling Society*. United States: Harper & Brothers.

Irwin, F. R. (2001). Nietzsche: Deleuze, Foucault and genealogy as a method for education. In M. Peters et al. (Eds.), *Nietzsche's legacy for education*, 35-55.

Janaway, C. (Ed.) (1988). *Willing and Nothingness: Schopenhauer as Nietzsche's Educator*. Oxfor: Clarendon Press.

Jarvis, P. (1995). *Adult and continuing education: Theory and practice*. London: Routledge.

Jarvis, P. (2001). *20th Century Thinkers in Adult & Continuing Education*. 강선보, 노경란, 김희선 역(2011). 20세기 성인교육철학. 서울: 동문사.

Jarvis, P. (2004). *Adult education and lifelong learning [electronic resource]: Theory and practice*. London New York.

Jarvis, P. (2006). *Towards a comprehensive theory of human learning*. London: New York: Routledge.

Jarvis, P. (2007). *Globalization, lifelong learning and the learning society*. New York: Routledge.

Jenkins, K. (1982). The dogma of Nietzsche's Zarathustra, *Educational Theory*, *16*(2), 251-254.

Johnston, J. S. (1945). The Need for a Philosophy of Adult Education. *Journal of Negro Education*, *14*(3), 272-282.

Johnston, J. S. (1998). Nietzsche as educator: A re-examination. In: *Educational Theory*, *48*(1),

67-83.

Johnston, J. S. (2001). Nietzsche, education and democracy. In M. Peters et al. (Eds), *Nietzsche's legacy for education*, 5, 73-90.

Jonas, M., & Nakazawa, Y. (2008). Finding truth in 'Lies': Nietzsche's perspectivism and its relation to education. *Journal of Philosophy of Education, 42*(2), 269-285.

Jonas, M. E. (2008). A (R)evaluation of Nietzsche's Anti-democratic Pedagogy: The Overman, Perspectivism and Self-overcoming Stud Philos Education (2009) 28, pp. 153-169.

Jonas, M. E. (2012). Gratitude, Ressentiment, and Citizenship Education. *Stud Philos Educ*, 31-46.

Jonas, M. E. (2013). Overcoming Ressentiment: Nietzsche's Education For An Aesthetic Aristocracy. *History Of Political Thought, XXXIV*(4), 669-701.

Kallen, D. (1996). Lifelong-learning in retrospect. *Vocational Training European Journal, May-December No. 8/9*, 16-22.

Kaufmann, W. (1950). *Nietzsche: Philosopher, Psychologist, Antichrist.* 김평옥 역(1986). 정신의 발견2: 니이체·하이데거·부버 편. 서울: 학일출판사.

Kaufmann, W. (1954; 1968; 1982). *The Portable Nietzsche.* N.Y: The Viking Penguin Inc.

Kaufmann, W. (1974). *Nietzsche: Philosopher, psychologist, antichrist.* Princeton: Princeton University Press.

Kaufmann, W. (2000). *Basic writings of Nietzsche.* NY: The Modern Library Edition.

Kaufmann, W., & Holingdale, R. J. (1967). *The Will to Power.* Random House.

Keeves, J. P. (1999). Learning: The Treasure Within: An Introduction and Comment. Invitational Seminar on the Delors Report; Learning-The Treasure Within. Flinders University Institute of International Education; Flinders University, Adelaide. pp. 1-9.

Keith, A. P. (2005). *How to Read Nietzsche.* 서정은 역(2007). HOW TO READ 니체. 서울: 웅진지식하우스.

Kellogg, M. (2010). *Three Questions We Never Stop Asking.* 이진경 역(2014). 철학의 세 가지 질문. 서울: 지식의 숲.

Kiely, R., Sandmann, L. R., & Truluck, J. (2004). Adult Learning Theory and Pursuit of Adult Degrees. *New Directions for Adult and Continuing Education, 103*, 17-30.

Kilgore, D. W. (2001). Critical and postmodern perspectives on adult learning. *New Directions for Adult and Continuing Education, 89*, 53-61.

Kneller, G. F. (1964). *Introduction to the philosophy of education*. 정희숙 역(2008). 교육철학이란 무엇인가. 경기: 서광사.

Knoll, J. H. (1997). OECD (Ed.), Lifelong Learning for All/Günther DOHMEN: Das lebenslange Lernen. *Internationales Jahrbuch der Erwachsenenbildung, 25*(1), 230-234.

Knowles, M. S. (1969). Sequential Research Needs in Evolving Disciplines of Social Practice. A Speculative Theory. *U. S. Department of health, education & welfare office of education,* pp. 1-7.

Knowles, M. S. (1970). *The modern practice of adult education: Andragogy versus pedagogy*. New York: Association.

Knowles, M. S. (1972). Toward a Model or Lifelong Education. Working paper for Consultative Group on "Concept of Lifelong Education and Its Implications for School Curriculum." UNESCO, Institute for Education, Hamburg, Oct. 9-12, 1-14.

Knowles, M. S. (1976). The Future Role of Libraries in Adult Education. Southeastern Librarian; Winter 1975, pp. 42-48. Paper presented at the Continuing Library Education Network and Exchange Assembly (First, Chicago, Illinois, January 23-24, 1976).

Knowles, M. S. (1980). *The modern practice of adult education: From pedagogy to andragogy*. New York: Association.

Knowles, M. S. (1989). The making of an adult educator: An autobiographical journey. San Francisco: Jossey-Bass.

Knowles, M. S. (1990). *The adult learners*. Houston: Gulf Publishing Company.

Knowles, M., Holton, E., & Swanson, R. (2005). *Adult Learner: The Definitive Classic in Adult Education and Human Res*. 최은수 역(2010). 성인학습자: 성인교육과 HRD가 만나는 고전의 결정판. 서울: 아카데미프레스.

Krell, D. F., & Bates, D. L. (1997). *The good European : Nietzsche's work site in word and image*. 박우정 역(2014). 좋은 유럽인 니체: 니체가 살고 숨 쉬고 느낀 유럽을 거닐다. 경기: 글항아리.

Kripke, S. (1982). *Wittgenstein on Rules and Private Language*. Basil Blackwell Publishing. Part II, xi.

Kuhn, T. (2012). *The Structure of Scientific Revolutions*. 김명자, 홍성욱 역(2014). 과학혁명의 구조. 서울: 까치.

Lawson, K. (1982). Lifelong Education: Concept or Policy?, *International Journal of Lifelong*

Education, 1(2), 97-108.

Lee, M., & Friedrich, T. (2011). Continuously reaffirmed, subtly accommodated, obviously missing and fallaciously critiqued: ideologies in UNESCO's lifelong learning policy, *International Journal of Lifelong Education, 30*, 151-169.

Lengrand, P. (1970). *An Introduction to Lifelong Education.* UNESCO, Paris.

Lengrand, P. (1975). *An Introduction to Lifelong Education.* United Nations Educational Scientific and Cultural Organization, Paris (France): UNESCO.

Lengrand, P. (1975; 1994). L'omme de la réponse et l'omme de la question, *International Review of Education, 40*(Special issue on lifelong education), 339-342.

Lengrand, P. (1986). *Areas of learning basic to lifelong education.* Hamburg UIE; Oxford: Pergamon Press.

Lengrand, P. (1989). Lifelong education: Growth of the concept. In C. J. Titmus (Ed.), *Lifelong education for adults: An international handbook.* Oxford: Pergamon Press.

Lindeman, E. C. (1926a). *The Meaning of Adult Education.* New York: New Republic, INC.

Lindeman, E. C. (1926b). *The Mearning of Adult Education.* 강대중, 김동진 역(2013). 성인교육의 의미. 서울: 학이시습.

Lindeman, E. C. (1944). New Needs for Adult Education. *Annals of the American Academy of Political and Social Science*, Vol. 231, Higher Education and the War (Jan. 1944), 115-122.

Lindeman, E. C. (1961). *The meaning of adult education.* Montreal: Harvest House.

Malcolm, J., & Zukas, M. (2002). Making Meanings: Exploring Teachers' Thinking in Adult Education. *Adult and Community College Education, Box 7801, North Carolina State University,* 249-254.

Mann, T. (2006). *Schopenhauer, Nietzsche, Freud.* 원당희 역(2009). 쇼펜하우어·니체·프로이트: 토마스 만, 현대 지성을 논하다. 서울: 세창미디어.

Marshall, J. (2001). Nietzsche's new philosopher: The arts and the self. In M. Peters et al. (Eds.), *Nietzsche's legacy for education, 7,* 107-123.

Martin, B. (2001). Luce Irigaray celebrates Friedrich Nietzsche-and teaches sexual difference. In M. Peters et al. (Eds.), *Nietzsche's legacy for education,* 167-185.

Maslow, A. (1998). *Maslow on management.* 왕수민 역(2013). 인간욕구를 경영하라. 서울: 리더스북.

McKenzie, L. (1979). A response to Elias. *Adult Education, 29.*

Merriam, S. B., Caffarella, R. S., & Baumgartner, L. M. (2007). *Learning in Adulthood: A Comprehensive Guide*. 기영화, 홍성화, 조윤경, 김선주 역(2009). 성인학습론(제3판). 서울: 아카데미프레스.

Mezirow, J. (1985). A critical theory of self-directed learning. In S. Brookfield (Ed.), *Self-directed learning: From theory to practice*(pp. 17-30). New directions for continuing education, No. 25, San Francisco: Jossey-Bass.

Mezirow, J. (1990). Toward transformative learning and emancipatory education. In J. Mezirow & Associates (Ed.), *Fostering critical reflection in adulthood: A guide to transformative and emancipatory learning*. San Francisco: Jossey-Bass.

Mezirow, J. (1998). On Critical Reflection. *Adult Education Quarterly, 48*(3), 185-198.

Mezirow, J. (2000). Learning to think like an adult: Core concepts of transformation theory. In J. Mezirow & Associates, *Learning as transformation: Critical perspectives on a theory in progress*(pp. 3-33). San Francisco: Jossey-Bass.

Morton, A. (2004). *On Evil*. 변진경 역(2015). 잔혹함에 대하여: 악에 대한 성찰. 경기: 돌베개.

Moyn, S. (2013). The political origins of global justice. Elfert, M. (2015). UNESCO, the Faure Report, the Delors Report, and the Political Utopia of Lifelong Learning. *European Journal of Education, 50*(1), 89.

Nehamas, A. (1985). *Nietzsche: life as literature*. 김종갑 역(2013). 니체: 문학으로서의 삶. 서울: 연암서가.

Nettleship, R. L. (2012). *Lectures on the Republic of Plato*. 김안중, 홍윤경 역(2010). 플라톤의 국가론 강의. 경기: 교육과학사.

Nietzsche, F. W. (1864~1868). 김기선 역(2003). 니체전집 1권. 언어의 기원에 대하여·이러한 맥락에 관한 추정 플라톤의 대화 연구 입문·플라톤 이전의 철학자들 아리스토텔레스 수사학 I. 유고(1864년 가을~1868년 봄). 서울: 책세상.

Nietzsche, F. W. (1869~1872). *Nietzsche Werke, Kritische Gesamtausgabe, vol. Ⅲ-3: Nachgelassene Fr.* 최상욱 역(2001). 니체전집 4권. 유고(1869년 가을~1872년 가을). 서울: 책세상.

Nietzsche, F. W. (1870~1873). *Nietzsche Werke, Kritische Gesamtausgabe, vol. Ⅲ-2: Nachgelassene Sc.* 이진우 역(2013). 니체전집 3권. 유고(1870년~1873년). 서울: 책세상.

Nietzsche, F. W. (1872). *Die Geburt der Tragödie & Unzeitgemäße Betrachtungen*. 이진우 역(2015). 니체전집 2권. 비극의 탄생·반시대적 고찰. 서울: 책세상.

Nietzsche, F. W. (1872~1874). *Nietzche Werke, Kritische Gesamtausgabe, Vol. 3, Nachgelassene Fragmen.* 이상엽 역(2008). 니체전집 5권. 유고(1872년 여름~1874년 말) 모든 것은 진정한 정점에서 그리고 하나로 만나다 외. 서울: 책세상.

Nietzsche, F. W. (1875~1876). *Nietzche Werke, Kritische Gesamtausgabe, Vol. 4-1, Richard W.* 최문규 역(2005). 니체전집 6권. 바이로이트의 리하르트 바그너·유고(1875년 초~1876년 봄) 그의 글이 완성되어야만 한다 외. 서울: 책세상.

Nietzsche, F. W. (1876~1879). *Nietzche Werke, Kritische Gesamtausgabe, Vol. 4-3, Nachgelas.* 강용수 역(2006). 니체전집 9권. 유고(1876년~1877/78년 겨울)미학, 윤리학과 행복론에 관하여 외. 유고(1878년 봄~1879년 11월)우화에 의한 헤시오도스의 예술 외. 서울: 책세상.

Nietzsche, F. W. (1878a). *Nietzche Werke, Kritische Gesamtausgabe, vol. IV-2: Menschliches, Al.* 김미기 역(2013). 니체전집 7권. 인간적인 너무나 인간적인 I. 서울: 책세상.

Nietzsche, F. W. (1878b). *Nietzche Werke, Kritische Gesamtausgabe, vol. IV-3: Menschliches, Al.* 김미기 역(2013). 니체전집 8권. 인간적인 너무나 인간적인 II. 서울: 책세상.

Nietzsche, F. W. (1880~1881). *Nietzche Werke, Kritische Gesamtausgabe, Vol. 2. Nachgelassene Fragmen.* 최성환 역(2009). 니체전집 11권. 유고(1880년 초~1881년 봄) 맹신에 관해 외. 서울: 책세상.

Nietzsche, F. W. (1881). *Morgenrothe.* 박찬국 역(2008). 니체전집 10권. 아침놀: 제2의 계몽시대를 여는 책. 서울: 책세상.

Nietzsche, F. W. (1881~1882). *Nietzsche werke. kritische gesamtausgabe: vol. 2.* 안성찬, 홍사현 역(2014). 니체전집 12권. 즐거운 학문·메시나에서의 전원시 유고. 서울: 책세상.

Nietzsche, F. W. (1882~1884). *Walter de gruyter verlag.* 박찬국 역(2001). 니체전집 16권. 유고(1882년 7월~1883/84년 겨울) 루 살로메를 위한 타우텐브르크 메모들 외. 서울: 책세상.

Nietzsche, F. W. (1883~1885). *Nietzsche Werke, Kritische Gesamtausgabe, vol. VI-1: Also sprach Zara.* 정동호 역(2015). 니체전집 13권. 차라투스트라는 이렇게 말했다. 서울: 책세상.

Nietzsche, F. W. (1884). *Nietzche Werke, Kritische Gesamtausgabe, Vol. 7-2, Nachgelassene Fragm.* 정동호 역(2004). 니체전집 17권. 유고(1884년 초~가을) 영원회귀-하나의 예언 외. 서울: 책세상.

Nietzsche, F. W. (1884~1885). *Nietzche Werke, Kritzche Gesamtausgabe, Vol. 7-3, Nachgelassene Fragm.* 김정현 역(2004). 니체전집 18권. 유고(1884년 가을~1885년 가을) 시와 시 단편들 외. 서울: 책세상.

Nietzsche, F. W. (1885~1887). *Nietzche Werke, Kritische Gesamtausgabe. Vol. VIII-1.* 이진우

역(2005). 니체전집 19권. 유고(1885년 가을~1887년 가을) 원래 나는 나를 어느 정도 나 자신에게서 보호해 주고 외. 서울: 책세상.

Nietzsche, F. W. (1886~1887). *(Zur) Genealogie der Moral 1886-1887.* 김정현 역(2015). 니체전집 14권. 선악의 저편·도덕의 계보. 서울: 책세상.

Nietzsche, F. W. (1886~1889). *Nietzsche contra wagner.* 백승영 역(2015). 니체전집 15권. 바그너의 경우·우상의 황혼·안티크리스트·이 사람을 보라·디오니소스 송가·니체 대 바그너. 서울: 책세상.

Nietzsche, F. W. (1887). *Zur Genealogie der Moral.* 홍성광 역(2011). 도덕의 계보학. 서울: 연암서가.

Nietzsche, F. W. (1887~1888). *Nietzsche Werke, Kritische Gesamtausgabe, Vol. VIII-2: Nachgelassene.* 백승영 역(2000). 니체전집 20권. 유고(1887년 가을~1888년 3월) 원칙들과 미리 말하는 숙고들 외. 서울: 책세상.

Nietzsche, F. W. (1888~1889). *Nachgelassene Fragmente Anfang 1888 bis Anfang Januar 1889.* 백승영 역(2006). 니체전집 21권. 유고(1888년 초~1889년 1월 초) 생성과 존재 외. 서울: 책세상.

Nietzsche, F. W. (1964). *Der Wille zur Macht.* 강수남 역(2003). 권력에의 의지. 서울: 청하.

Nietzsche, F. W. (1968a). Beyond good and evil (=BGE). In (Trs. W. Kaufmann), *Basic writings of Nietzsche.* pp. 181-435. New York: The Modern Library.

Nietzsche, F. W. (1968b). Ecce homo (=EH). In (Trs. W. Kaufmann) *Basic writings of Nietzsche.* pp. 657-791. New York: The Modern Library.

Nietzsche, F. W. (1968c). On the genealogy of morals (=GM). In (Trs. W. Kaufmann), *Basic writings of Nietzsche.* pp. 449-599. New York: The Modern Library.

Nietzsche, F. W. (1968d). The will to power (=WP). In (Trs. W. Kaufmann & R. J. Hollingdale). New York: Vintage Books.

Nietzsche, F. W. (1971). Thus spoke Zarathustra (=Z) (trs. R. J. Hollingdale). Harmondsworth: Penguin Books.

Nietzsche, F. W., & Heidegger, M. (1936~1940). *Nietzsche's God is dead.* 강윤철 역(2013). 니체의 신은 죽었다. 서울: 스타북스.

Nixon Ponder, S. (1995). Eduard C. Lindeman. Leaders in the Field of Adult Education. *Kent State Univ., OH, Ohio Literacy Resource Center,* pp. 1-3. SPONS AGENCY Department of Education, Washington, DC.

OECD (1996). *Lifelong Learning for All.* Paris: OECD.

Onfray, M. (2005). Traité d'athéologie. Éditions Grasset.

Pastuović, N. (1995). The science(s) of adult education, *International Journal of Lifelong Education, 14*(4), 273-291.

Peters, M. (2001). The analytic/continental divide: Nietzsche, nihilism and the critique of modernity. In M. Peters et al. (Eds.), *Nietzsche's legacy for education, 12,* 187-205.

Peters, M., Marshall J., & Smeyers P. (Eds.) (2001). *Nietzsche's Legacy for Education.* Past and Present Values. Bergin & Garvey, Westport Con.

Peters, R. S. (1966). *Ethics and education.* London: Unwin University Books.

Piper, A. (1990). *Philosophische Erauterung zu Nietzsches erstem 'Zarasthustra'.* Stuttgart, Klett Cotta Verlag. 정영도 역(1996). 니이체의 짜라투스트라에 대한 철학적 해석. 서울: 이문출판사.

Plato (2008). *Republic.* 최현 역(2012). 플라톤의 국가론. 서울: 집문당.

Precht, R. D. (2008). *wer bin ich und wenn ja, wie weile?* 백종유 역(2008). 나는 누구인가?. 서울: 21세기북스.

Ramaeckers, S. (2001a). Subjectivism and beyond: On the embeddedness of the Nietzschean individual. In M. Peters et al. (Eds.), *Nietzsche's legacy for education, 10,* 155-156.

Ramaeckers, S. (2001b). Teaching to lie and obey: Nietzsche on education. *Journal of Philosophy of Education, 35*(2), 255-268.

Ranson, S. (1998). *Inside the learning society.* London & New York: Cassell.

Reimer. E. (1971). *School is dead: Alternatives in Education.*

Reischmann, J. (1999). Adult Education in Germany: Roots, Status, Mainstreams, Changes. *Andragogy Today, 2*(3), 1-29.

Reischmann, J. (2004). International and Comparative Adult Education: A German Perspective. In: *PAACE Journal of Lifelong Learning. The Pennsylvania Association for Adult and Continuing Education, 13,* 19-38.

Roberts, P. (2001). Nietzsche and the limits of Academic life. In M. Peters et al. (Eds.), *Nietzsche's legacy for education, 8,* 125-137.

Roge, J. (1999). *Le Syndrome de Nietasche.* 이혜은 역(2000). 니체 신드롬. 서울: 이끌리오.

Rosenow, E. (1973). What is Free Education? The Educational Significance of Nietzsche's Thought, *Educational Theory, 23*(4), 354-370.

Rosenow, E. (1989). Nietzsche's educational dynamite. *Educational Theory, 39*(4), 307-316.

Rosenow, E. (2000). Nietzsche's educational legacy: Reflections on interpretations of a controversial philosopher. *Journal of Philosophy of Education, 34*(4), 673-685.

Rousseau, J. J. (1762). *Emile.* 안인희 역(1999). 루소의 에밀. 서울: 양서원.

Sang, C. (2010). Applications of Andragogy in Multi-Disciplined Teaching and Learning. *Journal of Adult Education, 39*(2), 25-35.

Sartre, J. P. (1996). *Existen Est Un Huma.* 박정태 역(2014). 실존주의는 휴머니즘이다. 서울: 이학사.

Sartre, J. P., & Barnes, H. E. (1993). *Being and Nothingness.* 변광배 역(2005). 존재와 무. 서울: 살림.

Sasson, L. (1996). Philosophy across the Curriculum: A democratic Nietzschean pedagogy. *Educational Theory, 46*(4), 511-524.

Savicevic, D. M. (1985). Self-directed education for lifelong education, *International Journal of Lifelong Education, 4*(4), 285-294.

Schacht, R. (1995a). Nietzsche and nihilism: Nietzsche and Danto's Nietzsche, In *Making sense of Nietzsche: Reflections timely and untimely.* Urbana: University of Illinois Press.

Schacht, R. (1995b). *Making sense of Nietzsche: Reflections timely and untimely.* Urbana: University of Illinois Press.

Schacht, R. (1996). Zarathustra/*Zarathustra* as educator. In P. R. Sedgwick (Ed.), *Nietzsche: A critical reader,* pp. 222-249. Oxford UK and Cambridge MA: Blackwell.

Schopenhauer, A. (2012). *Die Welt als Wille und Vorstellung.* 홍성광 역(2015). 의지와 표상으로서의 세계. 서울: 을유출판사.

Schopenhauer, A., & Payne, E. F. (2001). *Parerga and Paralipomena: Short Philosophical Essays, Volume II.* 사순옥 역(2011). 쇼펜하우어 인생론: 고전으로 미래를 읽는다. 서울: 홍신문화사.

Schrift, A. D. (1990). *Nietzsche and Question of Interpretation.* 박규현 역(1997). 니체와 해석의 문제. 서울: 푸른숲.

Schuetze, H. G. (2006). International Concepts and Agendas of Lifelong Learning. *Compare, 36*(3), 289-306.

Schuetze, H. G., & Casey, C. (2006). Models and meanings of Lifelong Learning: progress and barriers on the road to a Learning Society. *Compare, 36*(3), 279-287.

Schuller, T., & Watson, D. (2015). The Treasure Within and Learning through Life: A Review and Prospectus. *European Journal of Education, 50*(2), 214-224.

Seung, T. K. (2006). *Goethe, Nietzsche, and Wagner Their Spinozan Epics of Love and Power.*

승계호, 석기웅 역(2014). 철학으로 읽는 괴테 니체 바그너. 서울: 반니.

Sharp, A. M. (1975). Nietzsche's view of sublimation in the education process, *The Journal of Educational Thought*, *9*(2), 98-106.

Sharp, A. M. (1976). The teacher as liberator: A Nietzschean view. Paedagogica Historica: *International Journal of the History of Education*, *16*(2), 387-422.

Shorris, E. (2013). *The Art of Freedom*. 박우정 역(2014). 인문학은 자유다. 서울: 현암사.

Simmons, J. (1973). The Report of the Faure Commission: One Step Forward and Two Steps Back. *Higher Education*, *2*, 475-488.

Sloterdijk, P. (2011). *Philosophical Temperaments: From Plato to Foucault*. 김광명 역(2012). 플라톤에서 푸코까지: 철학적 기질 혹은 열정. 서울: 세창미디어.

Smeyers, P. (2001). Nietzsche and education: Learning to make sense for oneself, or standing for one's ideas. In M. Peters et al. (Eds.), *Nietzsche's legacy for education*, *6*, 91-106.

Sticht, T. G. (2001). The Power of Adult Education: Moving the Adult Education and Literacy System of the United States from the Margins to the Mainstream of Education. *Adult Education*, 1-6.

Stromberg, R. (Ed.) (1968). *Realism, Naturalism and Symbolism: Modes of Thought and Expression in Europe*. pp. 1848-1914.

Thomson, I. (2001). Heidegger on Ontological Education, or: How We Become What We Are, Inquiry: *An Interdisciplinary Journal of Philosophy*, *44*(3), 243-268.

Trigg, L. (2003). *Ideas of human nature: an historical introduction*. 최용철 역(2003). 인간 본성에 대한 철학적 논쟁. 서울: 간디서원.

UNESCO (1996). Learning: The Treasure Within. Report to UNESCO of the International Commission on Education for the 21 Century. UNESCO.

Varvaro, J. (2001). Learning the grandeur of this life. In M. Peters et al. (Eds.), *Nietzsche's legacy for education*, *1*, 1-18.

Vico, G. (1999). *New Science*(Penguin Classics). London: Penguin Books Ltd.

Wain, K. (1987). *Philosophy of lifelong education*. London: Croom Helm.

Watson, D., & Sculler, T. (2014). Learning Through Life: how far have we come?, *Adults Learning*, *26*, 5-9.

Watson, K. (1999). UNESCO's vision for education in the twenty-first century: where is the moral high ground?. *International Journal of Education Development*, *19*, 7-16.

Wicks, R. L. (2011). *Schopenhauer's 'The World as Will and Representation': A Reader's Guide*(Reader's Guides). 김효섭 역(2014). 쇼펜하우어의 의지와 표상으로서의 세계 입문. 서울: 서광사.

Willmott, R. (2010). Lifelong Learning at the Heart of All We Do. *Adults Learning, 21*(6), 24–26.

Wilson, A. L. (1992). Pragmatism and social action in American adult education, *International Journal of Lifelong Education, 11*(3), 181–189.

Wolfgang, M. L. (1998). Uber Werden Und Wille Zur Macht. *Nietzsche's teachings of Will to Power*. 진은영(2007b, p. 121)에서 재인용.

Yacek, D. W. (2014). Leaning to See with Different Eyes: A an Challenge to Multicultural Dialogue. *Educational Theory, 64*(2), 99–121.

Yeaxlee, B. A. (1925). *Spiritual values in Adult education: A study of a neglected aspect* (Vol. 1). London: Oxford University Press.

Yeaxlee, B. A. (1929). *Lifelong Education*. Cassell: London.

Zhou, N. (2005). Four 'Pillars of Learning' for the Reorientation and Reorganization of Curriculum: Reflections and Discussions. *International Bureau of Education*-UNESCO, 1–9.

Zimmer, R. (2004). *Das Philosophenportal*. 이동희 역(2013). 철학의 고전: 철학 고전을 이해하기 위한 길잡이 (2판). 서울: 문예출판사.

Zupancic, A., & Badiou, A. (2003). *The Shortest Shadow: Nietzsche's Philosophy of the Two*(Mit Press). 조창오 역(2005). 정오의 그림자: 니체와 라캉. 서울: 도서출판b.

인터넷사이트

국가평생교육진흥원 http://www.nile.or.kr

유럽성인교육연합 http://www.eaea.org

UNESCO http://www.unesco.org

UNESCO 한국위원회 http://www.unesco.co.kr

http://www.fns.org.uk

문서자료

범한철학회 http://www.bumhanph.or.kr

서울대학교철학사상연구소 http://philinst.snu.ac.kr

한국니체학회 http://nietzschekorea.net

영상자료

백승영(2015. 6. 8.). 차라투스트라는 이렇게 말했다. 플라톤 아카데미. 인문학 세미나. [지혜의 향연].

찾아보기

내용

저자 소개

최수연(Choi, Sooyeon)

아주대학교에서 국어국문학과를 졸업하고 동 대학원에서 평생교육 · HRD 전공으로 박사학위(Ph. D.)를 취득하였다. 대학교 졸업 후 교육기업 ㈜대교에서 15년 동안 신입사원교육, 사내강사교육 등 기업의 다양한 인적자원개발 업무를 담당하였다. 이후 평생교육에 관심을 갖게 되어 명지대학교 석사과정에서 평생교육학을 전공하였다. 기업교육전문가로서의 인적자원개발 경험과 대학원에서의 평생교육과의 만남은 자연스럽게 박사과정 전공을 평생교육과 HRD로 이끌었다.

명지전문대학 겸임교수를 거쳐 현재는 ㈜어거스트텐 마케팅팀장과 서울불교대학원대학교 겸임교수로 있으면서 한신대학교, 한국방송통신대학교, 건국대학교 미래지식교육원과 경기대학교 평생교육원, 장안대학교, 국제대학교, 명지전문대학 및 다양한 평생교육기관에서 강의하고 있다. 2018년 '한신대학교 우수 강의교수상'을 수상하였다.

주요 논문으로는 2017년 미국 플로리다주 올랜도(Orlando)에서 개최된 제11차 국제교육정보응용학회(EISTA) 발표 논문과 2017년 국제학술지(JSCI) 게재 논문 「A Study on the Meaning of 'Lifelong Learning to Be' Implicated in the Philosophy of Nietzsche」가 있으며, 국내에서는 2015년 한국평생교육학회 연차학술대회 발표 논문 「'영성', 니체의 사유방식에서 본 평생교육의 당위적 트렌드」 및 2016년 한국성인교육학회 발표 논문 「평생교육자로서의 니체: 아포리아 포스트모던 시대의 아포리즘 평생교육철학」이 있다. 국내학술지 『Andragogy Today』 게재 논문은 2015년 「니체의 사유방식에서 본 평생교육의 본질로서의 영성」, 2016년 「니체철학에 함의된 평생교육의 본질: '교육의 네 가지 원리'를 중심으로」, 2019년 「니체철학에 함의된 '나', '너'의 성인교육학적 재해석」이 있다.

e-mail: soo2820@hanmail.net

4차 산업혁명 시대의 평생교육학

평생학습, 니체는 이렇게 말했다
Lifelong Learning, Thus Spoke Nietzsche

2021년 3월 20일 1판 1쇄 인쇄
2021년 3월 25일 1판 1쇄 발행

지은이 • 최수연
펴낸이 • 김진환
펴낸곳 • (주) **학지사**
　　　　04031 서울특별시 마포구 양화로 15길 20 마인드월드빌딩
대표전화 • 02)330-5114　　　　팩스 • 02)324-2345
등록번호 • 제313-2006-000265호

홈페이지 • http://www.hakjisa.co.kr
페이스북 • https://www.facebook.com/hakjisa

ISBN 978-89-997-2363-6　93370

정가 17,000원

출판 · 교육 · 미디어기업 **학지사**

간호보건의학출판 **학지사메디컬** www.hakjisamd.co.kr
심리검사연구소 **인싸이트** www.inpsyt.co.kr
학술논문서비스 **뉴논문** www.newnonmun.com
원격교육연수원 **카운피아** www.counpia.com